高等职业教育在线开放课程
新形态一体化教材

高等职业教育商科类专业群
市场营销类新专业教学标准配套教材

新专标

市场营销

（第二版）

主　编　孙晓燕
副主编　黄　芳

高等教育出版社·北京

内容提要

本书是高等职业教育商科类专业群市场营销类新专业教学标准配套的新形态一体化教材。

本书内容简洁，结构清晰，体例新颖，突出体现了职业教育的职业性、趣味性和实践性。在认真梳理市场营销基本原理的基础上，结合企业实践发展和学生认知特点，将纷繁复杂的课程内容整合成五大模块，即"走进市场，把脉需求：市场营销认知""知己知彼，百战不殆：营销环境与市场分析""运筹帷幄，决胜千里：市场营销战略制定""多管齐下，料敌制胜：市场营销策略组合""兼权尚计，事半功倍：市场营销管理"。本书以市场营销活动的基本流程为线索，引导学生逐级掌握市场营销的基本理念、知识、方法和实践技能；还添加了丰富的行业案例、实训项目和习题试题，供学生学习使用。

本书既可作为中、高职院校市场营销专业及财经商贸大类相关专业的教材，也可作为市场营销相关岗位在职人员自学和培训用书。

本书配有教学课件、参考答案等教学资源，以供教师备课和各类学习者参考使用。具体资源获取方式请见书后"郑重声明"页的信息化教学服务指南。

图书在版编目（CIP）数据

市场营销 / 孙晓燕主编. -- 2版. -- 北京：高等教育出版社，2021.3（2023.1重印）
高等职业教育商科类专业群
ISBN 978-7-04-055590-5

Ⅰ. ①市… Ⅱ. ①孙… Ⅲ. ①市场营销-高等职业教育-教材 Ⅳ. ①F713.50

中国版本图书馆CIP数据核字（2021）第024412号

市场营销（第二版）
SHICHANG YINGXIAO

策划编辑	贾若曦	责任编辑	贾若曦	封面设计	王 洋	版式设计	张 杰
插图绘制	于 博	责任校对	高 歌	责任印制	高 峰		

出版发行	高等教育出版社	网　　址	http://www.hep.edu.cn
社　　址	北京市西城区德外大街4号		http://www.hep.com.cn
邮政编码	100120	网上订购	http://www.hepmall.com.cn
印　　刷	河北新华第一印刷有限责任公司		http://www.hepmall.com
开　　本	787 mm×1092 mm　1/16		http://www.hepmall.cn
印　　张	16.5		
字　　数	320千字	版　　次	2015年9月第1版
插　　页	1		2021年3月第2版
购书热线	010-58581118	印　　次	2023年1月第4次印刷
咨询电话	400-810-0598	定　　价	46.50元

本书如有缺页、倒页、脱页等质量问题，请到所购图书销售部门联系调换
版权所有　侵权必究
物 料 号　55590-00

第二版前言

本书发行五年以来，广受读者欢迎，成为众多高职高专院校市场营销及相关专业的教材，也广泛应用于企业培训及相关工作实践中。

市场营销是一个实践性很强的领域，必须与时俱进，紧跟前沿理论的研究进展，传递行业企业的最新动态。因此，本书顺应市场营销发展的新技术、新业态、新形势，进行了此次修订。

与第一版相比，本书的主要修订内容如下：

（1）将五大模块进一步优化为"走进市场，把脉需求：市场营销认知""知己知彼，百战不殆：营销环境与市场分析""运筹帷幄，决胜千里：市场营销战略制定""多管齐下，料敌制胜：市场营销策略组合""兼权尚计，事半功倍：市场营销管理"，更加突出和体现职业教育的类型特色和情境体验感。

（2）全面更新案例，将新媒体营销、社群营销、直播营销等近几年营销领域的最新发展趋势引入教材之中，以供广大师生读者分析学习。

（3）引入最新市场统计数据，增强了本书的实效性，以反映最新的经济动态和市场变化形势。

（4）优化升级课后习题和综合实训，增强了本书的实用性。同步更新配套课件、习题答案、辅教案例等教学资源。

本书由山东商业职业技术学院孙晓燕担任主编，并负责修订第一、第二、第三、第五模块；四川财经学院黄芳担任副主编，负责修订第四模块，全书由孙晓燕负责统稿校正。同时，本书也是校企合作的成果，山东鲁商学院、统一企业公司（中国台湾）、雨润控股集团有限公司等提供了宝贵的市场数据和实践案例。

此外，本书也参考引用了国内外相关专家、学者的著作、教材、论文及相关的网络资料，绝大多数已在参考文献中列出，在此特表谢意。还要感谢高等教育出版社的编辑老师，是他们严谨专业的工作，促使我们顺利完成了本次修订。

限于作者学术水平、研究能力、时间精力等诸多方面的限制，本书仍有诸多不足和缺憾，恳请广大读者批评指正。

编　者

2020年10月

第一版前言

市场营销学在中国是伴随着改革开放的步伐成长起来的。改革开放至今已有30多年，第一本市场营销教材在国内出现也有30多年的时间了。我国的大学本科在20世纪90年代初逐步开设市场营销专业，高等职业教育市场营销专业的设立则是在20世纪90年代末才逐渐展开的。在不到20年的时间里，高等职业教育市场营销专业的发展如雨后春笋，迅速成为开设面最广、培养学生最多的高职专业之一。

2013年，教育部启动了国家职业教育市场营销专业教学资源库建设项目。笔者有幸全程参与了项目建设，并承担了其中核心课程"市场营销"的建设任务。本书就是此建设项目的重要成果之一。

与以往的各版本教材相比，国家职业教育市场营销专业教学资源库配套教材更加强调实用性、适用性和开放性。教材中除了涵盖基本原理、基础知识、工具方法外，还设置了"同步案例""营销视角""拓展方舟""小试牛刀""文化与素养"等特色栏目，并嵌入大量多媒体资源，包括专业视频、动画、漫画、行业案例、实训资源等，可供学生线上、线下同步学习。

参加本书编写的人员，都是工作在市场营销专业教学一线的专业骨干教师。本书的内容和配套资源也是他们在长期教学和专业实践中的积累。具体分工如下：山东商业职业技术学院孙晓燕、杨洁，南京城市职业学院肖永红负责模块一的撰写；无锡职业技术学院冯臻、柏景岚、郁小芳负责模块二的撰写；长江职业学院平怡、李英宣，湖南商务职业技术学院王娜玲负责模块三的撰写；四川财经职业学院王瑶、黄芳负责模块四的撰写；河北工业职业技术学院乔哲、郭凤兰负责模块五的撰写。全书由孙晓燕统稿和修改。

本书的出版，还要感谢高等教育出版社的相关编辑，是他们耐心细致的工作，帮助我们顺利完成了教材的编写工作。诚然，各位作者为此付出了大量努力，但必须承认，由于各自工作繁忙，时间又非常仓促，加之水平的限制，书中难免存在这样那样的问题和不足。恳请各位读者批评指正，我们一定在今后的修订中加以改进。

编　者

二〇一五年六月

目 录

模块一　走进市场，把脉需求：市场营销认知 / 001

导入案例　初入职场 / 002
单元一　市场与市场营销 / 003
单元二　市场营销观念 / 010
单元三　市场营销组合 / 014
单元四　市场营销管理与需求管理 / 018
单元五　营销发展与创新 / 024
稳扎稳打 / 032
融会贯通　疫情期间，企业千万别患上"营销近视症" / 033
实战演练 / 035
学以致用 / 036

模块二　知己知彼，百战不殆：营销环境与市场分析 / 039

导入案例　思考市场 / 040
单元一　企业营销环境 / 040
单元二　消费者市场和购买行为 / 059
单元三　组织市场和购买行为 / 067
稳扎稳打 / 077
融会贯通　"无接触服务"：求新与求变 / 079
实战演练 / 081
学以致用 / 083

模块三　运筹帷幄，决胜千里：市场营销战略制定 / 085

导入案例　迎接挑战 / 086
单元一　STP战略 / 086
单元二　竞争战略 / 102
单元三　业务发展战略 / 121
稳扎稳打 / 126
融会贯通　支付宝变了 / 129
实战演练 / 131
学以致用 / 133

模块四　多管齐下，料敌制胜：市场营销策略组合 / 135

导入案例　操练营销"十八般武艺" / 136
单元一　产品与品牌策略 / 137
单元二　价格策略 / 155
单元三　渠道策略 / 172
单元四　促销策略 / 187
稳扎稳打 / 211
融会贯通　饮料界"黑马"——元气森林 / 214
实战演练 / 216
学以致用 / 219

模块五　兼权尚计，事半功倍：市场营销管理 / 221

导入案例　小有成就 / 222
单元一　市场营销组织结构 / 222
单元二　市场营销计划 / 233
单元三　市场营销执行与控制 / 238
稳扎稳打 / 248
融会贯通　西西弗书店：推动大众精品阅读 / 249
实战演练 / 250
学以致用 / 253

参考文献 / 254

模块一

走进市场,把脉需求:市场营销认知

学习目标

知识目标
- 正确理解市场、市场营销及相关概念的内涵
- 掌握市场营销观念的演变过程和各种观念的含义要点
- 掌握市场营销组合的概念、构成、特点及其发展动态
- 理解市场营销管理的实质和常见形式
- 熟悉市场营销发展和创新的基本理论

技能目标
- 能够应用市场营销观念,理解、分析现实企业的市场行为
- 能够分析企业市场营销组合的基本情况,并提出合理建议
- 能够针对市场需求的具体情况,提出需求管理的思路、建议
- 能够进行新媒体营销方式的简单应用

素养目标
- 树立正确的市场观、营销观、消费观,拒绝有害需求
- 把握市场营销理论发展的新趋势

【思维导图】

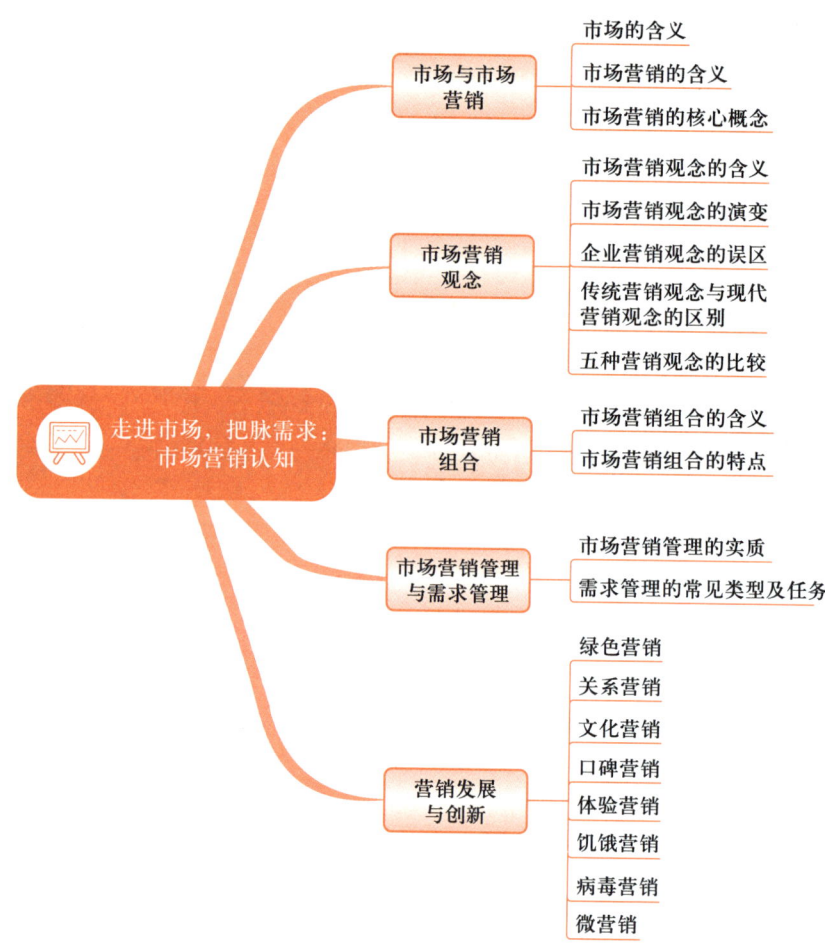

导入案例
初入职场

李飞是一名刚刚毕业的大学生,经过几轮激烈的角逐,他从众多应聘者中脱颖而出,来到天晨公司营销部工作,成为一名营销人员。李飞现在踌躇满志,要在这家大公司站稳脚跟,开辟一片天地,实现自己的理想和抱负。然而,作为新人,他有好多事情要熟悉,甚至需要从头学起。来到办公室,看着周围有序忙碌着的同事,小李内心不禁有一些茫然,营销工作应该如何入手?到底怎样才能做好营销工作?

【问题思考】

作为一名基层营销人员,应该掌握哪些关于营销的基本知识?怎样才能胜任营销工作?

单元一
市场与市场营销

1.1 市场的含义

市场是企业营销活动的出发点和归宿点,正确分析市场是正确制定企业营销策略的前提。

最初的市场,是指劳动产品交换的场所,即做买卖的地方。我国古代文献《易经》中说:"(神农氏)日中为市,致天下之民,聚天下之货,交易而退,各得其所。"这种日中为市、以物易物的原始市场就是我国货币、商业发展的起源和基石。

走进市场
认识营销

站在卖方角度,市场营销学研究买方的需求及其购买行为。市场在这里是指某种商品的现实购买者和潜在购买者需求的总和。同行的供给者都是竞争者,而不是市场。卖方组成产业(行业),买方组成市场。如图1-1所示。

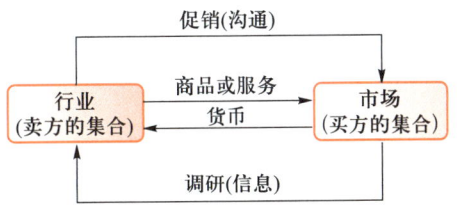

图1-1 市场的含义

由此,市场营销理论中通常将市场定义为一切具有特定需要或欲望,愿意并且能够通过交换来满足这种需要或欲望的全部现实和潜在顾客的总和。

知识点:
市场

这个概念包含以下几层意思:① 市场是由人构成的,是由具有特定的需要或欲望的特定人群构成的;② 市场的大小取决于这些特定人群的总量与需求量,而这些人群的总量与需求量则是不断变化的;③ 市场的需求通过交换来满足,需求不断变化,则满足状态也会不断变化。

从市场营销角度看,卖方构成行业,同行业的卖方构成竞争者;买方才构成市场,是商品需求的总和,是人口(即有需求的人)、购买能力和购买欲望三个因素的统一。用公式来表示就是:

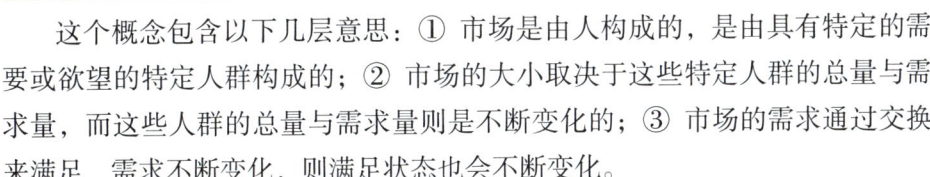

市场=人口+购买能力+购买欲望

如图1-2所示,市场的这三个因素是相互制约、缺一不可的,只有三者结合起来才能构成现实的市场,才能决定市场的规模和容量。由此市场可以分为三种类型:现实市场、潜在市场和未来市场。

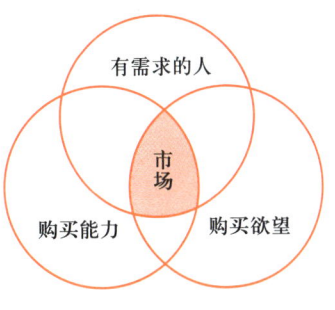

图1-2 市场三因素

小试牛刀

请结合以上理论,分析下列哪些是市场营销中所提到的"市场"。
A. ××小商品市场
B. 准备买房子结婚的年轻人
C. ××黄金珠宝交易中心
D. ××人才市场
E. 需要照料看护的退休老人

现实市场是指对企业经营的某种商品有需要,有购买能力,又有购买欲望的现实顾客。潜在市场是指由于构成市场的三个要素中的购买能力和购买欲望出现问题而形成的未来可能转化为现实市场的市场。未来市场是指暂时尚未形成或只处于萌芽状态,但在一定条件下必将形成并发展为现实市场的市场。

营销视角
房地产公司的市场分析

某房地产公司分析,约有2%的当地居民储蓄存款达到500万元,他们能买得起一套价值300万元的别墅。按所在城市现有城区居民160万人计算,约有3.2万人需要别墅,该市场的盈利空间相当大。于是,该房地产开发商瞄准这一市场,大力开发高档别墅,结果却是销售困难,此时,市场上价值100万元左右的公寓房却供不应求。

【思考和讨论】
该房地产公司在分析市场时存在什么问题?

1.2 市场营销的含义

1.2.1 美国市场营销协会的定义

美国市场营销协会(AMA)将市场营销定义为:市场营销是创造、传播、传递和交换对顾客、客户、合作伙伴乃至整个社会有价值的产品和服务的一系列活动、机制和过程。

1.2.2 菲利普·科特勒的定义

菲利普·科特勒于1983年提出：市场营销是致力于交换过程以满足人类需要的活动。

在交换过程中，卖者要寻找买者并识别其需要，设计适当的产品，进行产品的促销、储存、运送和定价等。基本的营销活动是产品开发、调研、信息沟通、分销、定价和服务活动。市场营销的核心思想是交换。

> **拓展方舟**
> 菲利普·科特勒

菲利普·科特勒是现代营销理论集大成者，被誉为"现代营销学之父"，任美国西北大学凯洛格管理学院终身教授，也是美国西北大学凯洛格管理学院国际市场学S.C.强生荣誉教授。同时，他先后担任了美国管理科学联合市场营销学会主席、美国市场营销协会理事、营销科学学会托管人、杨克罗维奇咨询委员会成员、哥白尼咨询委员会成员、中国GMC制造商联盟国际营销专家顾问等职位。

综上所述，市场营销就是企业利用自身的资源优势，满足目标市场现实或潜在需求的综合性经营管理活动过程。它以市场需求为起点，也以市场需求为终点，适应市场环境的变化，实现商品价值的交换。市场营销概念如图1-3所示。

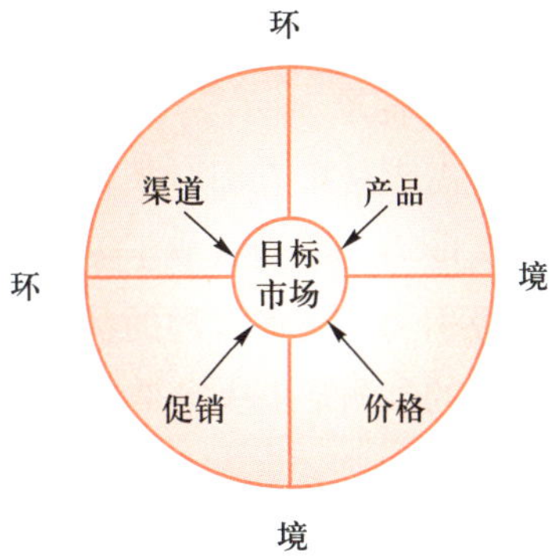

图1-3 市场营销概念

1.3 市场营销的核心概念

市场营销的核心概念是交换，并有一组相关的概念：需要、欲望和需求，产品，价值、成本和满意，交换与交易，市场与目标市场，市场营销与市场营销者等（见图1-4）。这些概念反映着有关交换的各种问题及其实质，只有准确把握市场营销的核心概念及其相互之间的关系，才能深刻认识市场营销的本质。

图1-4 市场营销的核心概念

1.3.1 需要、欲望和需求

需要和欲望是市场营销的起点。

1. 需要

需要是指没有得到某些基本满足的感受状态，是人类与生俱来的。如人们为了生存对食物、衣服、住房、安全、归属、尊重等的需要。这些需要存在于人类自身生理和心理需要之中，市场营销者可以用不同的方式去满足它，但不能凭空创造。如顾客购买名牌轿车以显示其社会地位，他对社会地位的需要并不是营销者创造的，营销者只是试图提供特定的产品满足人们在这方面的需要。

2. 欲望

欲望是指得到那些满足基本需要的具体满足品的愿望，是个人受不同文化及人类社会环境影响表现出来的对基本需要的特定追求。如为满足解渴的生理需要，人们可以选择喝水、茶、果汁、咖啡等。市场营销者无法创造需要，但可以影响欲望，通过开发及销售特定的产品和服务来满足欲望。

3. 需求

需求是指人们对某种产品有购买能力且有购买意愿的欲望。当人们具备了购买能力，欲望便成了需求。市场营销者总是通过各种营销手段（使产品更富有吸引力、制定合理的价格、创造便利的购买条件等）来影响需求，并根据对需求的预测结果决定是否进入某一产品（服务）市场。

知识点：
欲望

知识点：
需求

马斯洛需求层次理论

1.3.2 产品

产品是指能够满足人的需要和欲望的任何事物。包括有形物品、服务、事件、体验、人物、场所、信息、想法等。产品的价值不在于拥有它，而在于它给我们带来的对欲望的满足。例如，人们购买轿车不仅是为了得到它能提供的交通服务，也是为了彰显社会地位。产品实际上只是获得服务的载体。这种载体可以是物，也可以是各种服务，如人员、地点、活动、组织和观念等。营销者必须清醒地认识到，其创造的产品不管形态如何，如果不能满足人们的需要和欲望，就必然会失败。

知识点：
产品

1.3.3 价值、成本和满意

产品价值是指由产品的功能、特性、品质、品种与式样等产生的价值。它是顾客需要的中心内容，也是顾客选购产品的首要因素。产品价值并不是指产

知识点：
价值

品本身所拥有的客观价值的大小，而是消费者的一种主观感受，是由顾客需要来决定的，顾客对产品价值的需要因人而异，在购买行为上显示出极强的个性特点和明显的需求差异性。

成本是指消费者在购买和使用产品的过程中可能花费的各种资金、时间、体力和精力的总和。在某种程度上，它也是主观的。人们收集信息，通过比较，最后做出对某产品的判断，即为取得某产品的价值而愿意付出的代价。

满意本意是指意愿得到满足。一个消费者通常根据对某种产品价值的主观评价和所需支付的费用来进行是否满意的评判。

拓展方舟
客户满意

客户满意，即 Customer Satisfaction（简称CS），是人的一种感觉水平。它来源于对一件产品所设想的绩效或产出与人们的期望所进行的比较。

菲利普·科特勒认为，顾客满意是指一个人通过对一个产品的可感知效果与他的期望值相比较后，所形成的愉悦或失望的感觉状态。

顾客满意包括产品满意、服务满意和社会满意三个层次。

产品满意是指企业产品带给顾客的满足状态，包括产品的内在质量、价格、设计、包装、时效等方面的满意。产品的质量满意是构成顾客满意的基础因素。

服务满意是指产品售前、售中、售后以及产品生命周期的不同阶段采取的服务措施令顾客满意。这主要是指在服务过程的每一个环节上都能设身处地地为顾客着想，做到有利于顾客，方便顾客。

社会满意是指顾客在对企业产品和服务的消费过程中所体验到的对社会利益的维护，主要指顾客整体社会满意，它要求企业的经营活动有利于社会文明进步。

顾客在购买产品时，总希望把包括货币、时间、精神和体力等有关成本降到最低限度，同时希望从中获得更多的实际利益，以使自己的需要得到最大限度的满足。因此，顾客在选购产品时，往往从价值与成本两个方面进行比较分析，从中选择出价值最高、成本最低，即顾客让渡价值最大的产品作为优先选购的对象。

小试牛刀
小王的新手机选购

小王是一名大学生，最近想换一部手机，就向同学了解什么样的手机好。有的同学说苹果的好，他觉得太贵；有的同学说国产手机不错，价格便宜。小王觉得自己需要一个能上网，能拍照，能玩游戏，屏幕稍微大点，待机时间长的手机。经过多方面考虑和比较，终于在网上买了一款小米手机，才花了1 000多元，屏幕挺大，上网速度也挺快，关键是价格便宜。用了一段时间之后，小王感觉非常满意，并积极地向其他同学推荐这个品牌，说性价比高，适合大学生，很实用。

1. 请调查一下你班里的同学购买手机的经历，包括他们使用后感觉如何，完成统计并填入下列空白处。

（1）非常满意：_____%；

（2）满意：_____%；

（3）一般：_____%；

（4）不满意：_____%。

2. 请表示不满意的同学们说明原因。

3. 交流并回答：怎样才能提高顾客满意度？

1.3.4 交换与交易

知识点：
交换与交易

1. 交换

交换是指从他人处取得所需之物，并以某种东西作为回报的行为。交换的发生，必须具备五个条件：① 至少有交换双方；② 每一方都有对方需要的有价值的东西；③ 每一方都有沟通和运送货品的能力；④ 每一方都可以自由地接受或拒绝；⑤ 每一方都认为与对方交易是适合或称心的。

2. 交易

交易是交换的基本组成单位，是交换双方之间的价值交换。交易的方式有两种：一是货币交易；二是非货币交易（易货贸易）。交易发生的基本条件是：双方互为满意的有价值的物品（服务）；双方满意的交换条件（价格、地点、时间、结算方式等）；监督交易双方执行承诺的法律制度。

1.3.5 市场与目标市场

市场是指由一切具有特定需要或欲望，愿意并能够通过交换来满足这种需要或欲望的全部现实和潜在顾客的总和。

目标市场，是指企业在对整体市场和细分市场进行分析评价的基础上，结合企业自身的条件和能力，确定欲满足其需要并提供相应服务的市场部分。它是企业进行市场细分的结果。企业在开展市场营销活动时，首先必须寻找适合自身能力和特点的目标市场。

1.3.6　市场营销与市场营销者

市场营销是与市场有关的人类活动，即以满足人类各种需要和欲望为目的，通过市场，变潜在交换为现实交换的活动。在市场交换双方中，如果一方比另一方更主动、更积极地寻求交换，则前者称为市场营销者，后者称为潜在顾客。所谓市场营销者，是指希望从别人那里取得资源并愿意以某种有价之物作为交换的人。市场营销者可以是卖主，也可以是买主。假如有几个人同时想买正在市场上出售的某种稀缺产品，每个准备购买的人都尽力使自己被卖主选中，这些购买者就都在进行市场营销活动。在另一种场合，买卖双方都在积极寻求交换，那么，就把双方都称为市场营销者，并把这种情况称为相互市场营销。

同步案例
制鞋公司开拓市场

美国某制鞋公司意欲开拓太平洋赤道附近某岛国的市场。总经理决定先派遣一名营销人员去该国进行市场调研以收集信息。不久，总经理接到了这位营销人员的电报："此地人皆赤脚，无穿鞋习惯，鞋子定无销路。我将立即返回。"

总经理不甘心，又派出第二名营销人员去该国核实情况。几天后，总经理接到了如下回电："此地赤脚成习惯，故市场潜力巨大，若在此推销，销路定广。"

两种截然不同的调查结果，使总经理心里很不踏实，于是他决定派出第三名营销人员去该国考察。几周后，总经理接到了一份非常详细的报告："此地居民皆赤脚。由于气候炎热多雨，此地人脚板较宽且多患有脚疾，故急需穿鞋保护。但市场上现有的鞋型皆不能适应其需要，公司的鞋子太窄。因此，应特制一些较大尺码的鞋子来这里投放市场。考虑到这里的官员思想很封闭，反对外国人来此做生意，因此应先树立公司的形象，比如捐资为他们兴办学校，以克服进入障碍，估计需约20万元。据预测，若鞋型适当，每年可销3万双，投资利润率可达15%，望速做决策。"

看过报告，总经理宽慰地笑了。公司接受了第三名营销人员的建议，并迅速组织设计、制造了尺寸适合当地居民脚型的鞋子投放该国市场，赚取了一笔可观的利润。

【案例思考】
如果你是该公司派出的营销员，将如何评价岛国的市场？

单元二
市场营销观念

案例
观念与命运的故事

市场营销观念

酒家传奇

2.1 市场营销观念的含义

市场营销观念，是指企业在开展市场营销活动的过程中，在处理企业、顾客和社会三者利益方面所持的态度、思想和意识，即企业进行营销管理时的指导思想和行为准则。 企业的经营观念不同，企业的经营目标、任务就会有根本的差别，企业的组织结构、业务流程、经营活动方式也会发生相应的变化，从而直接影响企业的经济效益。确立正确的市场观念，对企业经营成败具有决定性作用。企业营销观念的核心是正确处理企业、顾客和社会三者的关系。

2.2 市场营销观念的演变

市场营销观念在发展过程中经历了传统营销观念和现代营销观念两大类，前者主要包括生产观念、产品观念和推销观念，后者包括市场营销观念和社会市场营销观念。现代营销观念要求企业把满足顾客需求放在经营的首位，作为企业一切活动的出发点。

2.2.1 生产观念

生产观念

知识点：
生产观念

1. 基本思想

以生产为中心，中心任务是集中一切力量改善设备和工艺，增加产量。生产观念认为，顾客喜爱那些随处能买到而且价格低廉的产品。这种观念在两种情况下能够成立且具备合理性：一是某种产品供不应求，物资短缺。因此，顾客最关心的是能否买到产品，而不是其他问题。二是产品成本过高，必须扩大生产，降低成本，以吸引更多的顾客购买。福特汽车公司是当时在美国奉行生产观念，"扩大生产，降低价格"的典型例子。

2. 产生背景

生产观念产生于物资极其短缺、产品供不应求的卖方市场条件下。该观念认为，产品只要生产出来就必定有销路。他们信奉：厂家生产什么产品就销售什么产品，顾客就买什么产品。该观念一切从生产者出发，追求大量生产、低成本、标准化。

2.2.2 产品观念

1. 基本思想

以产品为中心，中心任务是提高产品质量，改善性能，降低价格。这是因为产品观念认为，消费者或用户总是欢迎质量高、性能好、有特色、价格便宜的产品。

2. 产生背景

产品观念产生于卖方市场条件下，但在当时，供不应求的现象已得到了缓和或趋于缓和。他们信奉：只要产品好，消费者就一定会买，"酒香不怕巷子深"。因此，企业往往以生产为出发点，注重大规模提高生产效率，改进产品的质量和性能。

产品观念本质上与生产观念相同，仍然是企业生产什么就销售什么，但比生产观念增加了一层竞争的色彩，开始考虑顾客在产品质量、性能、特色、价格等方面的愿望。生产观念是"以量取胜"，产品观念则是"以质取胜""以廉取胜"。

产品观念认为，企业应致力于生产优质产品，并不断精益求精。这种观念指导下的企业只关注自己的产品，没有意识到消费者需求的变化，容易患上"市场营销近视症"，他们过分迷恋自己的产品，总认为自己的产品好，一定是人见人爱，完全忽视了市场需求的变化，把主要精力放在产品或技术上，而不是放在市场需要上，其结果是导致企业丧失市场，失去竞争力。

拓展方舟
营销近视症

"营销近视症"是著名的市场营销专家、美国哈佛大学管理学院教授西奥多·莱维特提出的一个营销理论，也叫"行销短视"。它指企业只把注意力放在产品上，而不是放在市场需求上，在市场营销管理中缺乏远见，只看到自己的产品质量好，看不到市场需求在变化，致使企业经营陷入困境。

2.2.3 推销观念

推销观念产生于卖方市场向买方市场过渡的阶段。

1. 基本思想

消费者通常有一种购买惰性或抗衡心理，若任其自然发展，消费者就不会自觉地大量购买企业产品，企业必须大力推销，以诱导消费者购买。此观念信奉"我们卖什么，就让人们买什么"，即产品不是顾客买走的，而是我们卖出去的。强调企业如何把生产出来的产品卖出去，不然就会造成产品积压，无法收

回货款，资金周转困难。企业十分注意运用推销术和广告术来大力推销产品，同时采取低价格和宽渠道的手段，力求赢得更多的顾客。

2. 产生背景

推销观念产生于供求平衡或供大于求，卖方市场向买方市场转化的过程中。企业发现产品销售变得困难，同行之间竞争激烈，产品销路成为企业关注的焦点。

推销观念与前两种观念一样，都是建立在以企业为中心、以产定销的基础上，而不是建立在满足消费者真正需求的基础上。因此，这三种观念都被称为传统营销观念。

市场营销观念

知识点：
市场营销观念

2.2.4 市场营销观念

市场营销观念以消费者需求为导向，企业的中心任务是满足消费者的需求和欲望。该观念认为，实现企业诸多目标的关键在于正确确定目标市场的需求和欲望，一切以消费者为中心，并且比竞争对手更有效、更有力地传递目标市场所满足的产品或服务。具体表现是："顾客需要什么就生产什么，销售什么。"

市场营销观念的出现，标志着企业经营管理理念由传统的以卖方为中心转向以买方需求为中心的现代营销理念。

1. 基本思想

以顾客为导向，企业的中心任务是满足顾客的需求和欲望。不是销售已生产的产品，而是生产、销售市场上需要的、好卖的产品，去满足顾客的需要。指导思想是消费者或用户需要什么，企业就生产、销售什么。企业不是从现有的生产和产品出发，而是从市场出发，从顾客出发，创造需求。即不能只是被动地去应对现实需求，而是要去努力挖掘潜在需求，进行需求创新，通过满足顾客需求，获得利益。

2. 产生背景

市场营销观念产生于20世纪50年代。此时，买方市场形成，市场上产品较为丰富，供大于求，主要出现在西方发达国家。

社会营销观念

案例
快餐行业受到批评

2.2.5 社会营销观念

社会营销观念是以社会长远利益为中心的市场营销观念。其核心理念是：以实现消费者满意以及消费者和社会公众的长期福利作为企业的根本目的与责任。企业的营销决策应同时考虑到消费者利益、企业利益和社会利益，并把三者有机协调地结合起来。

1. 基本思想

企业在生产经营中既要满足消费者需求，又要符合消费者和社会的长期利益。企业的营销决策不能只考虑企业利益和消费者利益，还应考虑社会整体利益和长远利益,并把三者有机协调地结合起来。社会营销观念要求企业在满足消费需求的同时履行社会责任,通过满足消费需求和维护社会利益而获得企业利益。

知识点:
社会营销观念

2. 产生背景

社会营销观念产生于20世纪70年代。因为当时的市场营销观念一味地强调满足消费者需求,却忽略了消费者需求、消费者利益和长期社会福利之间隐含的冲突。

2.3 企业营销观念的误区

企业营销观念主要有以下误区:

(1)重生产,轻流通。

(2)重现有市场竞争,轻潜在市场培育。

(3)重广告宣传,轻市场调研;重外部形象包装,轻内在营销策划。

(4)重生产制造过程,轻产前与产后服务;重生产的数量和规模,轻产品的质量和效益。

(5)重经济因素,轻文化建设;重物质刺激,轻精神激励。

(6)重企业外部公关,轻企业内部公关。

(7)重资金、技术与物质投入,轻科研、咨询投入和人力资源开发。

(8)重个别营销策略和手段,轻营销组合策略的整体运用。

(9)重眼前利益,轻长远发展;重短期行为,轻目标管理;重策略技巧,轻战略管理。

2.4 传统营销观念与现代营销观念的区别

传统营销观念与现代营销观念的区别如表1-1所示。

表1-1 传统营销观念与现代营销观念的区别

观念	出发点	方法	产销关系	目的
传统营销观念	产品	增产或推销	以产定销	通过扩大销售获利
现代营销观念	顾客需求	整体营销	以需定产，产需结合	通过满足需求获利

2.5 五种营销观念的比较

五种营销观念的比较如表1-2所示。

表1-2 五种营销观念的比较

	市场观念	营销出发点	获利手段	基本策略	侧重方法
传统营销观念	生产观念	产品	大批生产产品	增加产量、降低价格	坐店等客
	产品观念	产品	改善产品	提高产品质量	坐店等客
	推销观念	产品	大量推销	强力推销	人员销售，广告宣传
现代营销观念	市场营销观念	消费者需求	满足消费者、企业需求	发现和满足需求	整体营销
	社会营销观念	消费者、企业和社会公众的共同利益	满足三方需要	获取消费者信任、兼顾社会利益	与消费者及有关方面建立良好关系

市场营销组合

知识点：
市场营销组合

单元三
市场营销组合

3.1 市场营销组合的含义

市场营销组合是指企业为了占领目标市场，满足顾客需要，根据外部环境的变化对企业各种可以控制的因素加以整合、协调，扬长避短，发挥整体优势。可控因素具体包括产品、价格、渠道、促销，如图1-5所示。

3.1.1 4P组合的提出

美国营销学学者杰瑞·麦卡锡（Jerry McCarthy）在其《营销学》一书中提出了著名的4P组合理论。麦卡锡认为，企业从事市场营销活动，一方面要考虑企业的各种外部环境；另一方面要制定市场营销组合策略，通过策略的实施，

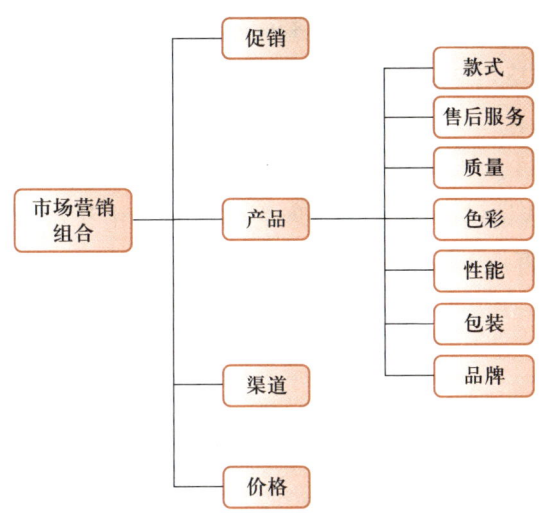

图1-5 市场营销组合示意

适应环境,满足目标市场的需要,实现企业的目标。

1. 产品

从市场营销的角度来看,产品(Product)是指能够提供给市场被人们使用和消费并满足人们某种需要的任何东西,包括有形产品、服务、人员、组织、观念或它们的组合。

2. 价格

价格(Price)是指顾客购买产品时所支付的货币数量,包括折扣、支付期限等。价格或价格决策,关系到企业的利润、成本补偿,以及是否有利于产品销售、促销等问题。

影响定价的主要因素有三个:需求、成本、竞争。

最高价格取决于市场需求,最低价格取决于该产品的成本费用。在最高价格和最低价格的幅度内,企业能把这种产品价格定多高则取决于该产品的行业竞争力。

3. 渠道

(销售)渠道(Place)是指商品从生产企业流转到消费者手上的过程中所经历的各个环节和推动力量之和。渠道策略研究企业如何以最低的成本,通过最合适的途径,将产品或服务及时送达消费者手中。

4. 促销

促销(Promotion)是公司或机构用以向目标市场通报自己的产品、服务、形象和理念,说服和提醒他们对公司产品和机构本身信任、支持和注意的任何沟通形式。广告、销售促进、人员推销、公共关系是一个机构促销组合的四大要素。

4P中的每个要素都包含了许多小的因素,使营销组合形成一个复合结构。

每一个细小因素的变化,都可能导致营销组合的变化。成功的市场营销组合策略将为企业的发展奠定良好的基础。

3.1.2 由4P到6P

以后,市场营销组合又由4P发展为6P。6P是由科特勒提出来的。它是在原4P的基础上再加上政治(Politics)和公共关系(Public Relations)两类因素。

3.1.3 由6P到11P

到了20世纪90年代,营销界进一步认识到,包括产品、价格、渠道、促销、政治力量和公共关系的6P只是战术性组合,企业要有效地开展营销活动,必须有正确战略思想的引导,包括市场调研(Probing)、市场细分(Partitioning)、市场选择(Prioritizing)、市场定位(Positioning),简称战略4P。同时,要考虑到人力(People)因素。这样,战略4P、战术6P加上人力因素,就形成了市场营销的11P组合。

知识点:
4C

3.1.4 由4P到4C

20世纪90年代,美国市场学家罗伯特·劳特伯恩(Robert Lauterborn)提出了4C理论,即客户(Customer)、成本(Cost)、便利(Convenience)、沟通(Communication)。4C理论强调:针对产品策略,应更加关注顾客的需求与欲望;针对价格策略,应重点考虑顾客为得到某项商品或服务所愿意付出的代价;针对渠道策略,应更加关注为顾客带来购买便利;促销的应用应是一个与顾客保持双向沟通的过程,如表1-3所示。

表1-3 4P与4C的相互关系对照表

类别	4P		4C	
阐释	产品(Product)	服务范围、项目,服务产品定位和服务品牌等	客户(Customer)	研究客户的需求与欲望,并提供相应产品或服务
	价格(Price)	基本价格、支付方式、佣金折扣等	成本(Cost)	考虑客户愿意付出的成本、代价是多少
	渠道(Place)	直接渠道和间接渠道	便利(Convenience)	考虑让客户享受第三方物流带来的便利
	促销(Promotion)	广告、人员推销、营业推广和公共关系等	沟通(Communication)	积极主动与客户沟通,寻找双赢的认同感
时间	20世纪60年代中期(麦卡锡)		20世纪90年代初期(劳特伯恩)	

3.1.5 由4P到4R

21世纪初,美国学者唐·舒尔茨(Don Shultz)提出了基于关系营销的4R组合,受到广泛关注。4R理论阐述了一组全新的市场营销要素,即关联(Relevance)、反应(Response)、关系(Relationship)和回报(Return)。

4R理论要求:① 与顾客建立关联;② 提高市场反应速度;③ 关系营销越发重要;④ 回报是营销的源泉。

3.1.6 由4P到4S

4S是指满意(Satisfaction)、服务(Service)、速度(Speed)和诚意(Sincerity)。4S市场营销策略主要强调从消费者需求出发,建立起一种"消费者占有"的导向。它要求企业针对消费者的满意程度,对产品、服务、品牌不断进行改进,从而达到企业服务品质最优化、消费者满意度最大化,进而使消费者对企业产品产生忠诚。

小试牛刀
丁香开店

丁香是一名大二学生,家庭条件并不富裕,本来学的是艺术专业,因为自己喜欢营销,就选修了市场营销课程,想从事一些实践活动。想来想去,决定自己创业,开个小店。到底卖什么好呢?丁香考虑了一下,自己学校所在的这个小镇,周围有4所高校,累计大学生有4万人左右,这是非常稳定的潜在顾客群。她决定在繁华的镇中心商业街开一家小饰品店。包括饰品小挂件、手工制品等,另外她又可以设计、制作情侣衬衫、鞋子等。若顾客喜欢的话,还可任意DIY自己喜欢的图案,这样可以彰显个性、与众不同。考虑到大学生的消费水准,她将价格定得很低,薄利多销。她还印制了宣传单到周围各高校进行宣传,并在各高校海报栏及校园网进行宣传。她还打算利用新媒体在网上进行进一步地宣传。

1. 如果要创办一家企业并开展营销活动,需要考虑哪些方面?
2. 丁香要开的小店主要锁定了哪些目标群体?
3. 她的小店应该如何设计基本的营销组合?请你给丁香出出主意。

3.2 市场营销组合的特点

(1)可控性。市场营销组合的各个因素是企业自己可以控制的。

(2)动态性。市场营销组合是随着市场环境的变化和企业可控因素的变化而变化的动态的多次组合。

知识点:
市场营销组合的特点

（3）复合性。企业的市场营销组合既包括企业产品、价格、渠道、促销的整体组合，又包括每类因素内部的次组合。

（4）整体性。市场营销组合要受企业市场定位战略的制约，企业应根据市场定位战略设计、安排相应的市场营销组合。

单元四 市场营销管理与需求管理

4.1 市场营销管理的实质

市场营销管理是指企业为实现其目标，创造、建立并保持与目标市场之间的互利交换关系而进行的分析、计划、执行与控制过程。市场营销管理的实质是需求管理。

4.2 需求管理的常见类型及任务

市场营销管理的基本任务是为达到企业目标，通过营销调研、计划、执行与控制，来管理目标市场的需求水平、时机和构成。企业市场营销管理的任务随目标市场的不同需求状况而有所不同。如表1-4所示。

表1-4　八种需求及八种任务

需求状况	特点	营销任务	营销管理类型
负需求	顾客不喜欢，采取反对、拒绝、躲避态度	扭转需求	扭转性营销
无需求	顾客对产品毫无兴趣或漠不关心	激发需求	刺激性营销
潜在需求	现有产品无法满足顾客的需求	实现需求	开发性营销
衰退需求	顾客需求转移	恢复需求	恢复性营销
不规则需求	顾客需求因人、因时、因地而发生不规则变化	调节需求	同步性营销
饱和需求	供给与需求达到一种满意状态，市场竞争加剧	维持需求	维护性营销
过剩需求	供不应求，需求水平超过供给水平	限制需求	限制性营销
有害需求	消费某些有害产品，给顾客造成身心伤害	消除需求	抵制性营销

4.2.1 负需求与扭转性营销

负需求指全部或多数潜在消费者厌恶某些产品或服务，不但不愿购买，反而愿意付出代价予以回避。产生负需求的情况可分为三类：第一类是指某些产品或服务对消费者完全无益甚至有害，使消费者主动产生负需求，如三聚氰胺牛奶、瘦肉精事件等导致的食品安全问题，让消费者对"疑似产品"退避三舍。第二类是指某些产品和服务从根本上说对消费者有益，但也存在一定副作用，如流感疫苗。第三类是指某些产品或服务对消费者有益而基本无害，但消费者由于偏见而产生负需求。

对于第一类情况，企业应遵守相应的法律法规，不开展任何营销活动。对于第二、第三类情况，企业的任务是开展扭转性营销，即分析消费者对产品或服务产生厌恶情绪的原因，制订消除厌恶情绪的计划，使负需求转变为正需求。

知识点：
负需求

同步案例
汽车行业的"切尔诺贝利"——高田气囊事件

车辆安全，从来都是消费者最为关心的问题，也经常被汽车销售人员当成引以为豪的宣传点。然而，根据国家市场监管总局发布的统计公告，仅2019年上半年，国内汽车市场就发布召回公告84起，涉及43个品牌的275.3万辆缺陷汽车。其中，因高田气囊问题共发布了9起召回，涉及67.4万辆汽车，大约占了上半年召回总量的四分之一。宝马（中国）和华晨宝马共同召回了36万辆问题车辆，几乎涵盖了全部的国产和进口车型。

日本高田公司（TAKATA）是世界五大气囊生产厂商之一，导致高田气囊出现问题的罪魁祸首是汽车碰撞时引爆的化学推进剂。高田公司是五大厂商中唯一采用含有硝酸铵材料推进剂的，其余的厂商均使用的是价格相对更高，安全性能更好的硝酸胍。其实，早在2007年，作为合作企业之一的本田就曾向高田告知了三起安全气囊非正常爆炸事件，但当时并没有受到高田的重视。继而在2009年美国一起汽车事故当中，一辆配有高田安全气囊的车辆在碰撞后因气囊问题直接对驾驶员造成二次伤害导致其身亡，揭开了"死亡气囊"事件的开端。

从2009年到2019年，历时十年时间，高田气囊已经在全球造成数百人受伤和至少23人死亡。高田气囊事件造成的影响犹如汽车制造业中的切尔诺贝利，涉及品牌和数量之广、持续时间之长都可以载入汽车行业的发展史。日本高田公司也因此不堪重负，于2018年3月申请破产保护，黯然退出气囊行业。

【案例思考】
1. 高田气囊事件给汽车市场带来哪些影响？

2. 为什么会有这么多汽车采用高田气囊？汽车生产厂商在此安全事件中是否也有责任？

保健品推销

4.2.2 无需求与刺激性营销

无需求指潜在消费者对相应的产品或服务毫无兴趣或漠不关心，从不主动购买。此时的"无需求"是对潜在的目标顾客而言的，非目标顾客对产品无需求不在此范畴。

知识点：
无需求

潜在的目标顾客对相应产品无需求常常是由产品设计、顾客自身、使用条件、相关信息、宏观环境等主要原因造成的。另外，产品价格、渠道策略和促销策略不当等原因也会造成无需求。

与无需求相对应的是刺激性营销，即分析产生无需求的原因，制订消除无需求的计划，想方设法把产品的功效与人们的自然需求和兴趣结合起来，最后达到企业预期的需求水平。

潜在需求：电动汽车充电站

4.2.3 潜在需求与开发性营销

潜在需求指消费者对产品或服务有强烈的需求，而目前企业所提供的产品与服务无法满足其需要。与潜在需求相对应的是开发性营销，即分析哪些方面存在潜在需求，然后有计划地开发产品和服务，使潜在需求转化为现实需求。

知识点：
潜在需求

📊 营销视角
把梳子卖给和尚

如何把梳子卖给和尚这个故事，也许你已经看过了。

有个老板，让他的三个销售员分别去把梳子卖给和尚。第一个销售员带着梳子就马不停蹄跑到了寺庙，苦苦哀求，住持看其可怜，买了一把梳子。第二个销售员来到寺庙，观察到香客远道而来，给佛祖上香时，头发都乱了，便和住持说，这是对佛祖的不尊敬。于是住持买了十把梳子，放在香案上供香客梳理头发。第三个销售员，同样发现了香客风尘仆仆，给住持建议，直接把梳子卖给有需要的香客，于是住持购买了一千把梳子。

如果你作为第四个去卖梳子的人，会怎么操作？

换个有趣的情节，第四个人推出了新的销售模式：

1. 自愿模式

梳子不规定价格，香客可以凭自己的意愿把钱投进功德箱。

凭借对人性的洞察，不设置价格的梳子，肯定比设置价格要赚得更多。大家都清楚一把梳子的价格，但是如实支付会显得太小气，所以香客往往会以高出梳子的价格，把钱投进功德箱。

如果主持是一个胆小的人，害怕收入反而减小了，怎么办？那就来个对赌协议，如果收入比以前少，少的部分由卖方补偿。如果收入超过以前，超过的部分五五分成。

但是，如果住持因循守旧，仍旧选择和第三个销售员合作，拒绝了你怎么办？

2. 颠覆性创新，免费模式

首先另请一个没在寺庙的和尚，在山下把梳子免费送给香客，还附带赠送镜子一枚。同时提供开光服务，也是免费的。当然自愿给功德箱里投钱也是不拦着的。而且，还很智能化，每天早上用户拿起镜子梳妆的时候，就会在镜子的右下角提醒：恭喜您，您今天的漂亮指数超过了83%的人。

如果您比较懒惰，则会不定期地提醒：您已经 × 天没有梳过头了，建议您梳理头发，活络头皮血液。

渐渐地，当大家习惯了梳子和镜子的时候，它就会在你漂亮指数低于多少分时，推荐您使用某某化妆品。

多年以后，第一个销售员生活清贫，第二个奔上了小康，第三个成了富人，第四个则建立起他的健康美容企业集团。

纵观故事的过程，能明显看到一个中心点，那就是用户需求。第一个人看不见需求；第二个人能看见需求，但不善于利用；第三个人能看见和利用需求，但不能拓展需求。第四个人不但能发现需求，而且能创造需求。

【思考和讨论】
1. 看完文章，回头再问，如果你是第四个卖梳子的，会怎么卖？
2. 结合上述资料，思考企业在营销中应怎样发现和引导顾客需求。

4.2.4 衰退需求与恢复性营销

衰退需求指某种产品或服务的需求低于正常水平，出现衰退趋势。许多产品或服务出现衰退需求是科技进步、社会发展和产品更新的结果。但是，也有许多产品出现衰退需求是企业营销不力或消费风潮的暂时改变所造成的。与衰退需求相对应的是恢复性营销，即分析需求下降的原因，判断可否通过改变产品特性、开拓新的目标市场或改进沟通等手段重新刺激需求，扭转需求下降的局面。

知识点：
衰退需求

同步案例
未来有可能消失的十大行业

当今科技的飞速发展，除了给人们带来生活便利外，也使不少人的职业生涯受到影响。人工智能的异军突起，迫使诸多传统职业逐渐退出历史舞台。

以下是未来十年最有可能被人工智能取代的工作：

1. 汽车驾驶员

谷歌的无人驾驶汽车早已在美国的高速公路上穿梭，百度也推出无人驾驶汽车。一旦无人驾驶汽车实现商用并普及开来，汽车驾驶员很有可能面临失业。

2. 收银员

阿里巴巴无人超市投入市场使用，各大银行火热推广ETC，诸如此类的智能收费系统不仅节约人力成本，还大大提高了办事效率。同时，也让人们真切体会到科技进步对传统职业的威胁。

3. 传统流水线工人

研究表明，未来10年，47%的低级雇员将被机器取代。例如，富士康位于昆山的工厂因机器人的投入，员工人数已从11万减少到5万，且将持续缩减。

4. 保安

安保机器人已经出现，可以自动巡逻、自动报警，具备流畅的语音交互功能，24小时不间断工作。未来的保安人员可能面临失业冲击。

5. 客服人员

专家预测，85%的客户服务工作都将由AI完成，无须任何人工参与。它们比雇佣员工效率更高，出错更少，也不会因客户抱怨而崩溃。

6. 银行柜员

传统金融行业正在遭受互联网金融的冲击。更多交易已通过数字渠道完成，线下网点越来越少，无人银行正在逐步试点和推广。

7. 翻译

人工智能技术在语音翻译领域已经实现突破性发展，翻译机的中英文翻译已达到95%左右的准确率，还能支持多国语言的翻译。

8. 新闻记者

四川九寨沟地震，机器人记者用25秒写了全球第一条地震速报；里约奥运会期间，写稿机器人以和电视直播几乎同时的速度发布报道。据称，美联社90%的文章都是机器人写的。

9. 导游

电子导游正逐渐为许多游客所青睐，未来机器人导游还能识别图像与声音，与人类对话，让游客有更好的交互体验。

10. 股票交易员

越来越多的投资银行开始使用人工智能、自动化和机器人技术。2000年，高盛位于纽约的股票现金交易部门有600个交易员，如今只剩下两个，剩余的工作全部由机器人完成。

【案例思考】
针对人工智能时代的科技和需求变化，企业应采取哪些措施？同时注意哪些问题？

4.2.5 不规则需求与同步性营销

不规则需求指市场需求量就平均状况来说达到预期水平，但需求与供应在时间上存在差异，供不应求与供过于求交替发生。不规则需求加大了企业的生产管理成本，在一定时间内造成资源严重浪费。与不规则需求相对应的是同步性营销，即通过灵活的定价、促销和其他激励办法努力使顾客需求与供应转化为较好的时间同步。例如，波司登、雅鹿等羽绒服生产企业就往往在夏季通过打折、返券等方式进行促销，以应对淡季需求。

知识点：
不规则需求

4.2.6 饱和需求与维护性营销

饱和需求指需求的现行水平与时间充分符合供应者所期望的水平与时间。对企业而言，是一种最理想的状态。与饱和需求相对应的是维护性营销，即分析影响需求的各种因素，对减少需求的因素保持警惕性，保证营销活动的正确性和有效性，保持市场竞争的优势地位。

知识点：
饱和需求

4.2.7 过剩需求与限制性营销

过剩需求指需求超过了供给者所能或所愿实现的供给水平，即市场需求严重大于产品供应。要解决过剩需求问题，从长远看，积极的办法是扩大生产，增加供应；从眼前看，应急的、消极的办法是限制性营销。限制性营销是暂时或永久性地减少过剩需求，减少普遍顾客或某些特殊顾客。可采取的措施有提高价格、凭票供应、降低产品质量、减少服务、削减促销等，当然有些措施不受消费者欢迎。

知识点：
过剩需求

4.2.8 有害需求与抵制性营销

有害需求指对某些产品和服务的需求在一定程度上有害于消费者或供给者的利益。企业的任务是抵制性营销，即说明产品的危害，或提高价格，尽量减少可买到的机会，使顾客一定程度上减少或放弃对该产品的需求。

知识点：
有害需求

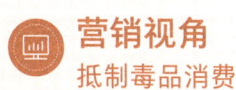

营销视角
抵制毒品消费

日趋严重的毒品问题已成为全球性的灾难。毒品的泛滥直接危害人民的身心健康，并给经济发展和社会进步带来巨大的威胁。联合国的统计表明，全世界每年毒品交易额约一万亿美元，毒品蔓延的范围已扩展到五大洲的200多个国家和地区，而且全世界吸食各种毒品的人数已超过2亿，其中17~35周岁的青壮年约占80%。

毒品带给人类的只会是毁灭。吸毒于国、于民、于己有百害而无一利！毒品摧毁的不但是人的肉体，也是人的意志。我们要积极宣传毒品的危害，自觉地与吸毒、贩毒等不法行为作斗争，珍爱生命，终身远离毒品、拒绝毒品！

【思考和讨论】
抵制有害需求，如何从身边做起？

总之，只有识别各类不同的需求状况，企业才能确定相应的营销任务，并采取适当的对策，科学、合理地完成市场营销管理任务。

小试牛刀

请问一瓶矿泉水能有多少用途？开动脑筋，找出更多答案！
- 喝掉，解渴
- 洗漱清洁
- 作为杠铃，锻炼身体
- 武器，防身
- 浇灭炸药导火线
- 火灾时，弄湿衣物，捂住口鼻逃生

单元五
营销发展与创新

21世纪是不断发展、变革的时代，随着消费者需求和社会形势的发展变化，企业满足消费者并为之服务的方式也不断发展、变化，这就带来了营销观念的不断发展和创新。

5.1 绿色营销

知识点：绿色营销

英国卡迪夫大学的肯·皮提（Ken Peattie）教授在其所著的《绿色营销——化危机为商机的经营趋势》一书中指出："绿色营销是一种能辨识、预期及符合消费的社会需求，并且可带来利润及永续经营的管理过程。"绿色营销观念认为，企业在营销活动中，要顺应时代可持续发展的要求，注重地球生态环境保护，促进经济与生态环境协调发展，以实现企业利益、消费者利益、社会利益及生态环境利益的协调统一。从这些界定中可知，绿色营销是以满足消费者和经营者的共同利益为目的，以保护生态环境为宗旨的绿色市场营销模式。

主要内容包括：

（1）企业在市场营销中要重视保护地球生态环境，防治污染，保护生态，充分利用并回收再生资源以造福后代。

（2）服务的对象不仅是顾客，还包括生态社会。

（3）营销过程的永续性一方面需仰赖环境不断提供市场营销所需要的资源，另一方面要求营销环境能持续吸收营销所带来的副产品。

营销视角
绿色营销的盛行

进入20世纪90年代以后，世界上许多公司正在纷纷实践"绿色营销"的战略思想。例如，日本一家超级市场要求顾客自备购物袋，以便减少使用塑料袋。超级市场发给每位顾客登记卡，自备购物袋的顾客，商店每次在登记卡上盖章，积累到一定数量后，商店免费赠送一定价值的商品。英国恩斯伯里超级市场集团不仅声称自己是"最绿杂货店"，而且推出了一系列取代化学清洁剂的"护绿"家庭用植物制成品，从而使其营业额大幅度上升，取得了竞争优势。在中国香港、中国台湾地区，日本，美国，被人们称为"生态服装"的图案、色彩、文字极富特色与寓意：用珍稀动植物图片作图案，以花草树木为色调，甚至将简洁明了的文字写在服装上，如"我爱大自然""保护臭氧层"等直接来表达消费者的心声。因此，各种"绿色广告"应运而生，不少著名的跨国公司和大企业纷纷利用"绿色商品"大做"绿色广告"，不少新兴的中小企业也不断强化自己的"绿色企业"形象，以谋求飞跃发展。美国生产尿布的企业，从环保角度出发，进行广告促销，强调布尿片埋在土里至少要经过500年才能分解，而纸尿片在土里很快就会分解，于是纸尿片在公众心中树起了"绿色形象"，短短三年，销售量猛增到1.8倍。

目前，不少国家已明文规定，无环境标志的产品进口时将受到数量和价格方面的限制。重视和取得绿色标志，树立企业良好的环保形象，将会成为企业追求的重要目标，环保产业将成为国际贸易竞争的新热点，绿色营销将是国际市场营销的重点。绿色营销对中国企业参与和提高国际市场竞争有着重要意义。绿色营销有利于促进企业采用新技术和技术改造，有利于企业从粗放式经营向集约化经营转变。绿色营销概念包括了产品的设计、制造、使用、回收、处置的全过程。要实现这一概念，企业就必须采用先进技术，进行技术改造，改变能耗大、效益低的粗放式经营形式，努力提高资源能源的利用率和劳动生产率，使生产经营活动不对环境造成破坏或尽量少破坏。因此，绿色营销过程也是企业实现技术升级和可持续发展的过程。

【思考和讨论】
联系实际谈一谈，作为一名消费者在生活中应该如何支持绿色营销。

知识点：
关系营销

5.2 关系营销

关系营销，是指把营销活动看成一个企业与消费者、供应商、分销商、竞争者、政府机构及其他公众发生互动作用的过程，其核心是建立和发展与这些公众的良好关系。美国营销专家巴巴拉·本德·杰克逊提出了关系营销的概念，使人们对市场营销理论的研究又迈上了一个新的台阶。

知识点：
文化营销

5.3 文化营销

文化营销是一个组合概念，简单地说，就是利用文化力进行营销。是指企业营销及相关人员在企业核心价值观念的影响下所形成的营销理念、所塑造的营销形象以及在具体的市场运作过程中所形成的营销模式。

文化营销强调企业的理念、宗旨、目标、价值观、行为规范、管理制度、企业环境、组织力量、品牌个性等文化元素，其核心是理解人、尊重人、以人为本，调动人的积极性与创造性，关注人的社会性。在文化营销观念下，企业的营销活动致力于给予产品、企业、品牌以丰富的、个性化的文化内涵。

同步案例
金六福酒的文化营销

金六福将自己定位为"中国人的福酒"。从品牌名称来看，"金"代表权力、富贵和地位；"六"为六六大顺；"福"为福气多多。五星级金六福设计新颖，开盒时"开门见福"，取酒时"揭福"，酒瓶如古钱袋，寓意吉祥，处处让人心情开朗。金六福酒融汇了中国传统的民族特色和精湛的酿造工艺。与五粮液酒同工艺、同原料，具有香气悠久、味道醇厚、入口甘美、入喉爽静、酒体丰满协调的独特风格。

"始于自信，终于坚持。"短短10年，金六福酒业迅速走出了一条从代理品牌、创造品牌到拥有品牌的发展之路。

金六福借助一系列主题传播——"中秋团圆·金六福酒""春节回家·金六福酒""我有喜事·金六福酒"，更使金六福酒逐步成为一些中国人节庆消费中必不可少的新民俗。金六福酒以其上乘的酒质、新颖的包装和深厚的文化底蕴，深受消费者的青睐，畅销海内外。

【案例思考】
金六福的福文化营销给你哪些启示？

5.4 口碑营销

传统的口碑营销是指企业通过朋友、亲戚的相互交流将自己的产品信息或者品牌传播开来。

口碑传播指的是用户个体之间关于产品与服务看法的非正式传播。

口碑传播一个最重要的特征就是可信度高。因为在一般情况下，口碑传播都发生在朋友、亲戚、同事、同学等关系较密切的群体之间，在口碑传播进行之前，他们之间已经建立了一种长期稳定的关系。相对于纯粹的广告、促销、公关、商家推荐而言，可信度更高。

同步案例
雀巢笨NANA的营销

雀巢笨NANA冰棍走红于深圳网友发的一条微博。随即，"那些年，我们一起吃过的笨NANA"之类的话题在微博上经久不衰，每天点击率过百万。产品上市五个月前，雀巢就与奥美互动合作。从最初产品在香港上市，到引进内地各大城市，雀巢通过微博上的趣味话题引导人们对于笨NANA的讨论，  先在人们心中种下期待的"种子"，并把其打造成一款贴有时尚、趣味"标签"的产品，进而刺激消费，也使得网友成为笨NANA的"代言人"，主动传播相关话题。最终让晒"笨NANA"成为时尚，让广大消费者为雀巢的笨NANA免费宣传。而后，雀巢又与腾讯合作，搭建了与产品风格和定位极为匹配的"笨NANA岛"活动网站，为笨NANA定制了多款flash游戏，将笨NANA巧妙地植入其中，并且很好地与游戏情节相结合。

笨NANA的营销活动和选择的合作对象都准确地抓住了产品的核心用户群。并且在读图时代利用视觉推广将笨NANA的卖点发挥至极限，带给潜在客户直观的感官刺激，激发人们的尝试欲望。当然产品的新颖设计也对消费者产生了很多吸引力。

【案例思考】

雀巢笨NANA利用了哪些营销手段来打造口碑？

5.5 体验营销

体验营销是指企业通过采用让目标顾客观摩、聆听、尝试、试用等方式，使其亲身体验企业提供的产品或服务，让顾客实际感知产品或服务的品质或性能，从而促使顾客认知、喜好并购买的一种营销方式。这种方式以满足消费者的体验需求为目标，以服务产品为平台，以有形产品为载体，生产、经营高质量产品，拉近企业和消费者之间的距离。

同步案例
星巴克咖啡

相信大家对星巴克（Starbucks）咖啡都不陌生，如今它已演变成一种时尚的生活方式。星巴克能在众多国家风靡一时，体验营销发挥了重要作用。

首先，它是多样的，咖啡的种类繁多，顾客的选择余地较大。你可以喝到任何一种咖啡，大、中、小杯，浓的、淡的，也可以根据自己的偏好选择活泼、浓郁、粗犷、低因四大咖啡口味。

其次，它是新鲜的，你能在哪里找到充满活力地为你煮咖啡、不厌其烦地教你喝咖啡的人呢？只有星巴克！这是为顾客提供"星巴克体验"的主要动力。

最后，星巴克营造的就是顾客心目中、现代生活中的一片绿洲，它要成为那些小资们家庭与办公室之外的第三空间（the Third Place），从而在中国培育出"Coffee House"的文化传统。舒适、自在的环境也可以让大家在星巴克得到很好的休闲。

在那里你可以一个人，也可以是跟朋友和家人。喝一杯咖啡，听听店里的音乐，沉浸在店里优美的环境中，坐在柔软的大沙发上，重新整理自己的思绪，享受片刻所谓的"个人空间"。你轻轻地搅动起着泡沫的咖啡，无论是5分钟还是5小时，都会感觉充满活力。握着杯子，你会想到现在置身在美国的纽约或者旧金山，中国的上海、北京，但无论你怎么想，总能体验到这一杯咖啡是如此之香，常常勾起我们许多美好的回忆。

美国《财富》杂志曾说："星巴克改变了一切——从美国人喝咖啡的习惯、日常用语到繁忙的大街。"

【案例思考】
热衷并流连于星巴克的顾客，究竟喝的是什么？

5.6 饥饿营销

饥饿营销是指商品提供者有意调低产量，以期达到调控供求关系、制造供不应求现象，维持商品较高售价和利润率的营销策略。同时，饥饿营销可以达到维护品牌形象、提高产品附加值的目的。

案例
小米的饥饿营销

饥饿营销通过调节供求两端的量来影响终端的售价，达到加价的目的。表面上，饥饿营销的操作很简单，定个叫好叫座的惊喜价，把潜在消费者吸引过来，然后限制供货量，造成供不应求的热销假象，从而提高售价，赚取更高的利润。

饥饿营销的最终目标不仅仅是调高价格，而且是为了对品牌产生高额的附加价值，从而为品牌树立起高价值的形象。

同步案例
房产市场的饥饿营销

在新楼盘开盘前后，开发商往往会先进行大量广告宣传，吸引人看楼，再请看楼者登记，交诚意金，排卡等，有的还张榜公布销售情况（实际可能并没有销售那么多），形成临时性缺货或只剩少数存量的假象，造成顾客心理恐慌。因为长长的等待名单也为楼盘作了免费广告。

在楼市旺季，开发商利用两种方式捂盘惜售：一是放慢销售速度，将整个销售周期拉长，这样就会有好几次调价机会。二是当现有房子销售到一定程度后，开发商会停止销售，把一些位置、户型相对好些的房子留到下一期一起卖，以便卖个高价。有的开发商一次只开卖一栋楼，或者几十套房子，如果人数不够一次售罄就继续延期开盘，这样一来可以制造热销气氛，形成"购房者饥饿"，二来可以不断提价。

【案例思考】
请谈谈，企业在实施饥饿营销时应注意什么？

5.7 病毒营销

病毒营销（Viral Marketing），又称病毒式营销、病毒性营销、基因行销或核爆式行销，是一种常用的网络营销方法，常用于网站推广、品牌推广等。其信息传递策略是通过公众将信息廉价复制，告诉给其他受众，从而迅速扩大自己的影响。

病毒营销利用的是用户口碑传播的原理。在互联网上，这种口碑传播更为方便，可以像病毒一样迅速蔓延，因此病毒营销成为一种高效的信息传播方式。而且，由于这种传播是用户之间自发进行的，因此几乎是不需要费用的网络营销手段。

具体而言，病毒营销是指那些鼓励目标受众，把企业想要推广的信息，像病毒一样传递给周围的人，让每个受众都成为传播者，让推广信息在曝光率和营销上产生几何级增长速度的一种营销推广策略。通过引导人们发送信息给他人或吸收朋友加入某个程序来增加企业知名度或销售产品与服务。这种方式可以通过电子邮件、微博、微信朋友圈、抖音短视频等社交平台发布消息来实现。

同步案例

ALS冰桶挑战：席卷全球的"公益病毒"

ALS冰桶挑战可以说是2014年夏天的大赢家，它由国外传入，并经微博不断发酵。率先接受挑战的是科技界周鸿祎、雷军、李彦宏等。然后，娱乐圈的各路明星也纷纷加入活动，使冰桶挑战的热度持续升温。围观的群众表示虽然自己被点到名的可能性非常小，但看着名人们发布如此亲民又好玩的视频实乃一大乐趣。

ALS中文全称是"肌萎缩侧索硬化症"，患有此病的波士顿学院的著名棒球运动员彼得·弗瑞兹（Pete Frates）希望更多人能够关注到这一疾病，于是发起冰桶挑战。ALS冰桶挑战是一次公益与营销十分有效的结合，可能彼得·弗瑞兹在发起这项活动时都没有料想到会有如此疯狂的传播效果，这也算是无心插柳柳成荫。不少品牌也纷纷依靠此活动借势营销，三星向苹果发起了"冰桶挑战"就是非常有名的案例。

彼得·弗瑞兹于2019年12月辞世，但他永远地改变了ALS病人的命运。

【案例思考】

冰桶挑战引发网民围观并得以疯狂传播的原因有哪些？

5.8 微营销

微营销是以移动互联网为主要沟通平台，配合传统网络媒体和大众媒体，通过有策略、可管理、持续性的线上线下沟通，建立和转化、强化顾客关系，实现客户价值的一系列过程。微营销是一种低成本、高性价比的现代营销手段。与传统营销方式相比，微营销主张通过虚拟与现实的互动，建立一个涉及研发、产品、渠道、市场、品牌传播、促销、客户关系等更"轻"、更高效的营销全链条，整合各类营销资源，达到以小博大、以轻博重的营销效果。

案例
伊利"活力宝贝"世界杯微博营销

迈入微营销时代

同步案例
用真实打动用户，一则短视频引发的现象级话题营销

2020年1月10日，一个名为"#偷偷回家时家人的反应#"的话题悄悄登上微博热搜，引起用户们的强烈关注，随之而来的是全网掀起的提前回家热潮。而这一切的起因是一则宣传片。该片由猎豹移动的公益项目"橙色大巴"往年乘客的真实记录剪辑而成，首发于抖音平台。"#偷偷回家时父母的反应#"话题一出立刻登上当天最热话题榜，获得超过9 830万次的播放量，一跃成为当日最热视频的前5名。

随后在微博由"@有故事的皮同学"发起的"#偷偷回家时家人的反应#"相关话题瞬间获得5 000万+阅读量，登上微博热搜，话题下皆是UGC（指用户自发生成内容），优质评论达数万条，其中不乏网友自述的真实经历，让人动容。

联合微信情感号"@桌子的生活观"述说回家的相关故事，不止在短时间内迅速突破"10万+"，更引发百家自媒体争相转载，在朋友圈内掀起一股"回家热潮"。

在话题发酵后，央媒主动关注并跟进：央视新闻、人民日报等的"两微一抖"号纷纷给该视频内容点赞，并且在微博创建同类话题，使用猎豹移动乘客视频作为传播素材，使得该话题再度登上微博热搜总榜，并获得"2.9亿＋"的阅读量。

数据综合统计，猎豹移动这一波话题营销在全网收获约"3亿＋"的自然播放量。

【案例思考】

1. "#偷偷回家时家人的反应#"这一话题为何能频频登上热搜榜？

2. 这一营销案例的成功，得益于哪些微营销因素的运用？

小试牛刀

如果你在大学校园内开办了一家冷饮店，你将怎样利用新型的营销理论为你的店铺进行宣传？

1. _____
2. _____
3. _____

稳扎稳打

（一）单选题

1. 市场营销组合策略是指对（　　）的综合运用。
   A. 广告、人员推销、公共关系以及营业推广策略
   B. 产品、定价、分销以及促销策略
   C. 产品组合宽度、长度、深度和关联度
   D. 市场探查、分割、优先以及定位策略

2. 许多冰箱生产厂家近年来高举"环保""健康"等旗帜，纷纷推出无氟冰箱。它们所奉行的市场营销管理理念是（　　）。
   A. 推销观念　　　　　　　　B. 生产观念
   C. 市场营销观念　　　　　　D. 社会营销观念

3. 自古至今许多经营者奉行"酒香不怕巷子深"的经商之道，这种市场营销管理理念属于（　　）。
   A. 推销观念　　　　　　　　B. 产品观念
   C. 生产观念　　　　　　　　D. 市场营销观念

4. 在潜在需求状态下，营销管理的任务及营销方式应该是（　　）。
   A. 转变需求和扭转性营销　　B. 激发需求和刺激性营销
   C. 实现需求和开发性营销　　D. 再生需求和恢复性营销

5. 影响企业市场营销不可以控制的因素有（　　）。
   A. 居民的货币收入　　　　　B. 本企业商品的价格
   C. 销售渠道　　　　　　　　D. 商品包装

（二）多选题

1. 下列属于现代市场营销观念的行为有（　　　　）。
   A. 等客上门
   B. 强行推销
   C. 以顾客为中心
   D. 兼顾消费者、社会和企业的利益

2. 消费者在购买商品时所考虑的因素是（　　　　）。
   A. 价格高低
   B. 促销费用
   C. 生产成本
   D. 质量性能

3. 从市场营销的角度看，市场的概念包含（　　　　）。
   A. 人口
   B. 价格
   C. 购买力
   D. 交易场所
   E. 购买欲望

4. 某企业因食品安全问题被央视曝光后，消费者拒绝购买该企业的产品。该企业所面临的需求问题和需求管理任务是（　　　　）。
   A. 负需求
   B. 下降需求
   C. 不规则需求
   D. 扭转性营销
   E. 协调性营销

5. 企业可以控制的因素组合包括（　　　　）。
   A. 产品
   B. 价格
   C. 需求
   D. 分销渠道
   E. 促销

（三）简答题

1. 如何理解市场营销中"市场"的概念？市场的大小是由什么决定的？
2. 针对不同的需求类型，市场营销管理的任务是什么？
3. 微营销在你的生活中产生了哪些影响？

融会贯通

疫情期间，企业千万别患上"营销近视症"

2020年年初，新冠肺炎疫情猝然爆发并席卷全球。企业线下营销活动基本停摆，部分线上推广活动也收效甚微。不少企业都收紧营销预算，调研数据显示，高达三分之一的广告主调减比例超过30%。

疫情期间，消费者花在社交娱乐类软件上的时间越来越长，这也让不少品牌开始走捷径，用"微商"的路子去换取当下的消费者和利润，企业拉新、分佣金的活动扎堆，面对信息轰炸，许多用户只能被动关注、注册，不胜其烦。这样的方法虽然在短时间内获得了漂亮的数据，但无益于企业的长远发展。营销的作用是吸引顾客并保留顾客，过分追求短期目标，根本起不到保留顾客的效果。这就是我们今天要强调的重点——疫情期间，企业千万别患上"营销近视症"！

1. 什么是"营销近视症"

1960年，哈佛商学院的西奥多·莱维特教授在《哈佛商业评论》上发表文章指出，企业只把注意力放在产品而不是市场需求上时，往往会因为缺乏远见而陷入困境，这就是"营销近视症"。之所以重提这个概念，是因为当前全球疫情危机之下，太多企业都会因为现金流紧张，而把战略重心放到当下的产品之上，从而忽略了用户的真正需求以及潜在的竞争对手。这也是"营销近视症"的典型症状！

就拿"酒香不怕巷子深"这句俗语来说，这句话太过深入人心，以至于很多企业都奉为营销经典。如果"酒"卖不出去了，大家的第一反应就是："酒"是不是不够香？顾客是不是还没有闻到"酒香"？但他们忽略了一些更重要的问题，用户是不是真的需要酒？经过这个巷子的顾客又为什么需要酒？这个例子也告诉我们，如果不关注用户，只是关注现有的产品，任何企业都难逃被淘汰的命运。

2. 企业应警惕"营销近视症"

其实，即便没有2020年的疫情危机，企业也很容易陷入内部视角和甲方思维，以为品质出众、技术领先、设计出色、价廉物美的产品总能获得消费者的青睐。这样的思维放在货物稀缺的时候没准还管用，但放在现在这个商品种类爆发的时代，则收效甚微。营销行业有个非常出名的比喻，消费者购买的不是电钻，而是墙上的那个洞。即便你的电钻质量再好、外观再棒、做工再精良，如果有一个更方便更好用的工具出现，消费者就会随之转向。

长期依赖传统胶片部门的柯达，无法抵抗数字时代给予传统影像部门的冲击，最终走向破产。要知道，世界上第一部数码相机也是柯达研发出来的，只是当时柯达觉得胶片的购买率更高，能为企业带来更多的利润，从而错失良机。无独有偶，发明了手机的摩托罗拉在巅峰时期几乎垄断了手机100%的市场份额，诺基亚的反超是因为摩托罗拉没有紧迫感、没有把握3G时代、失去创新能力。

营销从来都不是从产品开始，而是从消费者需求开始的，企业必须知道消费者的真正需求是什么。从廉价商品化身国民潮牌的优衣库也是很好的例子。2005年，日本广告界与设计界的风云人物佐藤可士出任优衣库的创意总监，他巧借手中的人脉将优衣库的T恤与艺术结合，频繁和全球的设计师和艺术家合作,并在2008年开始推出了UT系列(限量T恤)。在商品种类爆发的当下,只有提炼出品牌的核心价值,去满足消费者不同层次的需求,才能脱颖而出。

总之,经济大环境严峻的时期,促销活动固然重要。但商家也必须时刻保持清醒的头脑,去探索消费者真正的需求和痛点所在,切勿患上营销近视症。

资料来源:营销兵法网站,有删改。

【问题与思考】

1. 什么是营销近视症?谈谈你的理解。
2. 当前市场环境下,企业应如何避免营销近视?

实战演练

实训1.1　分析典型企业营销观念

实训目标

理解、掌握各种企业营销观念的内涵、适用条件,并能客观评价其优缺点。

背景资料

服装、快消品、奢侈品、家电、医药保健品五个行业的典型企业基本资料(由学生分组,自己收集、整理)。

实训要求

学生分成五组,每组选择某一行业(服装、快消品、奢侈品、家电、医药保健品),组内每个学员选择该行业的一个典型企业,收集、整理该企业的基本资料,分析该企业的营销观念并作出评价。

实训步骤

1. 学生分组。
2. 组内学员选择要调查的典型企业。
3. 分组进行资料的收集、整理,制作企业营销观念的调查报告和汇报PPT。
4. 分组演示汇报PPT。
5. 学生相互点评,教师总评。

实训成果

企业营销观念调查报告、演示PPT。

实训1.2　管理市场需求

实训目标

掌握八种常见市场需求条件下的基本营销对策。

背景资料

提供八组产品（或服务项目）的需求背景、新闻、图片等。

第一组：人寿保险、反季蔬菜、转基因食品

第二组：微信红包

第三组：家政机器人

第四组：传统报纸、电视

第五组：旅游、相亲、婚庆

第六组：快递柜

第七组：春运火车票、生产线廉价用工

第八组：网络游戏

实训要求

根据市场需求情况的描述，将各种产品或服务准确分组归类，并选择相应的营销对策。

实训步骤

第一环节，需求类型判断。

1. 以转盘或漂流瓶等形式随机出现某种产品的需求资料（图片或文字描述、新闻标题）。

2. 学员进行需求类型的判断归类，判断正确得1分，进入下一个；判断错误从头开始。积分累积到12分以上，进入下一个环节。

第二环节，需求管理方案选择。

3. 以连线（或其他匹配方式）的方式，为每类产品（或服务）选择一种需求管理方案，全部正确后进入下一个环节。

第三环节，制定具体营销措施。

4. 为每一种产品（或服务）制定1~3条具体的营销措施，放入"需求管理锦囊袋"。

实训成果

1. 代表不同需求类型的8个产品（或服务）。

2. 8个对应8组产品（或服务）的"需求管理锦囊袋"，囊括各种针对性营销措施。

学以致用

小李是一名大二学生，学习比较刻苦，但家庭条件不是太好，看到别的同学都更换了新的计算机，而自己还在使用着之前购买的二手机，配置落后，款式陈旧，速度慢得如老牛拉车一般。如今学校的很多作业都要通过校园网进行上传，需要经常用到计算机。小李便有了更换计算机的念头。恰好刚刚开学时发了奖学金，再加上平时自己打工的一点积蓄，资金没问题了。

自从有了购买计算机的想法后，小李便开始到处收集有关信息，一有机会便向同学请教，周末还经常到家电商场和科技市场去比较。最后他最终选择了某家电商场，因为他觉得该商场的服务非常周到。听说国庆节期间该家电商场将有许多促销活动，小李国庆节就早早地来到了该商场。商场里人头攒动，各个品牌计算机的柜台前都挂满了各种促销广告，各家促销员也都忙得不亦乐乎。小李经过细致比较，最终锁定了联想的两款计算机。其中一款外观新颖、功能齐全，但价位稍高，有点超出预算；另一款则款式保守、功能较少，但价位适中，在预算之内。在这两款计算机之间，小李又纠结起来……

【动脑筋，想问题】

1. 如果你是联想计算机的促销员，你应该怎样帮助小李做出决策？

2. 查阅资料，结合所学知识进行分析：
（1）你熟悉的消费品市场曾发生过哪些质量及安全事件（至少列举三个）？

（2）这些问题给企业带来了什么影响？消费者反响如何？

（3）涉事的相关企业应如何开展扭转性营销？

（4）你有什么好的建议？

模块二

知己知彼，百战不殆：营销环境与市场分析

学习目标

知识目标
- 掌握企业营销环境的基础理论知识
- 了解营销环境的分析方法
- 理解影响消费者购买行为的主要因素
- 了解消费者购买行为的过程
- 理解影响组织市场购买行为的主要因素
- 了解组织市场购买行为的基本类型与特点

技能目标
- 能够辨别企业营销活动的影响因素及其作用
- 能够识别市场环境中蕴含的机会和威胁
- 学会分析影响消费者购买行为的因素
- 学会分析消费者购买行为的过程
- 学会分析影响组织市场购买行为的主要因素
- 学会分析组织市场购买行为的过程

素养目标
- 鼓励学生积极参与对现实经济现象的分析、讨论，增强判断、分析能力
- 培养学生养成主动观察、积极思考、独立分析和解决问题的习惯
- 培养学生团队合作的职业精神和实事求是的工作态度

【思维导图】

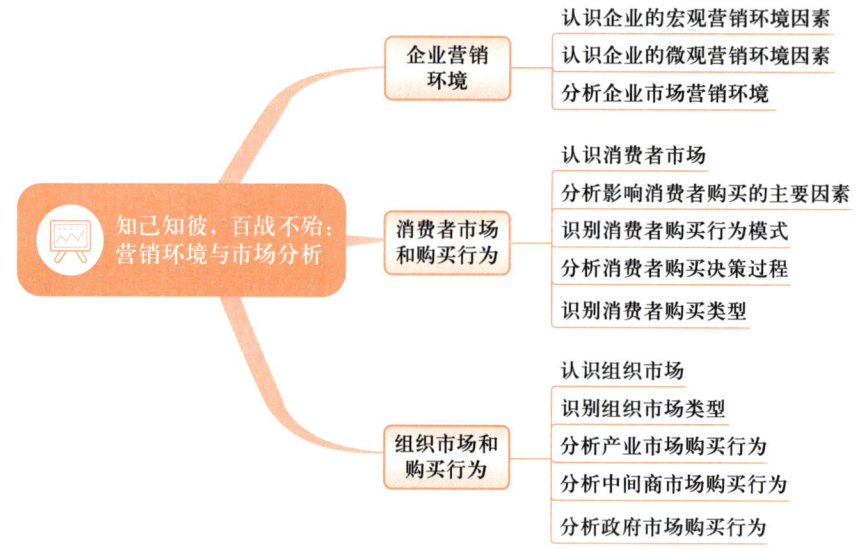

导入案例
思考市场

转眼半个月过去了，公司安排的入职培训也接近尾声。李飞在培训期间学习很努力，还经常向培训部的同事请教问题，一心想在培训考核中拿个好成绩。考核题目出来了，最后一道大题是：根据目前你所掌握的信息，为天晨公司进行全面的营销环境分析，指出公司面对的市场机会和威胁，并结合公司实力特点对未来1~2年内的企业发展方向提出你的建议。这也正是李飞一直在关注和学习的重点之一。他略一思考，就开始动笔回答……

【问题思考】
如果你是李飞，该从哪些方面给出自己的答案呢？

单元一
企业营销环境

任何企业的营销活动都不会在真空中进行，而总是在一定的环境下进行。市场营销环境通常是指影响企业市场营销活动及其目标实现的各种因素的总和。

美国著名市场营销学家菲利普·科特勒认为：**市场营销环境是指那些影响企业市场和营销活动的不可控制的参与者和影响力。**

一般来说，市场营销环境主要包括宏观营销环境因素和微观营销环境因素。微观环境直接影响和制约企业的市场营销活动，而宏观环境主要以微观环境为媒介间接影响和制约企业的市场营销活动。前者可称为直接营销环境，后者可称为间接营销环境。加强企业市场营销环境的分析工作，对于不断提高企业营销效果有着直接、重要的作用。

1.1 认识企业的宏观营销环境因素

宏观营销环境因素是指那些能够对企业所处微观环境以及企业经营活动产生重要影响的外部力量。这些因素反映一个国家和社会发展变化的基本状况，主要包括人口、经济、政治法律、社会文化、自然、科技等环境要素（见图2-1）。

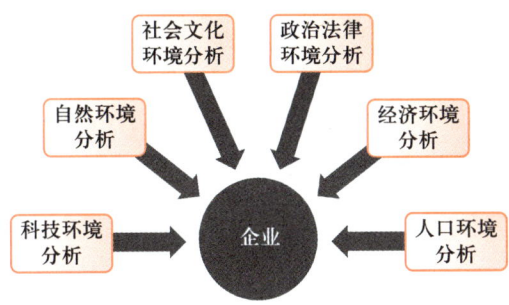

图2-1 企业的宏观营销环境因素

1.1.1 人口环境

市场是由有购买欲望同时有支付能力的人构成的，人口是市场的第一要素，人口环境因素对市场格局具有整体性和长远性的影响。企业应重视对人口环境的研究，密切关注人口特性及其发展动向，及时调整营销策略以适应人口环境的变化。人口环境因素一般包括以下具体内容：

1. 人口总量

人口总量是决定市场规模及其潜在容量的重要因素。人口越多，对食物、衣着、日用品等基本生活资料的需要量也越多，市场也就越大。根据国家统计局发布的数据，截止到2019年年底，中国大陆总人口已达到14亿，同比增长467万，相当于一个中小国家的总人口数。庞大的人口数量和增长速度使我国成为世界上最大的潜在市场，吸引着众多的国外企业。沃尔玛、家乐福等世界一流企业选择进入我国市场时首先考虑的都是人口数量。另一方面，众多的人口，也会造成基本生活资料、基本原材料、能源资源等的供应紧张，给企业的市场营销活动带来压力与危害。

2. 人口结构

不同年龄的人对商品和服务有着不同的需求。按年龄，可将市场分为婴儿市场、儿童市场、青少年市场、中年人市场、老年人市场。企业掌握了不同年龄人群的需求特点，才可以决定产品的开发和市场投向，寻找目标市场。

营销视角
我国的老年产品市场

根据联合国教科文组织的规定，60岁以上的人口占一个国家总人口的10%，或者65岁以上的人口占7%，这个国家就进入了老龄化社会。据国家统计局统计，截至2019年，中国65岁以上的人口数量已达到1.76亿占总人口的12.57%，这一比例明显高于联合国传统老龄社会标准。这也就是说，中国已进入了老龄化国家行列，对药品、保健品、老年公寓、家庭护理娱乐、老年大学等老年人用品与服务的需求将持续增加。

【思考和讨论】
中国进入老龄化国家行列，会给整个社会带来哪些影响？

不同性别的人，在购买动机和购买行为等方面也有所不同。通常女性操持家务较多，大多数家庭生活用品和儿童用品多由女性采购，而家庭中的其他耐用品、高科技产品等更多由男性购买。一般来说，在一个国家或地区，男性和女性的自然出生性别比应该是平衡的。从我国的情况来看，近年来重男轻女的传统观念有所改变，据国家卫生健康委的数据，出生人口性别比已从2013年的117.60下降到2019年的110.14（以女性为100），但整体上仍然是男孩偏多，女孩偏少。

3. 地理分布

人口的地理分布因素是进一步分析市场潜力的重要依据，也是人们形成不同区域消费偏好的重要原因。

由于地理位置、气候条件、传统文化、生活习惯和经济发展水平不同，居住在不同地区的人们会表现出差异化的消费习惯和购买行为。据国家统计局数据显示，2019年，居住在乡村的人口为5.52亿，占39.4%；居住在城镇的人口为8.48亿，占60.6%。由于农民普遍存在求廉心理，产品辨别能力较低，加上地方监管能力的局限，假冒伪劣产品更多地在乡村市场泛滥。大中城市居民健康意识、防伪意识较强，"三无"产品在城市的生存空间较小。

4. 人口迁移

当前，我国有一个突出的现象就是农村人口向城市或工矿地区流动，内地人口向沿海经济开放地区流动，使得这些地区的消费需求不仅在量上增加，而且在消费结构上发生了一定的变化。企业应提供更多适销对路的产品满足这些流动人口的需求。如在"北、上、广、深"等一线城市，外来人口众多，给当地的旅馆、饭店和个人房屋出租都带来了较大的市场空间。

5. 家庭结构

家庭是社会的细胞，也是商品采购的基本单位。家庭单位的数量和家庭平均人口的多少都会引起市场需求量及购买习惯的变化。如家庭数目多，对家电、家具等生活必需品的需求量就大；否则，需求量就小。我国目前的家庭结构在不断缩小，丁克、单亲、独身家庭的比重不断增加，这使得家庭的数量不断增多，因此对住房和家庭用品的需求也在不断增加。

营销视角
我国"空巢老人"比例已近半

据中国老龄协会的数据显示，2015—2030年，我国将进入急速老龄化阶段，老年人口将从2.12亿增加到4.18亿，占比提升到29%。目前我国大中城市老年人空巢家庭（包括独居）的比例已达70%。自2009年以来，国家对《中华人民共和国老年人权益保障法》先后多次修正，以应对人口老龄化问题。2018年12月，第十三届全国人民代表大会常务委员会上修改后的《中华人民共和国老年人权益保障法》扩展到了9章85条，增加了社会保障、社会服务相关内容，同时强调作为赡养人有经济上供养、生活上照料、精神上抚慰的义务，照顾老年人的特殊需要。

【思考和讨论】
"空巢老人"现象会引发哪些社会问题？对市场营销活动有何影响？

6. 我国现阶段人口发展趋势

（1）平均寿命延长，人口呈继续增长态势。意味着整体消费品市场将继续增长。

（2）人口出生率下降，儿童减少。意味着成年人会增加闲暇消费时间，成年人消费市场也会扩大。

（3）人口老龄化加速。意味着消费品生产和市场服务要更多地考虑老年人群的需要。

（4）家庭规模趋于小型化，家庭结构日益松散。意味着人们的生活方式和购物方式在发生着变化。

（5）人口流动性大，大量农村人口流入城市。意味着城市市场保持快速增长态势。同时随着交通运输的大大改善，城市人口迁居郊区的增加，城市周边住宅区的现代消费需求会大大增加。

（6）人口由多民族构成。企业开发新的产品和市场也需重视不同民族的特殊需要。

1.1.2 经济环境

经济环境是指国民经济的发展规模与发展速度、经济结构、经济体制、社会购买力、经济运行状况及发展趋势等。经济环境会对企业营销活动产生直接或间接的影响。

1. 消费者收入

消费者个人收入是指消费者所得的各种货币收入的总和。包括工资、奖金、退休金、助学金、馈赠、红利、出租收入等。消费者收入决定着消费者的购买力水平，但消费者并非将其全部收入都用于购买产品或服务。因此，在研究消费者收入水平的基础上，要区分个人可支配收入和个人可任意支配收入。

个人可支配收入，指扣除消费者个人须缴纳的各种税款和非税性负担后用于个人消费和储蓄的那部分个人收入。可以用公式表示为：

个人可支配收入 = 个人收入 − 税金 − 非税性负担

个人可支配收入是真正影响消费者购买力和消费者支出的决定性因素，它构成实际购买力。

个人可任意支配收入，指个人可支配收入中减去消费者用于维持个人及家庭生活不可缺少的开支（如房租、水电、食物、燃料、衣着等）后剩下的那部分余额。个人可任意支配收入是影响消费者支出最活跃的因素，是消费者用来扩大购买量及提高消费水平的基础，是奢侈品和享乐用品消费的基础，也是企业开展营销活动时所要考虑的主要对象。

2. 消费者支出模式

消费者支出模式是指各种消费支出的比例关系，它主要取决于消费者收入水平。没有收入就没有支出，人们的需要和欲望就不能转化为有货币支付能力的需求。此外，消费者支出还取决于家庭生命周期、家庭所在地等。

德国统计学家恩格尔提出的恩格尔定律，反映了消费者收入与支出模式之间的一般规律。即：

（1）随着家庭收入的增加，用于购买食品的支出占家庭收入的比重会下降。

（2）随着家庭收入的增加，用于住宅建筑和家庭经营支出占家庭收入的比重大体不变（燃料、照明、冷藏等支出的比重会下降）。

（3）随着家庭收入的增加，用于其他方面的支出（如服装、交通、娱乐、卫生保健、教育的支出）占家庭收入的比重会上升。

恩格尔定律所揭示的这种消费结构的变化通常用恩格尔系数来表示。即：

$$恩格尔系数 = \frac{食物支出变动百分比}{收入变动百分比} \times 100\%$$

一般认为，恩格尔系数越大，食品支出所占的比重就越高，生活水平就越低；反之，恩格尔系数越小，食品支出所占的比重就越小，生活水平就越高。

营销视角
我国的恩格尔系数

国际上常常用恩格尔系数来衡量一个国家和地区人民生活水平的状况。根据联合国粮农组织提出的标准：恩格尔系数在59%以上的属绝对贫困，50%~59%为勉强度日，40%~50%为小康水平，20%~40%为富裕，20%以下为最富裕。发达国家大都低于20%，我国处于由小康向富裕过渡阶段。国家统计局发布的公告显示，2019年中国居民家庭恩格尔系数为28.2%，连续8年持续下降，人们生活水平不断提高。据统计，2019年，通信器材、化妆品类的商品分别增长了8.5%和12.6%，乡村消费品零售总额增长9%，增速比城镇快1.1%。同年，服务消费占比首次超过50%，网上零售也保持快速增长，全国快递业务量达到635亿件。

【思考和讨论】
恩格尔系数下降，意味着居民消费产生了什么样的变化？

3. 消费储蓄与信贷

当收入一定时，储蓄的增加会使消费者的现实需求减少，而使潜在需求增加；反之亦然。居民储蓄受利率、物价等因素变化的影响。企业应关注居民储蓄的增减变化，了解居民储蓄的不同动机，制定相应的营销策略，获取更多的商机。

消费者信贷是指消费者凭信用取得商品使用权，然后按期归还贷款。信贷允许人们购买超过自己现实购买力的商品，创造了更多的消费需求。信贷在西方国家普遍存在，美国的消费者信贷在全世界最高，而且越是富人越容易得到贷款。近年来，我国居民的信贷消费意识也有所增强。

4. 经济发展水平

一个国家或地区的经济发展水平制约着企业的营销活动。在不同的经济发展阶段，消费者的需求不同，企业的营销策略也不相同。

5. 经济形势

经济形势是企业能否顺利发展的重要条件。近年来，美元贬值、人民币升值、原材料和劳动力价格上涨、出口退税取消等因素的叠加效应使我国出口形势严峻。在出口下滑中，遭受冲击最大的是中小型出口企业，特别是劳动密集型和资源密集型的加工型中小企业。

1.1.3 政治法律环境

政治法律环境是由法律、政治机构和社会上对各种组织及个人有影响和制约的压力集团构成的。政治环境引导着企业营销活动的方向，法律环境则为企业规定经营活动的行为准则。政治与法律相互联系，共同对企业的市场营销活动产生影响。

1. 政治形势

政治形势包括政治稳定性、社会治安、政府更迭、政策衔接、政府机构作风、政治透明度等。国家政局稳定，经济就能顺利发展，人民就能安居乐业，企业就有良好的营销环境。

2. 政府的方针、政策

国家政府所制定的方针、政策，如人口政策、能源政策、物价政策、财政政策、货币政策等，都会对企业营销活动带来直接或间接的影响。如国家通过征收个人收入所得税调节消费者收入的差异，通过对香烟、酒等商品的增税来抑制人们的消费需求。作为营销者，不仅要了解国家现行的方针、政策，还要有敏锐的政治头脑，预测国家未来可能出台的政策，提前做好准备，抢占市场先机。

3. 政治团体和公众团体

政治团体包括工会、共青团、妇联组织等，公众团体包括中国消费者协会、企业家协会、个体劳动者协会、残疾人协会等。这些团体通过影响国家立法、方针政策、社会舆论等，对企业营销活动产生着影响。

4. 法律环境

法律环境是指国家或地方政府颁布的各项法规、法令和条例等。为了建立和维护经济秩序，保障企业、消费者利益，保护社会长远利益，国家制定了许多法律法规。企业要研究并熟悉法律环境，依法进行管理和经营，运用法律手段保障自身和消费者的合法权益。

5. 国际关系

从事国际营销活动的企业，在营销活动中会受到国际关系的影响。国际上的重大事件与突发性事件，会给企业的市场营销工作带来或大或小的影响，各国也会制定一些相应的政策来干预外国企业在本国的营销活动，如进口限制、税收政策、价格管制、外汇管制、劳工限制和绿色壁垒等。例如，欧洲国家规定禁止销售不带安全保护装置的打火机，无疑限制了中国低价打火机的出口市场。

企业应了解和遵守国外的法律制度和有关的国际法规、惯例和准则，并据此制定有效的营销对策，在国际营销中争取主动。

1.1.4 社会文化环境

文化是指人类在社会发展的过程中所创造的物质财富和精神财富的总和。社会文化主要是指一个国家、地区或民族的传统文化，它体现着一个国家或地区的社会文明程度，通常由价值观念、信仰、生活方式、风俗习惯、行为方式、伦理道德、教育水平、语言文字、社会群体及相互关系等内容构成。

1. 相关群体

一个人的购买行为还受其他相关群体的影响，包括首要群体和次要群体的影响。首要群体是指与某人直接接触的人群，如家庭成员、亲戚朋友、同事、同学、邻居等。他们对消费者的购买行为影响很大。次要群体是指与某人有关的各种团体或组织，如党派、学会、宗教组织、职业协会等，他们与消费者个体的接触是间接的，但可以影响其消费模式，如明星们的消费行为对他们的粉丝群体影响很大。

对企业来讲，应充分认识相关群体对营销活动的影响和作用，研究如何利用相关群体对消费者施加影响。可以考虑聘请专家、影星、歌星为企业做形象宣传，借此影响他们的崇拜者，提高企业知名度，扩大产品销售。

2. 价值观念

价值观念是指人们对社会生活中各种事情的态度和看法。在不同的国家或民族之间，甚至是同一国家或民族的不同群体之间，人们的价值观念差异很大。不同的价值观，影响着人们的消费需求和消费行为。对于具有不同价值观念的消费者，企业要采取不同的市场营销策略。例如，中国传统的福禄寿星或古装仕女的产品装饰适合在一些亚洲国家和地区行销，而出口欧美国家则不太受欢迎。出口到欧美市场的产品如果加上复活节、圣诞节、狂欢节的装饰，则可能打开销路。

3. 宗教信仰

不同的宗教有不同的思想观念、生活方式、禁忌和消费习惯，对人们的生产、生活有着较大的影响。企业产品在进入一国或地区之前，必须认真了解并尊重目标市场的宗教信仰，切忌与当地消费者的宗教信仰发生冲突。

4. 教育水平

教育水平不仅影响消费者的收入水平，而且影响消费者对商品的鉴别力，影响消费者心理、购买的理性程度和消费结构，对企业的市场营销调研、目标市场选择、产品定价、促销方式等均有重大影响。例如，在教育水平低的地区，适合采用操作使用与维修保养都较简单的产品，采用电视、广播、短视频和当场示范表演的形式进行宣传。而教育水平高的地区，则需要先进、精密、功能多、品质好的产品。因此，在设计产品和制定产品策略时，应考虑当地的教育水平，使产品的复杂程度、技术性能与之相适应。

5. 风俗习惯

风俗习惯是指由文化传统的长期积淀和熏陶而形成的固定行为模式。消费习俗是其中的一项重要内容，指历代传递下来的一种消费方式。消费习俗在饮食、服饰、居住、婚丧、人情往来等方面都有差异化的表现。市场营销者在了解并尊重目标市场的禁忌、习惯和避讳的基础上，才能提供符合消费者需求的产品，正确、主动地引导消费。

营销视角
风俗习惯

在饮食方面，我国的云贵川地区喜辣，江浙地区喜甜，山西喜酸，广东喜鲜，各具特色。再如，在农历新年前夕，中国人要购买各种食品、礼品，燃放烟花爆竹，贴春联进行庆祝；而在西方国家，人们每当12月25日圣诞节临近，就购买圣诞树、礼品、食品，欢度圣诞节。

古人云："入境而问禁，入国而问俗，入门而问讳。"如对中国香港和中国台湾地区的商人忌送梅花、茉莉花；日本人忌讳数字4、9，因此我国的传统工艺品紫砂壶虽然在日本很受欢迎，但如果是4件组合包装的紫砂壶，在日本市场上就鲜有问津。

【思考和讨论】

你的家乡有哪些有趣的风俗习惯？说说看，和大家分享。

6. 消费习惯

消费习惯是人们社会生活中重要的习俗之一，是人们历代传承下来的一种消费方式，也可以说是人们在长期的经济与社会活动中所形成的一种消费风俗习惯。它表现出独特的心理特征、道德伦理、行为方式和生活习惯。

7. 审美观念

审美观念通常指人们对商品的好坏、美丑、善恶的评价。不同的国家、民族、宗教、阶层和个人，往往有不同的审美标准。人们的消费行为归根到底不外乎维护每个社会成员的身心健康和追求生活的日趋完善。人们在市场上挑选、购买商品的过程，实际上也是审美活动的过程。消费者个人的审美活动表面上看起来属于个人行为，实质上反映了一个时代、一个社会人们的审美观念和审美趋势。

例如，目前中国消费者有三大日益增强的审美取向：一是追求健康美；二是追求色彩与形式美；三是追求购物环境与服务美。

1.1.5 自然环境

自然环境主要指营销者所需要或受营销活动所影响的自然资源。自然环境的优劣不仅影响企业的生产经营活动，而且影响一个国家或地区的经济结构和发展水平。因此，企业必须密切注视自然环境的发展变化趋势，从中发现企业所面临的营销机会和环境威胁，制定出相应的对策。另一方面，企业的营销活动也会对自然环境造成影响。

1. 自然资源日益短缺

自然资源包括三类：一类是取之不尽、用之不竭的资源，如空气、阳光和水。但由于现代工业扩张带来的污染，空气的质量和水质都已大不如从前，许多国家还面临着严重的缺水问题。一类是有限但可再生的资源，如森林、农产品。这类资源是有限的，可以被再次生产出来，但必须防止过度采伐森林和侵占耕地。还有一类是不可再生资源，如石油、煤炭等各种矿产，这种资源蕴藏量有限，随着人类的大量开采，有的矿产已经处于枯竭的边缘。

自然资源短缺，使很多企业面临原材料价格大涨，生产成本大幅度上升的威胁；但另一方面为企业提供了营销机会，迫使企业去研究更合理地利用资源的方法，开发新的资源或替代品。如木材短缺对家具生产商、建筑业造成威胁，但为新型建筑材料的开发带来了机会。面对煤炭、石油短缺，各国加强了可再生资源的开发，使太阳能、风能、水能、生物能、核能等行业有了突飞猛进的发展。

2. 生态问题日趋严重

随着人类社会进步和科学技术发展，世界各国都加速了工业化进程。这一方面创造了丰富的物质财富，满足了人们日益增长的需求；另一方面对自然环境造成了很大的影响，许多地区的污染已经严重影响人们的身体健康和自然生态平衡。如森林遭到大面积砍伐，工业废气、废液、废渣大范围污染大地、海洋和空气，水土流失，土地沙漠化，酸雨等。冰川融化、海平面升高、各种极端灾害性气候的发生都是例证。

3. 政府干预不断加强

资源短缺和环境污染问题已引起各国政府和公众的密切关注。为实现社会长远利益和可持续发展，各国政府制定了许多措施以加强对自然资源的战略控制，强化对达不到环保标准企业的管制。这使传统企业面临强大的约束和威胁，但同时为企业提供了新的营销机会。企业必须以大局为重，在营销过程中自觉遵守环保法令，担负起环境保护的社会责任，研究控制污染的技术与设备、兴建绿色工程、生产绿色产品、开发环保包装。

1.1.6 科技环境

科学技术是社会生产力中最活跃的因素。作为营销环境的一部分，科技环境不仅直接影响企业内部的生产和经营，还与其他环境因素相互依赖、相互作用。尤其是新技术革命给企业市场营销既创造了机会，又带来了威胁。正因为如此，西方创新理论的代表人物熊彼特认为"技术是一种创造性的毁灭力量"。

1. 新技术引发企业市场营销策略的变化

新技术革命改变了企业经营的内部因素和外部环境，给企业带来巨大的压力，给企业产品和目标市场的确定带来前所未有的困难，从而促使企业不断调整营销策略，以适应变化了的市场条件。

同步案例
罗永浩抖音直播首秀　吹响电商直播大战号角

2020年4月1日，堪称直播带货史上最魔幻的一天。当日晚八点，罗永浩在抖音进行了首次直播带货的尝试。数据显示，罗永浩直播首秀持续三小时，交易总额超过1.1亿元，累计观看人数超过4 800万人，创下抖音直播带货的新纪录。

这次直播首秀共展售了7种食品、13种科技类产品和4种生活居家产品，单品最高销售额超过3 000万元。但是也有网友表示，罗永浩的直播水准未达预期，选品和供应链能力遭到了质疑。淘宝和快手在同一时段安排薇娅等电商直播网红与罗永浩唱起对台戏，当时微娅直播"4 000万元卖火箭服务"，迅速冲上微博热搜并且在几秒钟内售罄。相比之下，罗永浩直播虽然创下抖音单场直播销售纪录，但上架的商品中卖断货的尚不足一半。

罗永浩的直播首秀已掀起行业的波澜。各路人马纷纷出手，希望可以通过直播带货帮助企业走出困境。

未来，电商直播将何去何从？还需要拭目以待。

资料来源：新浪财经，有删改。

【案例思考】

1. 你知道罗永浩吗？请说说你对他的认识和对电商直播活动的评价。

2. 你是否在网络直播间买过东西，感受如何？
3. 直播带货给现代企业和消费者带来了哪些变化？

2. 新技术引起企业营销管理的进步

新技术革命是管理改革的动力，它向管理提出了新的课题和新的要求，又为企业改善经营管理，提高管理水平提供了物质基础。现在，一场以微电子革命为中心的新技术革命正在兴起，特别是计算机和互联网的出现，标志着技术发展进入了一个新的历史阶段。目前，商业企业的经营管理普遍使用计算机和互联网，这对于改善企业经营管理，提高企业经营效益起了很大的作用。

3. 新技术对零售商业和购物习惯产生重大影响

由于电视、电话、计算机和移动互联网的迅速发展，出现了电视购物、电话购物、网上购物、手机购物、直播购物、VR购物等各种方式，购物不再受时间、地点的限制，人们的购物习惯快速改变。新技术革命也使零售商业结构发生变化，传统的商业机构逐渐为新型的零售商业体所代替。例如，许多传统服饰品牌的实体店沦为网上商城的"试衣间"。

4. 科技发展直接引起了自然因素的变化

科技应用使人类提高了对资源勘探、开采和综合利用的能力，减少了浪费；科学技术有助于人类开发替代资源，以弥补稀有资源的不足，如开发利用太阳能、地热能、火山温泉、核能等来代替石油、煤炭等不可再生资源。

1.2　认识企业的微观营销环境因素

微观营销环境包括：企业、供应者、营销中介、顾客、竞争者和公众。

1.2.1　企业

微观营销环境中的第一力量是企业内部的环境因素。良好的企业内部环境是企业营销工作得以顺利开展的重要条件。内部环境由企业各层管理者（董事会、总经理、各级主管）和企业内部各种组织（财务、科技研发、采购、生产等）构成。

营销部门工作的成败与企业领导及其他部门的支持有很大关系。企业的其他部门都同营销部门的计划和活动有着密切的关系。各级管理者之间的分工是否科学、合理，合作是否和谐，能否精神振奋、目标一致、配合默契，都会影响企业的营销管理决策和营销方案的实施。

1.2.2　供应者

微观营销环境中的供应者是指向企业提供生产产品所需资源的企业或个人。

这里所说的资源包括原材料、设备、能源、劳务、资金等。这种力量对企业的营销影响是很大的,所提供的资源数量、质量和供应价格直接影响企业营销活动,包括产品的质量、价格和销售利润等。企业应从多方面获得供应,而不可依赖于单一供应者。

1.2.3　营销中介

营销中介是指协助企业促销、分销其产品给最终购买者的企业或个人,包括营销实体分配机构(批发零售环节)、营销服务机构(广告公司等)和金融中介(银行、保险公司等)。它们都是市场营销不可缺少的环节,大多数企业的营销活动只有通过它们的协助才能顺利进行。例如,生产集中与消费分散的矛盾就必须通过中间商的分销来解决;资金周转不灵则要求助于银行或信托机构等。正因为有了营销中介所提供的服务,企业的产品才能够顺利地到达目标顾客手中。随着市场经济的发展,社会分工越来越细,这些中介机构的影响和作用也就会越来越大。

1.2.4　顾客

微观营销环境的第四种力量就是顾客,即企业服务的对象,是企业的"上帝"。国际标准化组织(ISO)将顾客定义为接受产品的组织或个人。他们既可能是商业服务或产品的采购者,也可能是最终的消费者、代理人或供应链内的中间人。

企业需要仔细了解自己的顾客,按照顾客需求及购买目的的不同来细分目标市场。一般可将市场分为五种类型:

(1)消费者市场,即为了个人消费而购买的个人和家庭所构成的市场。
(2)生产者市场,即为了生产获利而购买的个人和企业所构成的市场。
(3)中间商市场,即为了转卖获利而购买的批发商和零售商所构成的市场。
(4)政府市场,即为了履行职责而购买的政府机构所构成的市场。
(5)非营利组织市场,即为了维持正常运作和履行职能而购买产品和服务的各类非营利组织所构成的市场。

竞争者类型

1.2.5　竞争者

企业微观营销环境中的第五种力量是企业面对着的一系列竞争者。每个企业的产品在市场上都存在数量不等的业内竞争者。企业的营销活动时刻处于业内竞争者的干扰和影响之下。因此,任何企业在市场竞争中,主要是研究如何加强对竞争对手的辨认与抗争,采取适当而高明的战略与策略谋取胜利,不断巩固和扩大市场。

各个企业的产品在市场上大致从四个层面开展市场争夺:

1. 品牌竞争

这是最直接而明显的竞争者。产品的档次和价位基本相同，只是生产厂家不同，如苹果、三星、华为、小米等产品在手机市场上都属于品牌竞争者。消费者选购商品时存在品牌偏好。各生产厂家和营销组织要通过在消费者中培植品牌偏好展开竞争。

2. 品种竞争

产品功能基本相同，但规格或档次不同，或者是产品结构组合不同。如家庭轿车和越野车都是汽车，但分别满足不同人群的需要。再如，企业主要靠薄利多销的产品结构盈利，还是靠厚利少销的产品结构盈利，也是企业参与竞争要考虑的问题之一。

3. 品类竞争

产品的门类不同，但所满足的消费需要基本相同，如汽车与摩托车都能满足代步的交通需要，消费者会在其中做出选择。针对目前市场上的产品，一旦市场上出现具有同类功效的产品，将会形成较大范围的品类竞争。

4. 愿望竞争

愿望竞争是指为满足消费者当前的各种愿望而提供不同的产品进行竞争，是最广义的竞争。消费者当前可能有许多愿望如：买房、买车、出国旅游，而在购买力有限的条件下，不可能同时实现所有愿望，只能有所选择。在这种情况下，房地产开发商、轿车制造商、旅行社就成了愿望竞争者。在这个意义上，对彩电制造商而言，生产家庭音响、个人计算机和家用空调等不同产品的厂家都是其愿望竞争者。

1.2.6 公众

企业所面临的公众主要有六类：

1. 政府公众

政府公众指有关政府部门。企业在制定营销发展计划时，必须考虑政府的发展政策。例如，目前我国政府从保护人民健康的需要出发，对有害健康的烟草产品的生产及广告宣传规定了不少限制性政策，卷烟营销工作必须严格执行政府规定。

2. 媒介公众

媒介公众指报社、电台、电视台、互联网等大众传播媒介。这些媒介对企业声誉的正反面宣传有着举足轻重的作用。

3. 金融公众

金融公众指关心并可能影响企业获得资金能力的银行、保险公司、投资公司、证券公司等。

4. 群众团体

群众团体，如消费者组织、劳动者权益保护组织、未成年人保护组织及主张"吸烟有害健康"，倡导禁烟的群众团体等。他们是企业必须重视的公众。企业需要重视他们的社会影响力，关注并尊重他们的活动。

5. 社区公众

社区公众指企业所在地附近的居民和社区组织。企业在营销活动中要避免同周围社区的公众利益发生冲突，并指派专人负责处理与社区的关系，努力为公益事业做出贡献。

6. 一般公众

一般公众泛指社会民众和消费者，是指并不购买企业产品，但会影响消费者对企业及其产品看法的个人。企业需要了解一般公众对其产品和活动的态度，争取在公众心目中建立良好的企业形象。多年来，不少企业之所以要通过广告、社会赞助树立产品形象，就是要加深一般公众对其产品和品牌的认知程度。

现代企业是一个开放的系统，上述这些公众都与企业的营销活动有着直接或间接的关系。

综上所述，这些影响因素既构成了企业营销的微观环境，也是一个企业的市场经营系统。疏通、理顺这个系统，是企业非常重要的经常性任务。

1.3 分析企业市场营销环境

现代市场经济条件下，企业营销工作时刻充满风险和威胁。环境会影响和制约企业的营销活动，而企业又无法控制它。因此，企业必须努力去了解、预测和适应环境。市场营销活动实质上是企业适应环境变化，并不断对变化着的环境做出反应的动态过程。

1.3.1 市场营销环境分析的步骤

1. 环境扫描

市场营销环境是动态变化的，每时每刻都在发生不同的事件，但并不是所有事件的发生都会对企业产生影响。即使对企业产生影响的事件，其影响程度也有所不同。这就需要通过环境扫描对其进行识别。因此，环境扫描是企业进行环境分析的第一步。

环境扫描工作通常由企业的高层领导召集和聘请企业内外熟悉企业经营环境的管理人员和专家组成分析小组，通过科学系统的调查研究、预测分析，将所有可能影响企业经营的环境要素——罗列，然后加以讨论，从中筛选出分析小组一致认定的，对企业经营将有不同程度影响的事件。

2. 环境评价

经过环境扫描，甄别出内外部环境中对企业产生影响的各种因素后，需要对这些影响因素的影响程度与影响方式进行评价。

对企业外部的市场环境进行评价时，一般会分析环境要素给企业市场营销活动带来有利影响（即市场机会）还是不利影响（即市场威胁）；而对企业内部环境进行分析时，则使用企业优势与劣势分析法。

1.3.2 企业外部环境分析

1. 环境威胁

环境威胁是指环境中不利于企业营销的因素及其发展趋势给企业带来的压力与危害。如市场上出现新产品、销售商拖欠货款、原材料供应紧张、竞争对手结盟、市场增长放缓、目标市场购买力下降等。

营销视角
建陶业将面临的威胁

- 政府把建陶业定为高能耗高污染的行业；
- 建陶业是劳动密集型行业，新的劳动合同法律法规的实施，提高了劳动力成本；
- 中国是陶瓷出口量最大的国家，汇率变动和出口退税政策的调整也对建陶业产生着影响；
- 电费涨价、油价上涨，人力资本增长，都使得成本费用增加。

【思考和讨论】
还有哪些行业将面临严重的环境威胁？其具体威胁有哪些？

2. 市场机会

市场机会是指环境中某些因素的变化或其发展趋势给企业营销活动带来的有利时机和条件，并且企业在这个领域内拥有竞争优势。机会实质上是指市场上存在的未满足并能够被满足的需要。如政策支持、技术进步、消费者需求增加、主要竞争对手出现失误、与供应商的良好关系、银行信贷支持等。

例如，某电视机厂了解到，电视将与计算机、网络"三网"合一，本企业恰好有进入通信领域方面的能力；未来10年内，我国农村市场对智能电视机的需求将增加。这就为该厂家提供了市场机会。

同步案例
韩国明洞成为"中国街"

近年来,每年中国国庆节期间,都有大量中国游客前往韩国旅游观光,这使得韩国在中国国庆节期间出现"中国的国庆节经济"。据韩国有关资料反映,为迎接"中国国庆节"的到来,韩国首尔商家做足了功课,不仅每家商店均有营业员能说汉语,而且所有免税商品在打折后再以九五折出售,迎合了中国游客的芳心,加之处处可见的欢迎中国游客观光及"国庆节快乐"的标语,使中国游客有宾至如归的感觉,人们把明洞大街戏称为"中国街"。中国游客之所以选择韩国旅游观光,其原因有四:一是韩国毗邻中国,适合一周旅游时间;二是近年的中国人受韩流影响,总想前往实地观光一饱眼福;三是韩国免税商品比中国的便宜(如服装、化妆品、皮包等),且产品货真价实;四是韩国文化与中国文化相近。据悉,2019年前往韩国的中国游客约2 000万人次,这对韩国的旅游业、商业、餐饮业起到积极拉动作用,也促使韩国的就业率提升。

【案例思考】
1. 为什么韩国明洞被戏称为"中国街"?
2. "假日经济"期间,商家应如何把握商机?

3. 威胁与机会分析

威胁与机会分析是对企业外部影响市场营销活动的各种因素进行分析,找出有利因素和不利因素,从而利用机会、减轻威胁、扬长避短。企业可采用威胁分析矩阵、机会分析矩阵和机会—威胁综合分析矩阵来分析、评价营销环境。

(1)威胁分析。对环境威胁的分析,一般着眼于两个方面:一是分析威胁的潜在严重性,即影响程度;二是分析威胁出现的可能性,即出现概率。其分析矩阵如图2-2所示。

第一类威胁(A)对企业的影响大,出现的可能性也大。企业要高度重视并着力化解。

第二类威胁(B)对企业的影响大,但出现的可能性小。企业要密切注意其发展动向,制定相应的措施。

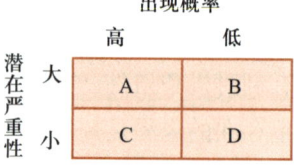

图2-2 威胁分析矩阵

第三类威胁(C)对企业的影响小,但出现的可能性大。企业要及时妥善地处理,如果任其发展则可能变为第一类威胁。

第四类威胁(D)对企业的影响小,出现的可能性也小。企业可注意其发展动向,在必要的时候再采取相应措施。

（2）机会分析。同样，对市场机会的分析，一般也着眼于两个方面：一是分析市场机会可能为企业带来的利益大小，即吸引力大小；二是分析机会出现的可能性，即出现概率。其分析矩阵如图2-3所示。

第一类机会（A）吸引力大，出现的概率也大。这是企业最向往、价值最大的机会，要很好地把握和利用它。

第二类机会（B）吸引力大，但出现概率低。说明企业还不具备利用这一机会的条件，不宜盲目行动。

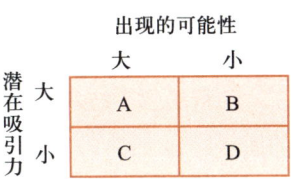

图2-3 机会分析矩阵

第三类机会（C）吸引力小，但出现的概率大。企业要着力比较其带来的收益与所付成本，慎重决策。

第四类机会（D）吸引力小，出现的概率也小。企业一般不予考虑。

（3）机会—威胁综合分析。一般情况下，市场机会与环境威胁是并存的。机会—威胁综合分析是将机会分析和威胁分析结合起来，以全面了解企业所处的外部环境，为企业决策提供依据。其分析矩阵如图2-4所示。

综合分析的结果，有四种基本情况：

① 理想业务，是指高机会低威胁的业务。企业应果断决策，着力发展。

② 冒险业务，是指高机会高威胁的业务。企业应全面分析自身的优势与劣势，扬长避短，创造条件，争取突破性的发展。

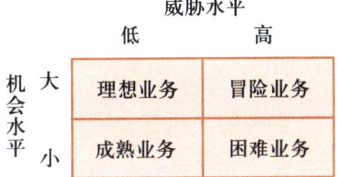

图2-4 机会—威胁综合分析矩阵

③ 成熟业务，是指低机会低威胁的业务，可作为企业的常规业务，用来维持企业的正常运转，并为开展理想业务和冒险业务准备必要的条件。

④ 困难业务，是指低机会高威胁的业务。对于此类业务，企业要么努力减轻威胁，要么立即撤出。

1.3.3 企业内部优劣势分析

企业内部优劣势分析是指企业对内部环境中影响市场营销活动的各种因素进行分析，找出自身所拥有的优势和劣势的过程。

1. 企业优势分析

企业优势是指一个企业超越其竞争对手的能力，或是公司所特有的能提高公司竞争力的资源。

例如，当两个企业处在同一市场或者说它们都有能力向同一顾客群体提供产品和服务时，如果其中一个企业有更高的盈利率或盈利潜力，那么，我们就认为这个企业比另外一个企业更具有竞争优势。

> **拓展方舟**
> 企业竞争优势

企业的竞争优势可以体现在以下几个方面：

1. 技术技能优势

独特的生产技术，低成本生产方法，领先的革新能力，雄厚的技术实力，完善的质量控制体系，丰富的营销经验，上乘的客户服务，卓越的大规模采购技能。

2. 有形资产优势

先进的生产线，现代化车间和设备，丰富的自然资源储存，充足的资金，完备的资料信息。

3. 无形资产优势

优秀的品牌形象，良好的商业信用，积极进取的公司文化。

4. 人力资源优势

关键领域拥有专长的职员，积极上进的职员，很强的组织学习能力，完善高效的培训体系。

5. 组织体系优势

高质量的控制体系，完善的信息管理系统，忠诚的客户群，强大的融资能力。

6. 竞争能力优势

更短的产品开发周期，强大的经销商网络，高市场占有率，与供应商良好的伙伴关系，对环境变化的灵敏反应。

2. 企业劣势分析

企业劣势是指公司缺少的某些资源或做得不够好的方面，或指某种会使公司处于劣势的条件。可能导致内部劣势的因素有：

（1）缺乏具有竞争优势的技能、技术。

（2）缺乏有竞争力的有形资产、无形资产、人力资源、组织资产。

（3）关键领域里的竞争能力正在丧失。

1.3.4 企业内外部环境综合分析

SWOT 分析

SWOT 分析法

SWOT 分析法是进行企业内外部环境分析的常用工具，经常被用于企业战略制定、竞争对手分析等领域。SWOT 是优势（Strengths）、劣势（Weaknesses）、机会（Opportunities）、威胁（Threats）四个英文单词首字母的连写。

通过 SWOT 分析，可以帮助企业发现面临的机会和威胁，使企业在营销活动中趋利避害；同时找出企业的优势劣势，使企业在营销活动中扬长避短，即把资源和行动聚集在自己的强项和有最多机会的地方，并让企业的战略变得更加明朗。SWOT分析法的步骤有：

（1）通过市场调研，找出企业所面临的各种机会和威胁，以及企业本身存在的各种优势和劣势。

（2）建立SWOT分析矩阵，将各种机会、威胁、优势、劣势分别按重要程度依次排列在矩阵中，从而确定企业在市场中的位置。

（3）制定SWOT营销战略。根据矩阵分布，本着发挥优势、趋利避害的原则，进行系统分析，制定出最佳的营销战略。SWOT分析矩阵如表2-1所示。

表2-1　SWOT分析矩阵

外部环境	内部环境	
	优势（S）	劣势（W）
机会（O）	SO组合：扩张战略	WO组合：防卫战略
威胁（T）	ST组合：分散战略	WT组合：收缩战略

SO组合（扩张战略）：依靠内部优势，利用外部机会。当企业遇到较好的市场机会并具备较强的内部优势时，要抓住良机，集中人力、财力、物力扩大生产和经营，推动企业快速发展。

ST组合（分散战略）：利用内部优势，回避外部威胁。当企业面临严重的威胁，而自身条件较好时，应利用企业自身优势，采用多元化经营战略，分散风险。

WO组合（防卫战略）：利用外部机会，克服内部弱点。当企业面临外部市场机会，但自身缺乏利用机会的条件时，应想办法创造条件，努力克服自身的弱点，将劣势转化为优势。

WT组合（收缩战略）：减少内部弱点，回避外部威胁。当企业面临外部威胁，自身条件也较差时，应果断退出。

单元二
消费者市场和购买行为

2.1　认识消费者市场

消费者市场，是指由所有为了个人消费而购买物品或服务的个人和家庭所构成的市场。消费者市场是现代市场营销学研究的主要对象。

研究消费者购买行为模式及其影响因素和决策过程,对于开展有效的市场营销活动至关重要。如图2-5所示,消费者购买行为模式可以概括为"6W1H"。

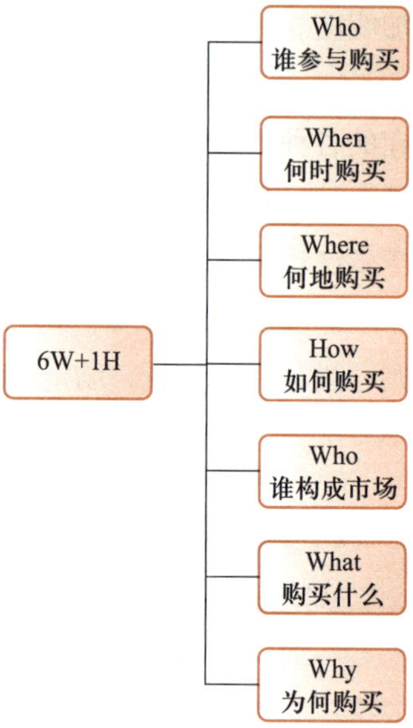

2.2　分析影响消费者购买的主要因素

消费者不可能在真空里作出自己的购买决策,其购买心理和行为在很大程度上受到文化、社会、个人和心理等因素的影响。

2.2.1　文化因素

文化、亚文化和社会阶层等文化因素,对消费者的行为具有最广泛和最深远的影响。

图 2-5　消费者购买行为模式

6W+1H:
- Who 谁参与购买
- When 何时购买
- Where 何地购买
- How 如何购买
- Who 谁构成市场
- What 购买什么
- Why 为何购买

1. 文化

文化是影响人类欲望和行为最基本的因素,低级动物的行为主要受其本能的控制,而人类行为大部分经学习而来。儿童在社会化的成长过程中,通过其家庭和其他社会组织会学到一系列关于价值、知觉、偏好和行为的基本观念,从而融入社会生活。例如,一个中国孩子如果脱离了原有的文化环境,从小在美国或欧洲长大,就可能会深受所在国家的文化影响并接受其价值观念。

2. 亚文化

每一文化都包含着能为其成员提供更具体的认同感的较小的亚文化群体,如民族群体、宗教群体、种族群体、地理区域群体等。

文化与素养
湘商文化

湘商文化是一种重商尚文的商业文化。湖南人经商向来文商兼顾,二者并重。湘商注重自身文化修养,不做小生意人,而做大企业家,很多人本身就是知识分子。很多湘商就是利用自己的知识在商界驰骋。

湘商文化是一种义利并重的商业文化。湘人向来重义轻利,湘商则是义利并重,乐善好施,具有奉献精神。很多在外发展稍有成就的湘商都积极回报桑梓,支持家乡建设,出钱为家乡修路、建桥、修学校、建医院。

湘商文化是一种团结协作的商业文化。湘人本来讲究家乡观念、协作精神。湘商向来也有团结协作的传统。晚清时期,湖南商界就有"五府十八帮"之说,很多湘商团结协作，不少地区的异地湘商建立企业联合会，互帮互助，而不是相互拆台。

湘商文化是一种坚韧不拔的商业文化。湘人有血性、韧性，果敢坚毅，不服输，不怕邪，敢拼搏，遇事不退让，做事不放弃，困苦不言败。湘人这种性格同样表现在湘商身上，表现为湘商勤奋踏实、艰苦奋斗、坚韧不拔的精神，他们敢闯敢试，不甘平庸。

3. 社会阶层

在一切人类社会中，都存在社会层次。它有时以社会等级制形式出现，不同等级的成员都被培养成一定的角色，而且不能改变他们的等级成员资格。更常见的是，层次以社会阶层的形式出现。社会阶层是指一个社会中具有相对同质性和持久性的群体，每一阶层的成员具有类似的价值观、兴趣爱好和行为方式。

社会阶层具有如下主要特点：

（1）同一社会阶层内的人，其行为要比来自其他社会阶层的人更加相似。

（2）人们以自己所处社会阶层来判断各自在社会中所处地位的高低。

（3）一个人所处的社会阶层并非由一个变量决定，而是受到职业、收入、财富、教育和价值观等多种变量的制约。

（4）一个人能够在其一生中改变自己所处的阶层，既可以向高阶层迈进，也可以跌至低阶层。而这种变动程度会因某一社会等级森严程度的不同而有所差异。

2.2.2 社会因素

消费者购买行为也受到诸如参照群体、家庭、社会角色与地位等一系列社会因素的影响。

1. 参照群体

参照群体的类型包括：

（1）直接参照群体，又称为成员群体，即某人所属的群体或与其有直接关系的群体。成员群体又分为首要群体和次要群体两种。首要群体是指与某人直接、经常接触的一群人，一般都是非正式群体，如家庭成员、亲戚朋友、同事、邻居等。次要群体是对其成员影响并不很经常但一般都较正式的群体，如宗教组织、职业协会等。

（2）间接参照群体，是指某人的非成员群体，即此人不属于其中的成员，但又受其影响的一群人。这种参照群体又分为向往群体和厌恶群体。向往群体是指某人推崇的一些人或希望加入的集团，如体育明星、影视明星就是其崇拜者的向往群体。厌恶群体是指某人讨厌或反对的一群人。一个人总是不愿意与厌恶群体发生任何联系，在各方面都希望与其保持一定距离，甚至经常反其道而行之。

2. 家庭

家庭是社会组织的一个基本单位，也是消费者的首要参照群体之一，对消费者购买行为有着重要影响。一个人在其一生中一般要经历两个家庭：第一个是父母的家庭，在父母的养育下逐渐长大成人，然后又组成了自己的家庭，即第二个家庭。当消费者做出购买决策时，必然受到这两个家庭的影响。其中，受原有家庭的影响比较间接，受现有家庭的影响比较直接。

家庭购买决策大致可分为三种类型：① 一人独自做主；② 全家参与意见，一人做主；③ 全家共同决定。这里的"全家"虽然包括子女，但主要还是夫妻二人。夫妻二人购买决策权的大小取决于多种因素，如各地的生活习惯、妇女就业状况、双方工资及文化水平、家庭内部的劳动分工等。

孩子在家庭购买决策中的影响力也不容忽视，尤其是在中国，子女在家庭中受重视的程度非常高。而且随着孩子的成长、知识的增加和经济的独立，他们在家庭购买决策中的权利还会逐渐加大。

3. 社会角色与地位

一个人在其一生中会参加许多群体，如学校、公司、俱乐部及其他各种组织。每个人在各个群体中的位置可用角色和地位来确定。每一个角色都将在某种程度上影响其购买行为。每一角色都伴随着一种地位，这一地位反映了社会对他的总评价。而地位标志又随着不同阶层和地理区域而有所变化。

2.2.3 个人因素

消费者购买决策也受其个人特性的影响，特别是受其年龄所处的生命周期阶段、职业、经济状况、生活方式、个性以及自我概念的影响。生活方式是一个人在世界上所表现的有关其活动、兴趣和看法的生活模式。个性是一个人所特有的心理特征，它导致一个人对其所处环境的相对一致和持续不断的反应。

2.2.4 心理因素

消费者购买行为要受其个人的动机、知觉、学习以及信念和态度等主要心理因素的影响。

1. 需求与动机

美国心理学家马斯洛认为，人需要什么取决于已经有了什么，尚未被满足的需要是形成动机的基础。动机是一种驱使人满足需要、达到目的的内在动力，是一种升华到足够强度的需要，能够引导人们去探求满足需要的目标。

2. 知觉

处于相同激励状态和具体情境下的两个人，其行为可能大不一样，这是由于他们对情境的知觉各异。所谓知觉是指感觉器官与大脑对刺激作出解释、分析和整合的创造性过程,它不仅取决于刺激物的特征,而且依赖于刺激物同周围环境的关系以及个人所处的状况。人们之所以对同一刺激物产生不同的知觉,是因为人的大脑要经历三种知觉过程,即选择性注意、选择性曲解和选择性记忆。

3. 学习

人们要行动就得学习。学习是指由于经验而引起的个人行为或行为潜能的持续性改变。人类行为大都来源于学习。一个人的学习行为是通过驱使力、刺激物、诱因、反应和强化的相互影响而产生的。由于市场营销环境不断变化,新产品、新品牌不断涌现,消费者只有经过多方收集有关信息之后,才能作出购买决策,这本身就是一个学习过程。

4. 信念和态度

通过行为和学习,人们获得了自己的信念和态度,而信念和态度又反过来影响人们的购买行为。所谓信念是指一个人对事物所持有的确定性看法。企业应关注人们头脑中对其产品或服务所持有的信念,即本企业产品和品牌的形象。人们根据自己的信念采取行动,如果一些信念妨碍了购买行为,企业就要运用促销手段去影响或修正这些信念。所谓态度是指一个人对某些事物或观念长期持有的好与坏的评价、感受和由此导致的行动倾向。态度能使人们对相似的事物产生相当一致的行为。

综上所述,一个人的购买行为是文化、社会、个人和心理等诸多因素相互影响和作用的结果。其中很多因素是企业无法改变的,但可用于识别那些对产品有兴趣的消费者。借助有效的产品、价格、地点和促销策略,企业可以诱发消费者的强烈反应。

2.3 识别消费者购买行为模式

市场营销者在分析了影响购买者行为的主要因素之后,还需了解消费者如何真正作出购买决策,即了解谁作出购买决策,购买决策的类型以及购买过程的具体步骤。

2.3.1 了解消费者购买决策的角色

人们在购买决策过程中可能扮演不同的角色。包括:

1. 发起者

即首先提出或有意向购买某一产品或服务的人。

2. 影响者

即其看法或建议对最终决策具有一定影响的人。

知识点:
消费者购买决策的参与者

3. 决策者

即对是否买、为何买、如何买、何处买等购买决策作完全或部分最后决定的人。

4. 购买者

即实际采购人。

5. 使用者

即实际消费或使用产品或服务的人。

2.3.2 认识消费者购买动机

1. 生存性购买动机

生存性购买动机是出于人的生存要求，饥则求食，寒则求衣。在生存性购买动机的支配下，人们往往事先早已计划妥当或很自然地要求购买，在购买时较少犹豫，且不太注重商标，一般购买的都是生活必需品。生存性购买动机有时也与其他购买动机联系在一起，尤其表现在对所要购买的生活用品的外观、质量、性能和价格的选择方面。

2. 习惯性购买动机

抱有习惯性购买动机的人，对所要购买的商品早有了解，购买时会不假思索地选中目标。对某种商品常常会执着地信任和偏爱。其心理状况往往是"你有千条计，我有老主意"，不为别人的劝说、非议所动。购买的对象一般都是普通生活必需品或个人嗜好品。持有习惯性购买动机的人，往往十分注重商品的商标，并牢牢地记住自己所喜爱商品的商标。有一些为大众所称道的名牌高档商品，人们会自然地产生一种信任感，形成习惯性购买。

3. 理智性购买动机

持有理智性购买动机的人，在购买商品前一般都经过深思熟虑。他们对所要购买的商品有足够的知识和经验，对其特点、性能和使用方法等早已心中有数，因而在品评、比较时，不受周围环境气氛和言论的影响。在商品的选择过程中，他们除了注重外观和价格外，还着重检查商品的内在质量和特殊功能，并充分运用视觉、触觉、听觉等器官，以及记忆、想象和思维等方法，反复挑选，在恰当的时机立即决断。这类人在买货时，往往直奔目标，十分自信，一旦选中，不再退货。他们常常希望销售者认真配合他们进行挑选，但又不希望干涉他们的反复比较、选择。

4. 冲动性购买动机

带有冲动性购买动机的消费者，在购买东西时，往往会为商品的外观、式样、包装的新奇所吸引、所刺激，缺乏必要的考虑和比较。他们的购买活动常常是"心头一热→买下再说→后悔不迭"。他们事先一般没有明确的购物目标，往往是在浏览商品时无意中发现，引起了兴趣，决意购买，所以极易受周围环境、气氛和周围人们言论的影响，他们在选择时也常常心中无数。在冲动性购买动机支配下发生的购买活动，最易产生退货现象。只是在退货时，买者可以找出各种理由，但始终不好意思承认自己"不识货"。

冲动性购买动机与理智性购买动机是相互对立的。在日常的购买活动中，理智性购买动机并不多见，而冲动性购买动机却经常出现。即使是那些平时头脑比较冷静的人，在他所不了解的商品面前，也可能产生冲动性购买动机。这种购买动机往往会破坏原来早已安排好的购买计划，给消费者带来麻烦，所以需要人们随时注意控制。

5. 诱发性购买动机

这种购买动机的心理过程常常是"好奇心→探究竟→被说服→掏钱买"。它与冲动性购买动机很相似，都是事先没有计划和考虑的偏重于感情的购买心理。但是两者又有区别，冲动性购买动机一般来说是主动的、迅速的，而诱发性购买动机则有一个被动、缓慢的过程。因此，它的后悔程度和退货率没有冲动性购买动机那样高。诱发性购买动机主要受环境气氛和周围人言论的影响和诱导。处理品、新奇产品、土特产品往往是产生这种购买动机的诱导对象。

2.4 分析消费者购买决策过程

消费者购买决策的过程一般可分为五个阶段（见图2-6）。

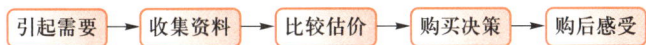

图2-6 消费者购买决策的过程

知识点：
消费者购买决策过程

1. 引起需要

任何购买行为都是由动机支配的，而动机又是由需要激发的，所以需要是购买过程的起点。人们的需要可以由内在或外在的刺激引起，作为营销者应了解与其产品种类有关的实际或潜在的需要，需要的程度，以及这种需要会为哪些诱因所触发。这样，可以通过合理、巧妙的诱因，在适当的时间、地点，以适当的方式引起需要。

消费者购买决策过程

2. 收集资料

如果引起的需要很强烈，可满足需要的物品又易于得到，消费者就会希望马上满足自己的需要。然而在很多情况下，被引起的需要不是马上就能满足，这时需要就暂时存入人们的记忆，作为未来满足需要的必要储备。未满足的需要会使人产生注意力，促使人们积极寻找或接受与产品有关的情报信息，不断积累对产品的认识，以便做进一步选择。

3. 比较估价

消费者利用从各种来源得到的资料，进行分析、对比，评价商品，作出选择。不同消费者评价商品的标准和方法，有很大差别。例如选择牙膏这种商品时，有的人希望能防蛀，有的人则想要美白。

4. 购买决策

并非所有感到需要的人都会进行购买。有些人的需要在购买前的活动过程中，会逐渐衰退，或徘徊于"不确定"之中。消费者在采取购买行为前，要作出购买决策。购买决策是许多项目的总抉择，包括购买何种商品、何种型号、何种款式、多少数量；在何处购买，以何价格购买，以何方式付款等。消费者对某一项目作抉择时，又会受到许多因素的影响与制约。因此，在消费者的购买决策阶段，一方面要向消费者提供更多有关产品的详细情报，便于消费者比较优缺点；另一方面，则应通过各种销售服务，提供方便顾客的条件，加深其对企业及其产品的良好印象，促使作出购买本企业产品的决策。

5. 购后感受

消费者购买商品后，往往会通过使用和与他人交换意见，对自己的购买选择进行检验，重新考虑购买这种商品是否明智、合算、理想等，这就形成购买后的感受。有的消费者购买前过高地估计了商品的质量，购买后对这种看法又产生了疑虑，就产生了认识上的不和谐。这种不和谐的强度，随着使用中预期效果的实现程度和需要的满足程度而发生变化。购后感受是一种重要的反馈信息。因为行为会影响态度，态度又会影响以后的行为，所以如果已购买的产品不能给消费者以预期的满足，使其产生失望或使用中遇到困难，消费者就会更正自己对商品的态度，并在今后购买行为中予以否定，不仅自己不会重复购买，而且会影响他人购买的积极性。

2.5 识别消费者购买类型

不同类型的消费者对于不同类型的商品，购买行为也有很大的差异。一般来说，消费者的购买类型可以分为：

1. 复杂型购买行为

主要是指那些消费者认知度较低，商品价格昂贵，购买频率不高的大件耐用消费品的购买行为。如果价格昂贵，购买决策的风险就比较大，购买决策必然比较谨慎；如果消费者对产品不够熟悉，需要收集的信息比较多，进行选择的时间也比较长。

2. 选择型购买行为

同样是有较大购买决策风险的价格比较昂贵的商品，但是由于消费者对于此类商品比较熟悉，知道应该怎样进行选择。因此在购买决策时无须再对商品的专业知识作进一步的了解，而只要对商品的价格、购买地点以及各种款式进行比较、选择就可以了。

3. 简单型购买行为

对于某些消费者不太熟悉的新产品，由于价格比较低廉，购买频率也比较高，消费者不会花很大的精力去进行研究和决策，而常常会抱着"不妨买来试一试"的心情来进行购买，所以购买的决策过程相对简单。

4. 习惯性购买行为

对于那些消费者比较熟悉而价格比较低廉（通常产品的稳定性也比较好）的产品，消费者会采用习惯性购买行为。即不假思考地购买自己习惯用的品种、品牌和型号。若无新的强有力的外部吸引力，消费者一般不会轻易地改变其固有的购买方式。

 小试牛刀

小王是一个名牌大学的毕业生，在一家知名公司里工作不到一年就当上了总经理助理。她现在虽然工资不太高，可是对各种名牌产品如数家珍，经常购买名牌服装，使用名牌化妆品，从来不到自由市场或者地摊上买东西。

请问：
1. 小王属于什么购买类型的消费者？
2. 小王为什么宁愿多花钱也不到自由市场买东西？
3. 试分析小王的购买心理。

单元三
组织市场和购买行为

3.1 认识组织市场

企业的营销对象不仅包括广大消费者，也包括各类组织机构，这些组织机构构成了原材料、零部件、机器设备、供给品和企业服务的庞大市场。为此，企业必须了解组织市场及其购买行为。

3.2 识别组织市场类型

3.2.1 组织市场类型

组织市场是由各种组织机构形成的对企业产品和劳务需求的总和。它可分为三种类型，即产业市场、转卖者市场和政府市场。

1. 产业市场

产业市场又叫生产者市场，是指一切购买产品和服务并将之用于生产其他产品或劳务，以供销售、出租或供应给他人的个人和组织。通常包括农业、林业、水产业；制造业；建筑业；通信业；公用事业；银行业、金融业、保险业；服务业等行业。

2. 转卖者市场（中间商市场）

转卖者市场是指那些通过购买商品和劳务并转售或出租给他人而获利的个人和组织。转卖者不提供任何形式效用，而是提供时间效用、地点效用和占有效用。

转卖者市场由各种批发商和零售商组成。批发商是指这样的商业单位：它购买商品和劳务并将之转卖给零售商和其他商人以及产业用户、公共机关用户和商业用户等，但它不把商品大量卖给最终消费者；而零售商的主要业务则是把商品或劳务直接卖给消费者。

3. 政府市场

政府市场是指那些为执行政府的主要职能而采购或租用商品的各级政府单位，也就是说，一个国家政府市场上的购买者是该国各级政府的采购机构。政府通过税收、财政预算等途径掌握了相当大一部分国民收入，所以会形成一个很庞大的政府市场。

3.2.2 组织市场的特征

组织市场同消费者市场有着根本区别，二者的购买行为也不完全相同。组织市场购买行为是指各类正规组织机构确定其对产品和劳务的需要，并在可供选择的品牌与供应商之间进行识别、评价和挑选。

与消费者市场购买行为相比，组织市场购买行为存在以下几个特点：

1. 组织需求是一种派生需求

组织机构购买产品是为了满足其顾客的需要，也就是说，组织机构对产品的需求归根结底是从消费者对消费品的需求中派生出来的。显然，皮鞋制造商之所以购买皮革，是因为消费者要到鞋店去买鞋的缘故。

2. 购买决策过程的参与者较多

组织市场的购买决策过程往往不只是一个人，而是由很多人组成的。甚至连采购经理也很少独立决策而不受他人影响。

3. 购买过程较为复杂

由于购买金额较大，参与者较多，而且产品的技术性能较为复杂，所以组织市场的购买行为过程将持续较长一段时间，几个月甚至几年都是可能的，这就使企业很难判断自己的营销努力会给购买者带来怎样的反应。

4. 购买过程需要服务支持

物质产品本身并不能满足组织购买者的全部需求。企业还必须为之提供技术支持、人员培训、及时交货、信贷优惠等条件与服务。

3.2.3 了解组织市场与消费者市场的营销差异

组织市场与消费者市场有着不同的市场特点，企业在进行营销活动时，应该采取不同的营销策略。如表2-2所示。

表2-2 组织市场与消费者市场的营销差异

项目	组织市场	消费者市场
产品	产品专业性强，服务很重要	标准化形式，服务重要
价格	多采用招标方式	企业定价
分销渠道	多采用较短的直接渠道	多通过间接渠道销售
促销	强调人员推销	强调广告和营业推广
顾客关系	长久而复杂	较少接触，关系不密切
决策过程	多采用群体决策	个人或家庭决策

3.3 分析产业市场购买行为

3.3.1 认识产业市场及其决策类型

产业市场与消费者市场相比，在购买对象、决策类型及参与购买的角色等方面都有着明显的不同。

1. 产业市场购买对象

产业市场购买对象，一般可分为原材料、基本设备、附属设备、零配件、半成品、物料和工业服务。

2. 产业购买的决策类型

产业购买者在进行一项采购时会面临一系列决策，这些决策的数量取决于购买情况的类型。产业购买的基本情况可分为以下三类：

产业购买行为类型

（1）全新采购。全新采购指采购者首次购买某一产品或服务。全新采购过程经过知晓、兴趣、信息收集、评价、试用和采用阶段，每一阶段的信息来源及其重要性程度各不相同。就最初的知晓阶段而言，大众媒体最为重要；而在兴趣阶段，销售人员的影响最大；在评价阶段，技术来源最为重要。全新采购的成本或风险越大，决策参与人数就越多，需收集的信息也就越多。

（2）修正采购。修正采购是指购买者希望在产品规格、价格、供应条件、结算方式等方面加以调整的情况。修正采购通常扩大了决策参与者的人数，对原选中的供应商压力很大，它必须尽全力保住其客户。前期未被选中的供应商则可以把修正采购看成一次较好的机会，以得到一些新客户。

（3）直接重购。直接重购是指采购部门根据惯例再一次订购产品的情况。购买者根据以往购买的满意程度从以往的供应商中选择订货。被选中的供应商将尽力保持产品质量和服务质量，未被选中的供应商则会试图提供新产品或开展某种满意的服务，以便使采购者考虑从他们那里购买产品。这些供应商会首先设法以少量订单涉足入门，然后逐步扩大其采购份额。

3.3.2 影响产业采购人员的主要因素

产业采购人员在做出购买决策时受到许多因素影响。有些营销人员认为，经济因素最为重要。另外一些人则认为采购者对诸如偏好、注意力、避免风险等个人因素反应敏感。实际上，产业采购者既对经济因素有反应，同时对个人因素也有反应。

一般说来，对产业采购者产生影响的各种因素可以分为四个主要方面：环境、组织、人际和个人。

1. 环境因素

产业市场的采购受当前经济状况或预期经济状况诸因素的影响非常大。这些因素包括基本需求水平、经济前景及成本等。在经济衰退时期，产业购买者会减少对厂房或设备的投资，并设法减少存货。产业营销人员在这种环境下对刺激采购是无能为力的。他们只能在增加或维持其需求份额上做艰苦的努力。

那些害怕主要原材料短缺的公司愿意购买和储存较多的库存。他们会与供应商签订长期供货合同，以保证其原材料能有稳定的供应。

同样，产业采购者也受到技术因素、政治因素、法律因素以及经济状况中竞争因素的影响，他们必须密切注视所有这些环境的作用力，测定这些力量将如何影响采购者，并设法使问题转化为机会。

2. 组织因素

每一采购组织都有其具体目标、政策、程序、组织结构及系统。产业营销人员必须尽量了解各种采购组织，精心收集相关资料。在组织因素中，影响购买决策最重要的因素是购买决策权的相对集中和分散程度。企业营销者只有充分了解这些组织因素的变化趋势和程度，才能采取适当的措施，影响企业的购买决策和行为。

营销视角
企业与企业间的电子商务活动平台（B2B平台）

B2B是指Business to Business，而B2B网站是指提供企业与企业间电子商务活动平台的网站。按照高盛（Goldman Sachs）、IDC等知名市场分析公司的看法，B2B模式是当前电子商务模式中份额最大，也是最具操作性、最容易成功的模式。B2B网站的主要模式可分为三类：大型企业的B2B网站、第三方经营的B2B网站、行业生态型的B2B网站。不同类别的B2B网站有自己本身的特点和运作方式。B2B电子商务中应用比较广泛的模式有：电子市场中心、电子分销商、B2B服务提供商，以及信息中介等。

据网经社电子商务研究中心发布的报告，2018年，我国B2B电子商务交易规模达22.5万亿元，同比增长9.7%；市场营收规模达600亿元人民币，同比增长71.4%。阿里巴巴、慧聪集团、科通芯城作为行业前三名，分别占有了28.4%、17.6%、9.2%的市场份额。

【思考和讨论】
你还知道哪些著名的B2B网站？与同学们交流分享一下。

3. 人际因素

采购中心通常包括一些不同利益、职权、地位的参与者。尽管产业营销人员发现的一切有关个性和人际因素的信息可能有用，但是仍然很难知道采购过程中会发生何种群体的动力。这里特别重要的是关于客户与其他企业销售代表的关系。

4. 个人因素

购买决策过程中每一参与者都带有个人动机、直觉与偏好。这些因素受决策参与者的年龄、收入、文化水平、专业、个性以及对风险意识和文化的影响。采购人员明确表现出不同的购买类型。有些是干练型购买者，有些是追求完美的购买者，有些是事必躬亲的购买者。也有一些年纪轻、受过良好教育的采购人员，他们在选择供应商之前都经过周密的竞争性方案分析。其他一些采购人员则是善于同一个又一个的供应商进行谈判。

3.3.3　产业市场购买决策过程

为购买所需要的产品，产业采购者的行动贯穿于整个采购过程。产业采购

知识点：
产业购买者决策过程

过程可以分为以下八个阶段：

1. 问题识别

当企业中有人认识到某个问题或某种需要可通过获得某一产品或服务得到解决时，采购过程便开始了。问题的识别是由内在或外在的刺激因素所引起的。就内在因素而言，下列情况可导致问题的认识：

（1）决定推出一种新产品，因而需要新设备和各种材料，以便生产该产品。
（2）一台机器报废，需要更新或需要新的零部件。
（3）之前采购的一些材料不尽如人意，企业转而寻找另一家供应商。
（4）一位采购经理意识到有一个能获得价廉物美产品的机会。

从外在因素来看，采购人员通过参观展销会，浏览网站，查看广告，或接到某一能提供价廉物美产品的销售代表的电话，都可能产生一些新的购买想法。因此，产业营销人员可以利用直接发信、电信营销、访问有希望的买主等手段来激发消费者的认识。

2. 确定需要

一旦认识了某种需要，采购者便着手确定所需项目的总特征和需要的数量。就标准项目来说，这不是大问题；而对复杂项目而言，采购者要会同其他部门人员，如工程师、用户等共同决定所需项目的总特征，它们可能包括可靠性、耐用性、价格及其他属性。

3. 说明需要

在总需要确定以后，采购组织就要着手制定开发项目的技术规格说明书。一般说来，企业将委派产品价值分析工程组投入这个项目的工作。产品价值分析是一种降低成本的方法，通过价值分析，对各部件仔细加以研究，以便确定能否对它进行重新设计或实行标准化，并运用更便宜的生产方法来生产产品。

产品价值分析组将对某一产品的高成本部件加以核查。该分析组还将找出那些比产品本身寿命还要长的超标准设计的产品部件。该组织确定最佳产品的特征，并有根据地加以说明。文字简洁的说明书将允许采购者对不符合预期标准的货品予以拒绝。

4. 寻找供应商

一旦产品要求被具体化后，采购者将设法认识其最适宜的供应商。他们可以查找交易指南，进行计算机搜索，打电话要其他企业推荐，观看贸易广告和参加贸易展览会。供应商的任务就是要被列入主要的名录中，制定一个强有力的广告和促销方案，在市场上建立良好信誉，并确定谁是寻找供应商的买主。

5. 征求建议

购买者会邀请合格的供应商提交供应建议书，有些供应商只送来一份产品目录或派一名销售代表。对复杂或花费大的项目，购买者会要求每一个潜在供应商都提供详细的书面建议；购买者在淘汰了一些以后不合适的供应商，会请余下的供应商提出正式说明。

6. 供应商选择

在供应商选择以前，采购中心将向有意愿的供应商规定某些属性并指出它们之间的重要性。采购中心会针对这些属性对供应商加以评分，找出最具吸引力的供应商。

采购中心为了获得较好的价格和交易条件，在做出最终选择之前，会设法同优先考虑的供应商进行谈判。作为买方选择过程的一部分工作，采购中心还必须决定使用多少供应商。许多企业偏好一家大供应商，以保证足够的供应品和获得价格让步，也有企业会同时保持和两家或多家供应商的合作。企业一般把每年的大多数订单安排给第一供应商，其余给第二供应商。第一供应商要努力保护其第一的位置，第二供应商想努力扩大其供应份额，在外面的供应商也会提供特别优惠的价格企图挤进门来。

7. 选择订购程序

在供应商选好以后，购买方开始讨论最后的订单，内容包括产品技术说明书、需要量、预期交货时间、退货政策、担保单等。就保养、维修和经营项目而言，采购人员越来越多地转向长期有效采购合同，而非采用定期购买订单。为每次存货签订所需要的购货新订单，费用是昂贵的。没有一个采购员希望签订较少的采购订单，因为这就意味着要持有更多的存货。一个长期有效合同建立了一种长期的关系，在这种关系下，供应商答应在一特定的时间之内根据需要按照协议的价格条件继续再供应产品给买方。由于存货由卖方保存着，因此，称作无存货采购计划。当需要存货时，采购者的订单系统就会自动地传一份订单给销售商。

8. 绩效评价

在完成了上述工作以后，采购者就对各具体供应商的绩效进行评价。购买者可以接触最终用户并询问他们的评估意见，也可以用几种标准对供应商进行加权评估。这种绩效评价可能引起采购者继续向原有销售商购买产品，也可能引起他们修正或停止向该销售商的采购。

在不同的产业购买决策类型中，其购买决策程序存在较大的差异，具体比较内容如表2-3所示。

表2-3 不同采购类型的购买决策程序比较

采购过程	采购类型		
	新购	修订重购	直接重购
问题识别	需要	可能需要	不需要
确定需要	需要	可能需要	不需要

续表

采购过程	采购类型		
	新购	修订重购	直接重购
说明需要	需要	需要	需要
寻找供应商	需要	可能需要	不需要
征求建议	需要	可能需要	不需要
供应商选择	需要	可能需要	不需要
选择订购程序	需要	可能需要	可能需要
绩效评价	需要	需要	需要

3.4 分析中间商市场购买行为

中间商主要是指各类批发商或零售商。中间商购买的产品和服务,一部分用于满足自身经营活动的需要,大部分则用于转售或出租给他人以获取利润。

中间商市场购买决策的内容主要包括:

1. 配货决策

配货决策是指确定所经销产品的花色品种,即中间商的产品组合。配货决策是中间商购买决策中最基本、最重要的内容。它直接影响中间商的供应商组合、营销组合和顾客组合。通常有四种品种组合策略可供中间商选择:一是单一组合,即只经销某一生产厂家的产品;二是深度组合,即经销许多厂家所生产的同类产品;三是广度组合,即经销多种系列的相关产品;四是混杂组合,即经销多种系列彼此无关的产品。

知识点:
中间商的主要购买决策

2. 供应商组合决策

供应商组合决策是指决定与之从事交换活动的各有关供应商。中间商对将要购买的品种已经确定之后,往往需要挑选合适的供应商,确定从哪些供应商进货。当中间商拟用供应商品牌销售产品时,或由于自身条件限制不能经营所有供应商产品时,就需要从众多的供应商中选择最优者。

3. 供货条件决策

供货条件决策是指确定具体采购时所需要的价格、交货期、相关服务以及其他交易条件。由于转换成本的问题,中间商并不是总想更换供应商,但总是试图向现有供应商争取更有利的交易条件,如要求提供优惠待遇、增加服务、增加折扣等。

4. 新产品购买决策

中间商的新产品购买决策,要根据该新产品的市场前景好坏、买主需求强度、产品获利的可能性等多方面因素作出。

3.5 分析政府市场购买行为

近年来为了加强对政府采购的管理，提高财政性资金的使用效率，促进公开交易，我国中央及地方政府的国家机关、事业单位和其他社会组织使用财政性资金采购物资或服务的行为开始受到法律的约束和规范。研究政府市场购买行为，对于满足政府市场需求，扩大企业销售收入具有重要意义。

3.5.1 政府市场的概念

在许多国家，政府是商品和服务的主要购买者。政府市场对任何厂家来说，都是一个巨大的市场。在发达国家，政府采购占GDP的比重一般为10%~15%。政府采购是建立在为实现公众目标所必须得到的产品和服务的基础上的，如维持政府机构运转、改善基础设施、加强国防建设、兴办社会福利事业等。政府采购范围相当广泛，从公园的长椅，学校的黑板、讲台到部队的衣食供应、行政事业单位的办公设施、大型基础工程等，都是政府采购的对象。

近年来，随着我国经济体制改革的深入，政企逐渐分开，政府作为组织市场顾客的身份也日益突出。目前，我国的政府顾客基本可分为三类：中央政府、省级政府、地方政府。

1. 中央政府购买

中央政府是无数种产品的大型购买者。例如，部委机关要专门购买某些专用产品以保证政府部门工作的正常运转。

2. 省级政府购买

省级政府的购买规模小于中央政府，但也有类似的购买需要。除军用品购买之外，省级政府也购买相同类型的产品和服务。省政府的相应单位为使自己的工作能有效地运转，也必须履行适当的购买程序，购买各种产品。

3. 地方政府购买

地方政府包括市、县、镇等机构。它们主要购买街道和公路建设、供水系统、警察用品和消防设施等方面的产品。

> **营销视角**
> **美国的政府采购**

在美国，政府市场由各种为执行政府的主要职能而采购或租用商品的联邦、州以及地方的政府单位组成。在各级政府单位中，联邦政府的采购支出约占总支出的35%。政府采购是建立在为实现公众目标所必须得到的产品和服务的基础上的。政府机构采购的产品及服务范围惊人，它们购买轰炸机、雕塑品、黑板、家具、卫生设备、衣服、材料搬运设备、灭火器、汽车设备以及燃料等。每一级政府单位都有不同的支出组合，在联邦预算方面，主要是国防支出，约占联邦预算的33%。在州预算、地方预算方面，教育支出一般占到40%左右。可见，政府市场对任何厂家或销售商来说，都是一个巨大的市场。

【思考和讨论】
查找资料，了解一下中国政府采购的状况。

3.5.2 政府购买过程的参与者

在政府采购行为中，购买决策所涉及的成员包括采购人、政府采购机构、使用人、招标代理机构等。

1. 采购人

采购人指使用财政性资金采购物资或服务的国家机关工作人员。采购人一般由政府采购机构工作人员担任。

2. 政府采购机构

政府采购机构指政府设立的负责本级财政性资金的集中采购和招标组织工作的专门机构。政府财政部门是政府采购的主管部门，负责管理和监督政府采购活动。

3. 使用人

使用人一般是国家各级政府部门具体使用的工作人员。

4. 招标代理机构

招标代理机构是指依法取得招标代理资格，从事招标代理业务的社会中介机构。政府采购通常采用公开招标方式进行。对于招标事宜，政府采购机构有可能委托招标代理机构进行。

3.5.3 政府采购方式

在采购方式上，政府购买通常采用招标或协议合同方式。招标是指政府采购者提出详细的采购要求，由能够满足需要的供应商进行投标，政府从中选择供应商。

一般而言，有下列情况之一的，可以不实行招标：

（1）涉及国家安全和机密的；

（2）采购项目只能从某一特定的供应商获得，或者供应商拥有对该项目的专有权，并且不存在其他合理选择或者替代物的；

（3）原采购项目的后续维修，零配件供应，由于兼容性或者标准化的需要，必须向原供应商采购的；

（4）因发生不可预见的急需或者突发事件，不宜采用招标方式的；

（5）经公告或者邀请未到三家以上符合投标资格的供应商参加投标，或者供应商未对招标文件做出实质性响应而导致招标无法进行的。

在协议合同的采购中，政府采购机构同一家或几家公司接触，并就项目和交易条件与其中一家公司进行直接谈判。这种采购类型主要发生在复杂项目的交易中，经常涉及巨大的研究与开发费用及风险，或发生在缺乏有效竞争的场合。

小试牛刀

1. 如果你在大学校园内开办了一家冷饮店，你将怎样进行市场环境分析？
   _____
   _____
   _____

2. 哪些因素可能影响你的冷饮店生意？
   （1）_____
   （2）_____
   （3）_____
   （4）_____
   （5）_____

稳扎稳打

（一）单选题

1. 下列属于有限但可以更新的资源的是（　　）。
   A. 水　　　　　　　　　　B. 森林
   C. 石油　　　　　　　　　D. 煤

2. 市场营销环境中（　　）被称为是一种创造性的毁灭力量。
   A. 新技术　　　　　　　　B. 自然资源
   C. 社会文化　　　　　　　D. 政治法律

3. 理想业务的特点是（　　）。
   A. 高机会高威胁　　　　　B. 高机会低威胁
   C. 低机会低威胁　　　　　D. 低机会高威胁

4. 购买商品和服务供自己消费的个人和家庭被称为（　　）。
   A. 生产者市场　　　　　　B. 消费者市场

C. 转售市场
   D. 组织市场

5. 旅游业、体育运动业、图书出版业及文化娱乐业为争夺消费者一年内的支出而相互竞争，它们彼此之间是（　　）。
   A. 愿望竞争者
   B. 品种竞争者
   C. 品类竞争者
   D. 品牌竞争者

6. 影响消费行为最广泛、最深远的因素是（　　）。
   A. 文化因素
   B. 社会因素
   C. 个人因素
   D. 心理因素

7. 体育明星、歌星等一般属于（　　）。
   A. 首要群体
   B. 次要群体
   C. 成员群体
   D. 向往群体

8. 参与者的介入程度高，品牌差异大的购买行为属于（　　）。
   A. 习惯性购买行为
   B. 寻求多样化购买行为
   C. 复杂型购买行为
   D. 化解不协调购买行为

9. 组织市场包括（　　）。
   A. 生产者市场
   B. 中间商市场
   C. 非营利组织市场和政府市场
   D. A、B和C

10. 政府采购的目的是（　　）。
    A. 营利
    B. 满足生活需要
    C. 维护国家安全和公众的利益
    D. 以上都是

（二）多选题

1. 下列属于市场营销微观环境的有（　　）。
   A. 供应商
   B. 政府公众
   C. 人口环境
   D. 顾客

2. 人口环境主要包括（　　）。
   A. 人口总量
   B. 人口的年龄结构
   C. 地理分布
   D. 家庭组成
   E. 人口性别

3. 影响消费者支出模式的因素有（　　）。
   A. 经济环境
   B. 消费者收入
   C. 社会文化环境
   D. 家庭生命周期
   E. 消费者家庭所在地点

4. 以下属于宏观营销环境的有（　　）。

A. 公众 B. 人口环境
C. 经济环境 D. 营销中介
E. 政治法律环境

5. 营销中介包括（　　　）。
   A. 广告公司 B. 物流公司
   C. 营销服务机构 D. 财务中介机构
   E. 供应商

6. 影响消费者购买行为的主要因素包括（　　　）。
   A. 文化因素 B. 社会因素
   C. 心理因素 D. 个人因素

7. 某家庭要给孩子购买计算机，除了孩子是最终的使用者之外，参与购买计算机的角色还包括（　　　）。
   A. 发起者 B. 影响者
   C. 决策者 D. 购买者

8. 组织市场是由（　　　）构成的。
   A. 消费者市场 B. 产业市场
   C. 中间商市场 D. 政府市场
   E. 国外市场

9. 政府购买市场的参与者包括（　　　）。
   A. 采购人 B. 政府采购机构
   C. 使用人 D. 招标代理机构

10. （　　　）为影响消费者购买行为的社会文化因素。
    A. 文化 B. 亚文化
    C. 社会阶层 D. 家庭
    E. 动机

（三）简答题

1. 企业为什么要进行环境分析？简述SWOT环境分析方法。
2. 影响消费者购买的主要因素有哪些？
3. 与消费者市场相比，组织市场的购买有哪些特点？

融会贯通

"无接触服务"：求新与求变

危机总是突然地、猝不及防地到来。2020年年初，就在很多商家想要在春节大展拳脚的时候，新冠肺炎疫情的爆发打乱了所有的计划。为防止疫情的进一步蔓延，无数企业被迫宣布暂停营业，需求、房租、成本等问题成了压在经营者们身上的"大山"。当然，也有不少品牌在这场危机中积极自救。1月26日，美团外卖率先在武汉推出"无接触配送"服务，保护用户和骑手的安全。而这个词语也得到了众多企业的响应，纷纷宣布提供这项服务。"无接触"一时成为消费主流，求新求变是企业生存之道。

1. "无接触"餐饮

不少餐企恢复了外卖业务，希望通过这种方式来少量弥补亏损。随着企业陆续复工，餐饮消费会在现有的基础上有所增长，但无接触的送餐方式会持续很长一段时间，品牌对于这种服务的精细化程度也将成为消费者选择的重要指标。

2. "无接触"观影

除了餐饮业的无接触配送以外，很多行业也围绕这个关键词在开发新的思路，比如选择线上放映的《囧妈》。春节前，字节跳动宣布以6.3亿元的价格买断了《囧妈》，于大年初一正式在抖音、今日头条等平台免费播出。虽说此举对行业造成了不小的影响，但这种观影方式确是保障观众健康的最佳方式。随后，原定于2月14日上映的《肥龙过江》也在爱奇艺、腾讯视频上提前上映，网播量取得了可观的数据。

3. "无接触"旅游

从某种程度来说，"VR+旅游"已经算普及，在各大景区、主题乐园中，VR体验店层出不穷。用户可以通过VR头显、手机、计算机等设备看到整个景区，有的还允许进入景区店铺后在线购买，这种旅游方式或将成为一种热潮。我国文化和旅游部也在国家政务服务平台及其官网政务服务门户上推出"在线公共文化服务"专题。

4. "无接触"教育

近两年，很多教育品牌都在布局"互联网＋"课堂教学。面对全国学校的延迟开学以及毕业班对学习的刚性需求，很多机构已经将课堂转移到线上。而钉钉、网易云课堂、空中课堂等软件也为这样的教学模式打下了基础。作为线下教育的补足方式，线上课堂教学也许将迎来一次爆发。

还有很多行业在这次疫情中求新求变，寻找新的生存机会。市场环境瞬息万变，时代发展也好，疫情也罢，企业如果不能为消费者提供最好的体验，无法面对严峻的考验，就很难实现"让用户离不开"的远大志向，这些无接触服务的需求，也许能成为打通线上线下壁垒的契机。

资料来源：营销兵法（ID：lanhaiyingxiao），有删改。

【问题与思考】

1. 说说你对无接触配送的切身体会。它为相关行业带来了什么影响？

2. 危与机往往是并存共生的。疫情环境下，哪些行业可能最早迎来发展机遇？

实战演练

实训2.1　SWOT分析实训

实训目标

通过实训，学生应能明确企业自身的优势、劣势，来自外界的威胁与机会，并能根据目前所处环境进行战略定位，提高对所学营销知识的灵活运用能力和解决问题的能力。

环境要求

活动的课桌和座椅；黑（白）板；相关教材；纸、笔。

背景资料

北京故宫是中国明清两代的皇家宫殿，旧称紫禁城，位于北京中轴线的中心，是中国古代宫廷建筑的精华，也是世界上现存规模最大、保存最为完整的木质结构古建筑群之一。

近几年，古老的故宫焕发了新的生命活力。故宫博物院通过各种形式，成功打造出极具人气的故宫IP，相关文创产品更是爆款频出。接地气的文创产品、精美的糕点食盒，《国家宝藏》《上新了故宫》等综艺的诞生，把这座已有数百年历史之久的博物院推上了"超级网红"之路。

2020年是紫禁城六百岁生日，为了纪念这一特殊时刻，故宫博物院动作频频，将故宫这一超级大IP演绎出了更多可能性：故宫联名银行卡刷爆全网，故宫角楼餐厅菊花锅新年走红，紫禁城上元之夜灯光秀，……此外，还推出"吉服回潮"系列女装、神兽造型雪糕、紫禁城六百年限定版时空彩妆，等等。

还有傲娇的乾隆、"比V"的妃子、卖萌的猫咪，这些故宫周边玩偶，虽然诞生于悠久的历史和深厚的文化基础，但是浑身上下都透着一股活泼的灵气劲儿，怎能叫人不喜欢？

如今的故宫，以自己不凡的勇气打破桎梏，不再是一家只能踏着中轴线参观的打卡景点，带上了几分"人间的烟火气"，正以一副全新的面孔，迎接新的"八方来朝"。

实训要求

1. 利用通过市场调查收集来的第一手、第二手资料对故宫博物院进行分析。

2. 能明确故宫博物院自身的优劣势、外部的机会与威胁。

3. 通过SWOT分析，能明确故宫博物院的定位和发展方向。

4. 为故宫博物院是否拓展新业务作出正确判断。

实训步骤

1. 学生进行分组，每组3~5人。

2. 每个小组成员通过阅读已有资料及前期调查结果，进行广泛讨论。

3. 根据SWOT分析，明确故宫博物院的发展方向。

4. 给出明确的判断及判断的依据。

5. 以小组为单位进行交流、展示。

6. 教师讲评。

注意事项

1. 本次实训以小组为单位，要求所有学生积极参与。

2. 小组成员要分工合作，注意团队合作意识的培养。

3. SWOT分析是企业决策的前提，要确保资料数据准确，内容完整。

实训成果

每个同学在本次实训后应独立撰写实训报告。主要内容如下：

1. 实训名称、实训日期、班级、姓名、实训组别及同组同学姓名。

2. 实训目的。学生应能简明概述本实训通过何种方法，训练了哪些技能，达到了什么目的。

3. 实训心得。总结、分析实训中的收获及存在的问题，提出改进、完善建议。

实训 2.2　消费者行为分析

实训目标

通过实践训练，学生应能了解消费者购买某一商品时需要经过哪些阶段，销售者在每个阶段应该提供哪些服务以满足顾客的需求。

环境要求

活动的课桌和座椅；黑（白）板；相关教材；纸、笔。

背景资料

赵清的手机坏了，他准备买一个新手机，于是向同学李铭进行了相关的咨询。李铭给出了自己的一些建议，同时赵清在网上收集了一些手机的相关资料，最后购买了一款手机。

实训要求

1. 明确主人公作出购买行为的几个阶段。

2. 找出每个阶段的影响因素。

3. 站在企业的立场上，讨论你需要为提升顾客购买率与满意度做哪些工作。

实训步骤

1. 教师将班级学生分成若干学习小组，布置实训任务，请全体同学明确实训目的和实训要求。
2. 收集资料，了解相关产品的信息。
3. 找出影响消费者购买的因素。
4. 明确企业职责和任务。
5. 根据背景资料及相关材料进行角色扮演，进一步掌握购买决策过程。
6. 各小组在班级进行互评、交流、讨论。
7. 教师对各小组的角色进行点评。

注意事项

1. 本次实训以小组为单位，要求所有学生积极参与。
2. 小组成员要分工合作，注意团队合作意识的培养。
3. 角色扮演的产品可以任意选择。
4. 购买决策的心理变化过程属于隐性过程，要尽量显性化。
5. 分析问题时做到具体、全面、科学。

实训成果

每个同学在本次实训后应独立撰写实训报告。主要内容如下：

1. 实训名称、实训日期、班级、姓名、实训组别及同组同学姓名。
2. 实训目的。学生应能简明概述本实训通过何种方法，训练了哪些技能，达到了什么目的。
3. 实训心得。总结、分析实训中的收获及存在的问题，提出改进、完善建议。

学以致用

推销员李宾的工作是销售一种安装在发电设备上的仪表。他工作非常努力，不辞劳苦地四处奔波，但是收效甚微。你能从他的推销过程找出原因吗？

（1）李宾得悉某发电厂需要仪表，就找到该厂的采购部人员详细介绍产品，经常请他们吃饭和娱乐，双方关系相当融洽，采购人员也答应购买，却总是一拖再拖，始终不见付诸行动。李宾很灰心，却不知原因何在。

（2）在一次推销中，李宾向发电厂的技术人员介绍说，这是一种新发明的先进仪表。技术人员请他提供详细技术资料并与现有同类产品作一个对比。可是他所带资料不全，只是根据记忆大致进行了介绍，对现有同类产品和竞争者的情况也不太清楚。

（3）李宾向发电厂的采购部经理介绍现有的各种仪表，采购部经理认为都不太适合本厂使用，说如果能在性能方面做些小的改进就有可能购买。但是李宾反复强调本厂的仪表性能优异，认为对方提出的问题无关紧要，劝说对方立刻购买。

（4）某发电厂是李宾所在公司的长期客户，需购仪表时就直接发传真通知让李宾所在公司送货。该电厂原先由别的推销员负责销售业务，后来转由李宾负责。李宾接手后采用许多办法与该公司的采购人员和技术人员建立了密切关系。一次，发电厂的技术人员反映有一台新购的仪表有质量问题，要求给予调换。李宾当时正在忙于同另一个重要的客户洽谈业务，拖了几天才处理这件事情，认为凭着双方的密切关系，发电厂的技术人员不会介意。可是那家发电厂以后购买仪表时，却转向了其他供应商。

（5）李宾去一家小型发电厂推销一种受到较多用户欢迎的优质高价仪表，可是说破了嘴皮，对方依然不为所动。

【动脑筋，想问题】

1. 请你说出在以上情景中出现或隐含的营销术语、概念。

2. 如果你是促销员，你会怎样帮助李宾做出决策？

模块三

运筹帷幄，决胜千里：市场营销战略制定

学习目标

知识目标
- 掌握市场细分的标准及步骤
- 了解目标市场选择及市场定位的模式及策略
- 了解竞争对手的不同类别及竞争者分析内容
- 掌握市场竞争的基本策略
- 熟知企业业务发展战略的制定流程
- 掌握企业业务发展战略的含义及具体内容

技能目标
- 能够选取恰当的标准进行市场细分
- 能够根据企业实力选择恰当的目标市场
- 能够为企业产品进行市场定位
- 能够根据企业实际情况进行竞争策略的选择
- 能够根据企业以及环境的现状制定新业务发展战略

素养目标
- 提升学生的逻辑思维能力，培养学生的全局意识
- 能在训练及案例分析环节中培养团队协作与沟通能力
- 领悟竞争与合作的文化，培养与熏陶竞合意识

【思维导图】

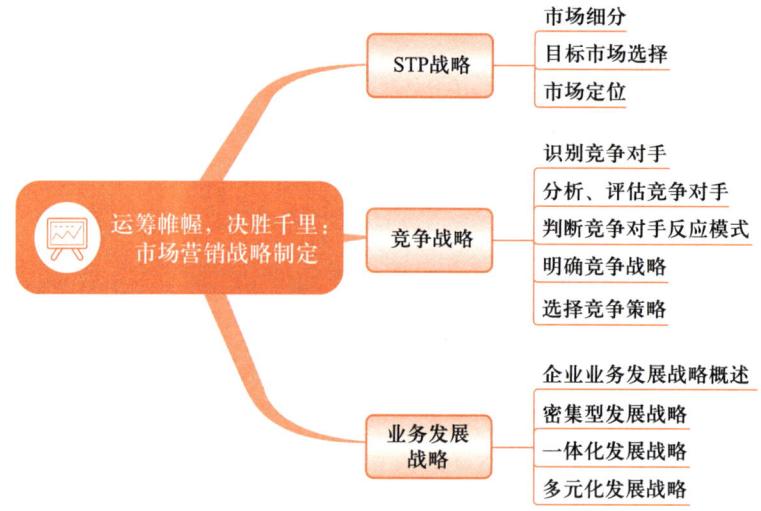

运筹帷幄，决胜千里：市场营销战略制定
- STP战略
  - 市场细分
  - 目标市场选择
  - 市场定位
- 竞争战略
  - 识别竞争对手
  - 分析、评估竞争对手
  - 判断竞争对手反应模式
  - 明确竞争战略
  - 选择竞争策略
- 业务发展战略
  - 企业业务发展战略概述
  - 密集型发展战略
  - 一体化发展战略
  - 多元化发展战略

导入案例
迎接挑战

职场新人的困惑

岗前培训初战告捷后，李飞如愿以偿地进入市场部工作，并非常幸运地跟着师傅参与了公司西南市场的开发工作。由于地理位置较远，公司之前是将西南市场交给代理商运作的，销售情况一般。当地的华宝公司是这个市场的主导者。

跟师傅出发之前，李飞也细心做了功课，从整个西南市场的细分、目标市场的基本情况到公司重点推广产品的定位都逐一做了分析。可是到了公司办事处，旁听了第一次业务碰头会后，李飞隐约意识到：问题比他想象的要复杂得多。

【问题思考】
在这个重点开发的新市场，公司要做的工作有哪些？如何应对既有的竞争对手？怎样才能实现新业务的快速增长？

单元一
STP 战略

STP战略分析

面对重点开发的新市场，李飞所在公司首先要做的工作是制定STP战略，即依据有效的细分标准重新划分西南市场，剖析每个细分市场的特点（市场细分）；其次要对各个细分市场进行比较，确定公司在西南市场上的目标市场（目标市场选择）；最后确定公司在该目标市场上的定位，制定相对应的营销组合（市场定位）。在整个过程中应该注意哪些细节呢？这正是本单元要学习的内容。

在STP战略中，S就是指市场细分（Segmenting），T就是指选择目标市场（Targeting），P就是指市场定位（Positioning）。STP战略的含义如图3-1所示。

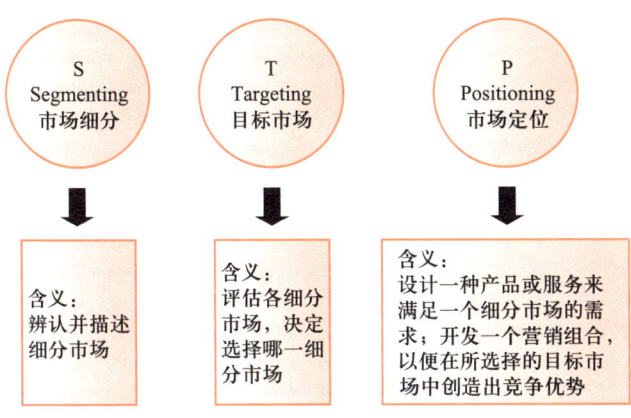

图3-1　STP战略的含义

1.1 市场细分

1.1.1 市场细分的含义和作用

1. 市场细分的含义

市场细分，就是企业在市场调查的基础上，根据一定的标准，把一种产品的整体市场分割为两个或更多个具有相同或类似需求的子市场，从而确定目标市场的过程。分割出的子市场又称为细分市场。

市场细分

2. 市场细分的作用

市场细分是企业开展营销活动的前提，是实施市场营销战略的首要问题。在企业营销管理中占据着非常重要的地位。具体地说，市场细分的作用有以下四点：

（1）有利于企业发现更好的市场机会。市场机会，是指市场上客观存在的未被满足或未被充分满足的需求。通过市场细分，企业可以深入了解不同消费者的需求及其满足程度，掌握各个细分市场上的竞争情况，从而发现对自己有利的市场机会，确定适合自身发展的目标市场。

(2)有利于企业制定最佳营销策略。企业通过市场细分后,可为非常明确的目标市场量体裁衣,提供相宜的产品来满足消费者的需求。

例如,宝马公司的越野系列、MINI系列和家用系列的不同车型,就是在市场细分的基础上为不同需求的车主分别设计的。

宝马越野车型　　　　　宝马MINI车型　　　　　宝马家用车型

(3)有利于企业改良现有产品和开发新产品。进行市场细分之后,企业往往会发现消费者需求有了新的变化,现有产品已难以满足其需要,必须对现有产品进行改良或开发新产品才能适销对路。

(4)有利于企业集中使用资源。通过市场细分,企业能发现最好的市场机会,确定适合进入的目标市场,从而集中人力、物力、财力为目标市场服务,将有限的资源用于能产生最大效益的地方,形成经营上的竞争优势,取得理想的经济效益。如郑州市的"合记"烩面,以自身的烩面优势来满足喜欢吃烩面的一部分人群,从而得到了长足的发展。

1.1.2 市场细分的步骤

市场细分需要经过多个不同的环节,完成一系列相关的工作。一般来说,市场细分包括了相互衔接的五个步骤,如图3-2所示。

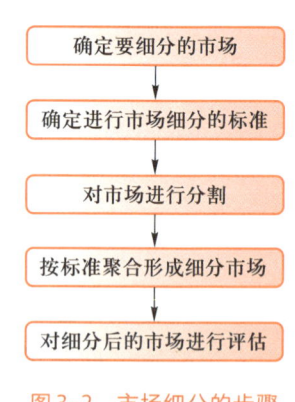

1. 确定要细分的市场

企业对市场的细分,不是没有边际地将一个统一大市场作为分析对象,而是根据自身实力及业务发展方向,将需要分析的目标市场确定在一定的范围内。确定要细分的市场,即确定进入什么行业、生产什么产品。

图3-2　市场细分的步骤

2. 确定进行市场细分的标准

常用的市场细分标准主要包括人口、地理、心理、行为等。

(1)人口标准。

① 年龄。不同年龄段的消费者,由于生理、性格、爱好、经济状况的不同,对消费品的需求往往存在很大的差异。按年龄可将消费者市场分为婴儿市场、儿童市场、青年市场、中年市场、老年市场等。

② 性别。人们常说男女有别，男性与女性在衣、食、住、行的各个方面，无论是购买动机、购买行为还是购物习惯都有着显著的差异。随着社会的快速发展，即使在原来被认为是同质市场的某些领域，也出现了性别间的需求差异。比如领带、香水，都已不再是男士或女士的专属品，部分个性化的女士或时尚的男士，也会为自己精心挑选女士领带或男士专用香水。

③ 收入。收入的变化将直接影响消费者的需求欲望和消费选择。例如，同样是飞机旅客，由于收入的差异会分别购买经济舱、公务舱或是头等舱等不同的机票。作为航空公司，就需要针对不同的顾客，提供差异化的设施和服务组合。

④ 职业。不同职业的消费者，由于知识水平、工作条件和生活方式等不同，其消费需求存在很大的差异，因而也会形成不同的细分市场。

⑤ 婚姻状况。消费者婚姻状况也会影响其消费需求，比如说单身青年买房时多考虑单身公寓，已婚夫妇买房时多考虑两居室或三居室。

⑥ 受教育程度。受教育程度不同的消费者，在兴趣、生活方式、文化素养、价值观念等方面都会有所不同，因而会影响他们的购买种类、购买行为、购买习惯。如深度访谈栏目的主要受众是文化程度高的群体，而娱乐选秀类栏目则主要面向一般大众。

⑦ 民族。我国是一个多民族的大家庭，除了汉族外，还有55个少数民族。这些民族各有自己的传统习俗、生活方式，从而呈现出各种不同的商品需求，形成不同的细分市场。

⑧ 宗教。世界上有很多种宗教，不同宗教信仰的人们在饮食、风俗、行为等方面各有其喜好或禁忌。

⑨ 家庭生命周期。一个家庭处在不同阶段，人口数量不一样，也会影响其消费需求。

（2）地理标准。按地理因素细分，就是按消费者所在的地理位置、地理环境等变数来细分市场。因为处在不同地理环境下的消费者，对于同一类产品往往会有不同的需要与偏好。

① 地理位置。我国的地理区域可按行政区域划分为省、自治区、直辖市、区县、乡镇等，或按照地理位置分为内陆、沿海、边境等。地理位置的不同，往往伴随着不同的气候、地形条件，使得人们对同类产品的需求偏好产生差异。如康师傅的方便面产品，就根据中国各地不同的饮食习惯和口味偏好，研发出众多品种，形成了特色各异的细分市场组合。

② 城镇大小。可划分为大城市、中等城市、小城市和乡镇。处在不同规模城镇的消费者，在消费结构方面存在较大的差异。

③ 地形和气候。按地形不同可划分为平原、丘陵、山区、沙漠地带等；按气候不同可分为热带、亚热带、温带、寒带等。

（3）心理标准。按心理因素细分，就是将消费者按其生活方式、性格、购买动机、态度等变数细分成不同的群体。

① 生活方式。根据消费者生活方式的不同，可以分为朴素型、时髦型和高雅型。

② 购买动机。消费者选购产品时，追求的利益可能是求实、求廉、求新、求美、求名、求安等，各不相同，这些都可作为细分的变量。

（4）行为标准。按行为因素细分，就是按照消费者购买或使用某种商品的时间、购买数量、购买频率、对品牌的忠诚度、使用状况等变数来细分市场。

① 购买时间。许多产品的消费具有时间性，因此，企业可以根据消费者产生需要、购买或使用产品的时间进行市场细分。如某快餐连锁品牌的早、午、晚餐细分市场。

② 购买数量。据此可分为大量用户、中量用户和少量用户。

③ 购买频率。据此可分为经常购买、一般购买、不常购买（潜在购买者）。

④ 购买习惯（对品牌的忠诚度）。据此可将消费者划分为坚定品牌忠诚者、多品牌忠诚者、转移的忠诚者、无品牌忠诚者等。企业必须辨别它的忠诚顾客及其特征，以便更好地满足他们的需求，必要时给忠诚顾客以某种形式的回报或鼓励。

⑤ 按照使用状况细分，消费者市场可划分为非使用者、曾经使用者、潜在使用者、首次使用者和经常使用者几种类型。

3. 对市场进行分割

市场细分的方法一般可分为如下几种：

（1）单一因素细分法。指选择一个细分变量作为标准对市场进行划分。如根据居民收入水平可以将市场划分为：高收入阶层、中收入阶层和低收入阶层。

（2）双因素细分法。指采用二维变量对市场进行划分。最常见的是产品—市场矩阵法。例如，某啤酒公司的市场细分见图3-3。

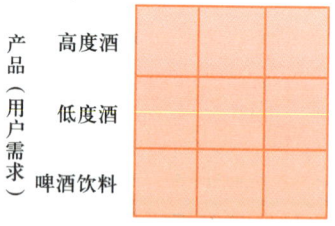

图3-3 某啤酒公司的市场细分

（3）多层次细分法。有时候，根据市场需要，可用三个或三个以上的变量对市场进行细分。具体操作思路是分层次进行细分，即在第一次细分的基础上，再运用变量继续进行细分。照此，经过一层一层的市场细分，用户类型就会逐渐清晰。某商场将前来光顾的全部消费者按照年收入水平、月平均光顾次数、次均购买金额依次分割为不同的市场，其多层次细分法如图3-4所示。

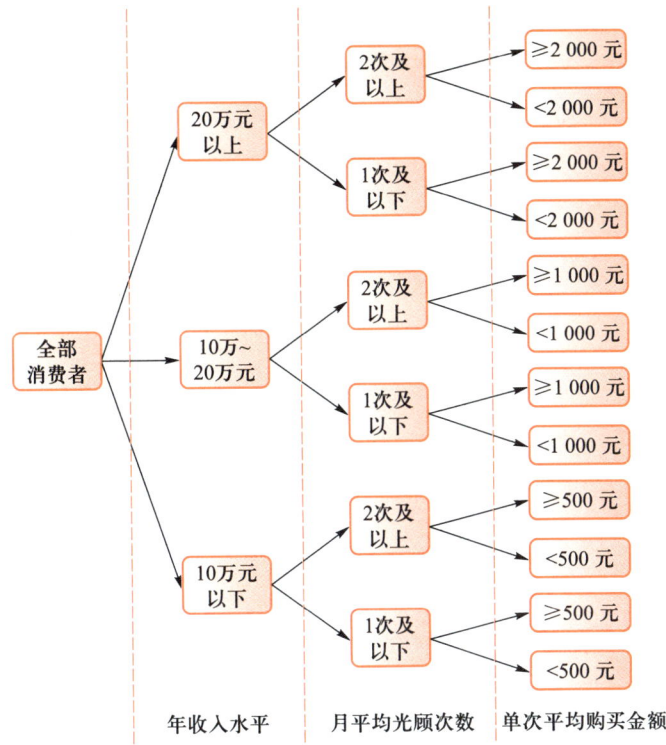

图3-4 某商场的多层次细分法

4. 按标准聚合形成细分市场

将整个市场分割为不同的市场部分之后，还要根据多方面的信息和资料，将不同的部分聚合成几个对企业经营活动有用的细分市场。常用的方法有：

（1）列表法。企业可以将市场分割后形成的多个子市场列在一张表格上，将各个细分标准下对应的子市场特征填在表格内，根据这些特征的分布，结合企业的需要，将其中的部分细分市场合并，进行不同细分市场的聚合。

某企业细分市场特征如表3-1所示。企业可以根据消费者的购买动机将细分市场1、细分市场3、细分市场4、细分市场5合并为一个细分市场，即自用市场；将细分市场2作为一个细分市场，即礼品市场。

表3-1 某企业细分市场特征表

聚合标准	细分市场1	细分市场2	细分市场3	细分市场4	细分市场5
其市场容量在整个市场中的比重	10%	12%	17%	25%	36%
市场的地域特殊性	东北	东北	华北	华北	西北
消费者的购买动机	自用	礼品	自用	自用	自用
消费者对当前产品的满意程度	基本满意	不满意	满意	很满意	满意

（2）系列问题法。系列问题法类似于列表法，但这种方法不是将分割形成的全部市场都列出来，而是根据企业的经营提出几个关键问题，根据对这几个问题的回答，将分割的不同市场聚合成为一个或者多个细分市场。例如，某载重车公司在对不同的市场进行分割之后提出如下两个重要问题：① 该市场在农村还是城市？② 该市场面向居民个人还是企事业单位？根据这两个问题，该公司将载重车市场区分为农村农户生产用车市场、农村运输个体户用车市场、城市企事业单位用车市场。

（3）图解法。画出坐标图，选择关键特征变量作为横坐标或者纵坐标的变量，将不同消费者细分群体标在坐标图中，按照这几个变量的要求，如果一个细分市场的全部或者大部分落在另外一个细分市场上，则可以将这两个细分市场聚合；否则，可以考虑将不同的细分市场并列。

例如，图3-5表示40位调查对象对头发护理方面的个人意见情况，共有10级标度。每个点代表一个调查对象，有20个点位于右上角，表示这些调查对象对两项属性都同意；另外20个点位于左下角，表示这些调查对象对两项属性都不同意。这样就得到了两个类似群体（细分市场）。但在实际情况中，消费者特征如此集中的情况是很少见的。

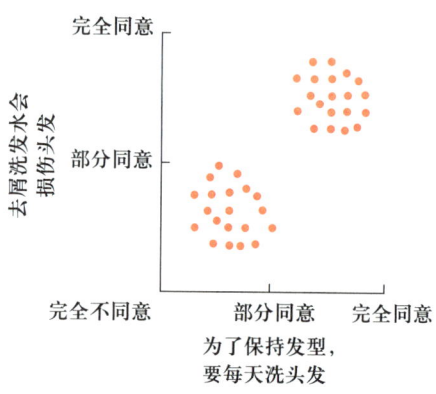

图3-5　图解法聚合细分市场

5. 对细分后的市场进行评估

从企业市场营销的角度看，并非所有的细分市场都有意义。选择细分市场必须考虑以下条件：

（1）可衡量性。这是指用来细分市场的标准和变数及细分后的市场是可以识别和衡量的，即有明显的区别，有合理的范围。如果某些细分变数或购买者的需求和特点很难衡量，细分市场后无法界定，难以描述，那么市场细分就失去了意义。例如，统计某地区年龄在20~40岁的女性市场规模，则可以顺利完成任务，但是如果要统计每天笑3~5次的男性市场规模，就很难。

（2）可进入性。这是指企业能够进入所选定的市场部分，能进行有效的促销和分销，实际上就是考虑营销活动的可行性。一是企业能够通过一定的广告媒体把产品信息传递到该市场众多的消费者中去；二是产品能通过一定的销售渠道抵达该市场。

（3）可营利性。这是指细分市场的规模要足够大，达到能够使企业足够获利的程度，使企业值得为它设计一套营销规划方案，以便顺利地实现其营销目标，并且有可拓展的潜力，以保证按计划能获得理想的经济效益和社会效益。例如，某汽车生产公司如果将身高在1.9米以上的消费者群体作为其细分市场，就要在市场规模调查数据的基础上谨慎决策。

（4）差异性。这是指细分出的市场在行为或观念上能被区别并对不同的营销组合因素和方案有不同的反应；否则，就是同质市场，不需要细分。

（5）相对稳定性。这是指细分后的市场在需求特征、需求数量和消费行为等方面，会在一定时间内保持相对稳定，因为这直接关系到企业生产、销售的稳定性。

小试牛刀

将班级同学分组，请每组同学选择一个自己感兴趣的行业，对本组所选行业中的某类产品进行市场细分，并描述细分后各个子市场的特征。

1. 所选择的行业：_____
2. 确定的市场细分标准：_____
3. 描述所细分出的子市场特征：
子市场（1）_____
子市场（2）_____
子市场（3）_____

1.2 目标市场选择

1.2.1 什么是目标市场

目标市场

目标市场，即企业选中的即将为之服务的细分市场。也就是企业在市场细分之后所形成的若干个子市场中，根据市场需求状况和企业资源状况，决定要进入的子市场。

企业的目标市场必须具备三个条件，如图3-6所示。

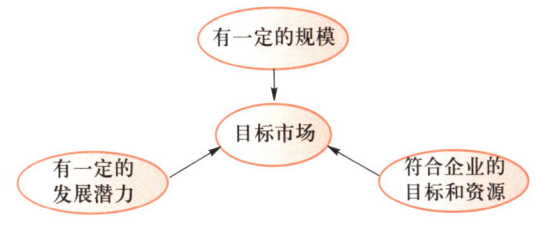

图3-6　企业的目标市场必备的条件

1.2.2 怎样选择目标市场

在对不同细分市场进行评估后，企业会发现一个或几个值得进入的细分市场。这时就需要进行选择，即决定将哪个或哪几个细分市场作为目标市场。

企业选择目标市场范围的模式，主要有以下五种。

1. 密集单一化

这是指企业的目标市场，无论从市场的角度还是产品的角度考察，都集中于一个市场层面上。企业只生产经营一种产品，供应某单一的细分市场。例如，图3-7所示为某鞋子生产企业，它仅针对儿童市场生产皮鞋。

这种模式一般适用于资金有限的小企业或初次进入市场的企业。

2. 产品专门化

这是指集中生产一种产品，向各类顾客销售。图3-8所示为某鞋子生产企业，它针对所有市场仅生产凉鞋。

图3-7　密集单一化　　　　图3-8　产品专门化

3. 市场专门化

这是指专门为满足某个顾客群体的各种需要而服务。图3-9所示为某鞋子生产企业，它仅针对男性市场生产各种鞋子。

4. 有选择的专门化

这是指选择若干个细分市场，其中每个细分市场在客观上都有吸引力，并且符合公司的目标和资源。图3-10所示为某鞋子生产企业，它既为儿童市场生产皮鞋，又为男性市场生产凉鞋，还为女性市场生产布鞋。

图3-9　市场专门化　　　　图3-10　有选择的专门化

这种多细分市场目标优于单一细分市场目标。因为这样可以分散公司的风险，即使某个细分市场失去吸引力，公司仍可继续在其他细分市场获取利润。

5. 完全市场覆盖

这是指公司想用各种产品满足各种顾客群体的需求。图3-11所示为某鞋子生产企业为所有的市场提供所有的鞋类产品。完全市场覆盖战略需要公司有足够的实力和资源，通常只有大公司才能采用这种方法。

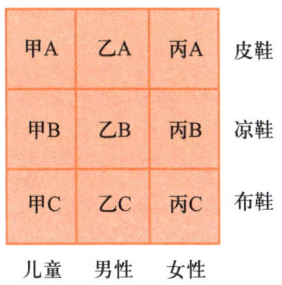

图3-11 完全市场覆盖

 同步案例
成功聚集Z世代，B站成市场新宠

2020年年初，钉钉经历了产品自诞生以来最高的增长，也遭遇了前所未有的"翻车事故"——原本沉浸在幸福假期中的学生，因疫情所迫不得不每天使用钉钉上网课打卡、交作业，于是集体涌入各大应用商店给钉钉打"1分"差评。面对危机，钉钉在哔哩哔哩（bilibili）网站（以下简称B站）上玩出一系列"花式操作"，发布了一系列公关视频和动态，成功变身为"学生党"眼中喜闻乐见的网红"UP主"（指视频上传者）。

这波成功的危机公关让钉钉在年轻用户中口碑爆棚，也引发了更多人对B站的关注。那么，"Z世代"聚集的B站，是怎样成为市场新宠的？

和"70后""80后"消费者不同，以"95后""00后"为主力的Z世代作为新生代消费群体拥有更强的个人意识和精神，喜好更加多元，也容易被新鲜有趣的东西吸引。只有了解他们的喜好，选择他们喜欢的方式，才能牢牢地吸引用户的关注，走进他们的内心。就在其他品牌还在探索怎样和这类消费者建立有效的沟通时，B站已经走出一条属于自己的营销之路。

1. 接地气的交流方式，更容易帮品牌圈粉

弹幕文化是B站一直以来的社区特色，从早期的"前方高能""这不是演习"，到后来的"泪目""名场面"，我们生活中有相当一部分网络流行语都起源于B站。这些流行语的变迁也透露出一个信号——品牌与消费者之间的沟通习惯变了。一本正经的说教式传播看似官方，却很难与当下的消费者有共鸣。因此，钉钉在B站上塑造了一个调皮、可爱又有些"可怜"的形象，"求饶式"的回应不但弱化了品牌的公关属性，还让更多消费者参与到内容的分发中来，增加了事件的热度和传播的穿透力。

这样的沟通方式对于老牌国货来说效果更加明显，在这个信息渠道空前发达的移动互联网时代，年轻消费者会用"更in"的消费选择来彰显自己的态度。他们想要选择的并不是品牌的名气，而是自己对品牌的认可。B站在爆款烧烤纪录片《人

生一串》第二季中特别设置了带货环节，由"串儿老板"为云南白药牙膏站台，与纪录片的江湖范儿遥相呼应，为云南白药的新品吸引了大量的"粉丝"。

2. 圈层营销效应，实现内容精准触达

Z世代消费者的圈层化是一个非常重要的现象。不同的产品对应不同的细分市场，而这些细分市场又由一个个圈层组成。对圈层的深耕，也是B站能诞生一个个刷屏爆款的原因所在。据媒体报道，B站已经形成了200万个文化标签、7 000个核心文化圈层，诞生了不少现象级的UP主，不少圈层的爱好者都喜欢将B站作为交流分享的根据地。比如B站最核心的圈层之一：动漫。Z世代的用户乐于"为信仰充值"，与他们喜爱的动漫IP合作能够直接推进用户的购买决策，在更多、更精确的场景中实现对消费者的触达。2019年，B站就帮脉动搭起了多部国创的桥梁，让其成为用户心中的国创拍档，引爆了新品的口碑与曝光。

3. 巧借UGC①之力，引发内容自传播

2019年夏天，王老吉联动B站开启"拟人形象征集活动"，召集用户为王老吉红罐凉茶设计拟人形象，参与互动支持最高的TOP3形象将在B站出道，为王老吉代言。B站还掀起了一股奥利奥脑洞玩法的浪潮，用户踊跃参与展示自己的特长，收获更多的社交货币，产出了五花八门的UGC内容，粉丝们也欣然增加与UP主的互动次数，品牌成功造势圈粉，多方共赢，皆大欢喜。

上述爆款营销案例都有着非常清晰的思路：首先是找准受众，用户总是乐于在自己所在的圈层中接受并分发信息，这也让传播起到事半功倍的效果。其次是找准渠道，精准把握目标群体的喜好和沟通语境，这是传播的前提。最后是促进用户的自传播，激发用户对UGC内容的产出，让用户拥有更多正向体验，提升他们自主传播的概率。

资料来源：营销兵法（ID：lanhaiyingxiao），有删改。

【案例思考】

1. B站为何能聚集Z世代的消费者，成为市场新宠？
2. 试分析B站的目标市场战略。

---

① UGC为互联网术语，指用户原创生成的内容。

1.2.3 如何经营目标市场？

企业在选定好目标市场后，还需要为目标市场制定相应的市场策略，以便更好地实现营销目标并获取收益。在市场经营中，通常有三种目标市场策略可供选择。

1. 无差异市场营销策略

<u>企业以整体市场作为自己的目标市场，根据整体市场上绝大多数顾客的需要，生产一种产品，制定一种市场营销组合，以满足绝大多数顾客的需要</u>（如图3-12所示）。例如，美国的可口可乐饮料公司由于拥有世界性专利，在20世纪60年代以前它一直以单一口味的品种、单一标准的瓶装和统一的广告宣传来面向全世界，并长期统治世界的饮料市场。

图3-12　无差异市场营销策略

无差异市场营销策略有利于降低成本，但由于忽视了需求的客观差异，不能很好地服务于目标市场。通常只适用于同质市场。

2. 差异性市场营销策略

企业将细分出的各个子市场都作为自己的目标市场，根据各个子市场的不同需要，分别生产不同产品、制定不同的市场营销组合（如图3-13所示）。还是以可口可乐公司为例，在后来的发展中，它根据市场的变化先后推出几类新产品，将经营范围扩大到汽水、不含气饮料和饮用水等类别。其中，汽水类产品包括健怡可口可乐、雪碧、芬达；不含气饮料包括美汁源、酷儿（果汁饮料）；饮用水类产品包括纯悦、冰露等。这些做法使得可口可乐公司在变化的环境下，仍能长期保持竞争优势。

图3-13　差异性市场营销策略

差异性市场营销策略可以更好地满足市场需求，减少经营风险，提升企业形象和占有率，但同时也会使经营成本增加，资源相对分散，一般适用于实力雄厚的企业和需求差异明显的异质市场。

3. 集中性市场营销策略

企业以整体市场的某一个或某几个子市场作为自己的目标市场，根据该市场的需要，集中力量生产一种产品，制定一种市场营销组合，以满足该子市场的需要（如图3-14所示）。如青岛啤酒、格兰仕微波炉、百度搜索、大疆无人机等，都是专注于某一领域获得成功的典范。

集中性市场营销可以集中企业资源，节约产品开发、市场推广等各项费用，但要承受较大的市场风险。一般适用于企业发展的初期阶段或规模较小的企业。

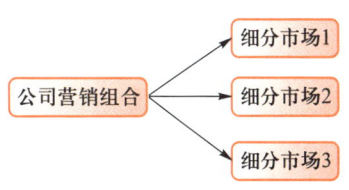

图3-14　集中性市场营销策略

1.3 市场定位

1.3.1 什么是市场定位

市场定位，就是针对竞争者现有产品在市场上所处的位置，根据消费者对产品某一属性或特征的重视程度，为产品设计和塑造一定的个性或形象，并通过一系列营销努力把这种个性或形象强有力地传递给顾客，从而适当地确定该产品在市场上的竞争地位。

换言之，市场定位就是在顾客心目中为自己的产品或品牌占据一个位置，塑造一种鲜明的形象。

1.3.2 为什么要进行市场定位

市场定位对于企业进行目标市场营销至关重要。其作用主要体现在：

1. 有利于在竞争中找准自己的位置，做到有的放矢

市场定位是一种帮助企业确认竞争地位，寻找竞争战略的方法。通过定位，企业可以进一步明确竞争对手和竞争目标，发现竞争双方各自的优势与劣势，从而找准自己的位置，扬长避短，有的放矢。

2. 有利于实现差异化，塑造产品特色

企业要想在目标市场上取得竞争优势和更大效益，就必须在了解购买者和竞争者两方面情况的基础上，确定本企业的市场位置，进一步明确企业的服务对象。在市场定位的基础上，才能为企业确立形象，为产品赋予特色，以特色吸引目标消费者，这是当代企业的经营之道。例如，宝洁公司将海飞丝定位为"去屑"，飘柔定位为"柔顺"，沙宣定位为"修护水养"，潘婷定位为"营养"，四个洗发水品牌形象各异、特色鲜明，都取得了巨大的成功。

3. 有利于制定有针对性的营销策略

市场定位不仅是使产品实现差异化，更重要的是通过一系列营销努力把这种个性或形象强有力地传递给顾客。即企业在产品设计、价格制定、渠道选择、促销宣传等方面都要与企业产品的定位相符合。因此，进行市场定位，便于企业制定有针对性的营销策略。

1.3.3 如何进行市场定位

企业市场定位的步骤如图3-15所示。

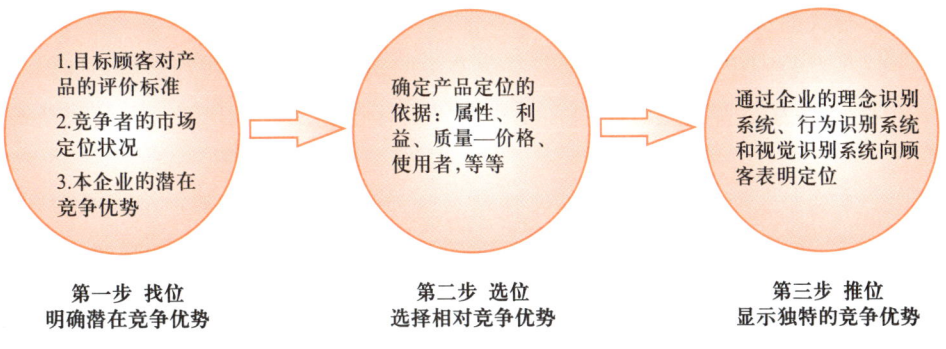

图3-15 企业市场定位的步骤

1. 找位：明确潜在竞争优势

（1）目标顾客对产品的评价标准。了解顾客对其所购产品的最大偏好和愿望，以及他们对产品优劣的评价标准，作为定位的依据。

（2）竞争者的市场定位状况。在市场上顾客最关心的是产品的属性和价格，因此企业必须明确竞争者在目标市场上的定位，并正确衡量竞争者的潜力，据此进行本企业的市场定位。

（3）本企业的潜在竞争优势。竞争优势产生于企业为顾客创造的价值，顾客愿意购买的就是价值。竞争优势有两种基本类型：一是成本优势，可以用较低成本满足顾客的特定需要；二是产品差异化优势，能提供更多特色以满足顾客的特定需要。

2. 选位：选择相对竞争优势

相对竞争优势是企业能够比竞争者做得更好或在某方面胜过竞争者的能力，它可以是现有的也可以是潜在的。在这个过程中，主要是寻找并确定产品定位的依据。企业在经营中进行定位的依据主要有：

（1）属性定位。产品属性包括制造该产品时采用的原料、技术、设备及该产品的功能、产地、历史等因素。属性定位即根据产品这些特定的属性进行定位。

案例
星巴克VS
麦当劳

（2）利益定位。利益包括顾客购买产品时追求的利益和购买产品所获得的附加利益。利益定位就是根据本企业产品所能满足的顾客需求或提供给顾客的独特价值、解决问题的途径等来定位。

（3）质量—价格定位。这是指根据质量和价格的对比进行定位，突出产品或服务的性价比。可以强调产品质量与价格相符，物有所值，在企业产品价格与同类产品相比更高的情况下，强调产品具有高质量，一分价钱一分货；可以强调产品质高价低，物超所值，以加速市场渗透，提高市场占有率。

（4）使用者定位。这是指将产品针对某一类特定的使用者进行定位，根据这些顾客的看法塑造恰当的形象。

（5）使用定位。这是指将产品针对某一特定的使用场合或使用时间进行定位，以解决消费者在特定情况下的特殊需求。

（6）竞争定位。这是指根据与竞争有关的属性或利益来进行定位，即以竞争产品定位为参照，突出强调人无我有、人有我优、人优我廉、人廉我新等优势。

（7）比附定位。比附定位就是比拟名牌、攀附名牌来给自己的产品定位，借名牌之光而使自己的品牌生辉。其主要做法有：①甘居第二，就是明确承认自己在同类产品中，与最负盛名的相比只不过是第二而已。这会使消费者对企业产生一种谦虚诚恳的印象，提高可信度。②奉行高级俱乐部策略，借助群体的威望和模糊数学的方法，提升自己的地位和形象。

（8）避强定位。避强定位是指企业力图避免与实力最强的或较强的其他企业直接发生竞争，而将自己的产品定位于另一市场区域内，使自己的产品在某些特征或属性方面与最强或较强的对手产生比较显著的区别。

（9）迎头定位。迎头定位是指企业根据自身的实力，为占据较佳的市场位置，主动与市场上占支配地位的、实力最强或较强的竞争对手发生正面竞争，而使自己的产品进入与竞争对手相同的市场位置。

3. 推位：显示独特的竞争优势

选定的竞争优势不会自动地在市场上显示出来，企业要进行一系列活动，使其独特的竞争优势进入目标顾客的眼球。企业应通过自己的理念识别系统、行为识别系统和视觉识别系统，向顾客表明自己的市场定位。如图3-16所示，要做到这一点必须进行创新策划，强化本企业及其产品与其他企业及其产品的差异性。

图3-16　强化推位差异

 营销视角
"好客山东"的省域旅游定位

在挖掘、提炼"一山一水一圣人"品牌内涵的基础上，结合孔子之仁、梁山之义、好客之风等齐鲁大地文化内涵，山东省旅游局推出简洁且情感丰富的四字定位——"好客山东"，并设计了全新的VI体系——"好客山东"（Friendly Shandong）标识。

随后，山东省旅游局采用"联合推介，捆绑营销"的模式，结合十七个地级市，整合国内外主流媒体资源，通过持续性的创意策划和广告投放，开启了中国史无前例的省域旅游品牌大规模、轰动式营销推广。在之后的不断探索中，山东省逐步建立起以省域品牌"好客山东"为基本定位，集合城市品牌、产品品牌、企业品牌、节事品牌等构筑而成的"金字塔"品牌谱系。

在很短的时间内，浅显易懂、朗朗上口的"好客山东"获得了广泛的社会认同，并引发全国各省市区的争相效仿。

一、城市品牌

以"好客山东"为统领，带动十七个城市和数十个县市区的地域品牌建设，"泉城济南""逍遥潍坊""亲情沂蒙""运河古城""文化济宁""江北水城""好运荣成"等一系列地域品牌，彰显出山东丰富多元、个性鲜明的文化旅游资源。

二、资源品牌

适时推出山东独有，别处难寻，具有唯一性和排他性的六大核心资源品牌：

- 孔子在这里诞生——"游三孔、知天下"；
- 泰山在这里崛起——"登泰山，保平安"；
- 奥运在这里扬帆——"亲蓝海，享休闲"；
- 黄河在这里入海——"赏奇观、抒豪情"；
- 长城在这里始建——"读齐鲁，做好汉"；
- 运河在这里重建——"品水城、览古今"。

三、产品品牌

"好客山东"整合全省优质旅游产品，推出"三项百种旅游产品"以及"山东三珍""山东客栈""鲁菜馆"等特色产品。这些产品的推出，使游客对"好客山东"有了更具象化的认知和向往，极大地调动了省内特色旅游产品的研发、生产和销售，凸显发展旅游的关联性和带动性。

四、节日品牌

围绕元旦、春节、元宵节，整合冬季旅游节庆、民宿活动、春节购物等，推出"好客山东·贺年会"；整合夏季旅游节庆、民俗活动、滨海旅游季等，推出"好客山东·休闲汇"，统一策划、统一宣传，营造全域过大年、休闲旅游的氛围，把每一场节日活动都当作营销盛会来打造，激发了齐鲁大地传统文化的活力，培育了休闲度假的消费热潮。

五、目的地品牌

推出山东十大文化旅游目的地,包括:"仙境海岸""文化圣地""平安泰山""齐国古都""天下泉城""儒风运河""水浒故里""黄海入海""亲情沂蒙""华夏龙城",形成具有鲜明山东特色的目的地品牌。

六、O2O品牌

2015年,推出"山东旅游O2O泰山会盟",与时俱进,挺进"互联网+"时代,再一次引领行业之先。首届"泰山会盟"集结了国旅、中青旅、康辉等知名旅行社,港中旅、万达、上海锦江等全国大型旅游投资集团,携程、去哪儿、驴妈妈等全国知名线上旅游运营商,以及旅游风险投资公司、知名品牌连锁饭店和山东的旅行社、景区、饭店等众多涉旅企业,在线上线下进行互通、互动、互联,构筑起全国最大的旅游O2O对接平台。一举将其打造为促进旅游产业与互联网融合发展的行业盛会。

从2007年旅游总收入1 652.1亿元全国排名第六,到2018年旅游总收入1.05万亿元全国排名第三,"好客山东"省域旅游品牌的成功定位与推广在山东旅游产业整体提升中功不可没。

资料来源:旅游营销策划,有删改。

【思考和讨论】

"好客山东"省域旅游品牌是如何根据山东省的自然、历史、文化禀赋进行定位的?这一品牌谱系具体包含哪些内容?

单元二
竞争战略

2.1 识别竞争对手

据说,在某个自然保护区里,人们为了保护鹿,就消灭了鹿的天敌——狼。鹿没有了天敌,生活很是悠闲,不再四处奔波,而大量繁衍,引起了一系列的生态问题,致使瘟疫在鹿群中蔓延,鹿大量死亡。护养人员只得再次引进了狼,鹿和狼之间又展开了残酷的生存竞争。鹿群虽然也大量死亡,但显得生机勃勃,恢复了往日的灵秀。

竞争在自然界如此重要,在企业之间也同样如此。通过竞争,可以优胜劣汰；通过竞争，可以增强组织活力。在市场竞争日趋白热化的今天，企业时时刻刻都面临着威胁与挑战。在激烈的竞争环境下求得生存与发展，最重要的一点就是从战略的角度制定企业的营销战略。

制定竞争战略，企业首先要了解谁是自己的竞争对手。从表面上看，识别竞争者是一项非常简单的工作。但是，需求的复杂多变、技术的快速发展和演进、产业的发展使得处于市场竞争中的企业面临复杂的竞争形势，一个企业可能被新出现的竞争对手打败，或者由于新技术的出现和需求的变化而被淘汰。企业必须密切关注竞争环境的变化，了解行业竞争态势和自己的竞争地位。只有知己知彼，方能百战不殆。

2.1.1 从市场角度来划分的竞争者类型

从市场角度划分的竞争者类型如表3-2所示。

表3-2 从市场角度划分的竞争者类型

类型	特点	举例
品牌竞争者	同一行业以相似的价格向相同的顾客提供类似产品或服务的其他企业	丰田、本田、别克
品种竞争者	提供同种或同类产品，但规格、型号、款式、档次不同的企业	苹果、三星、华为
品类竞争者	提供不同种类的产品，但满足和实现消费者同一种需要的企业	某铁路公司、某航空公司
愿望竞争者	提供不同产品，满足消费者不同愿望的企业	某旅游公司、某房产公司

2.1.2 中小企业竞争对手确定依据

在激烈的市场竞争中，识别出真正的竞争对手对中小企业来说是非常重要的。若对竞争者的确定非常模糊，将导致两种可能的结果：一是忽视了潜在的竞争威胁，后悔不及；二是浪费大量精力在不必要的地方错失更好的发展机会。那么，企业该如何确定真正的竞争对手呢？

1. 生产规模接近

规模越接近者，就越有可能成为最主要的竞争对手。规模经济将把成本降低到一个比较满意的水平，生产规模越接近，意味着竞争企业的基础竞争力量越接近。双方由于成本趋同，在价格战中就极有可能针锋相对。

2. 产品形式接近

产品的使用价值、性能以及由产品性能转化而来的产品名字（如洗发水、汽车、果汁、酸奶等）相同，生产与包装工艺也非常接近。这样的企业肯定会形成竞争关系。

3. 价格接近

市场零售价格，一般是市场的终端价格，是直接面向消费者的价格。它不但反映着产品的价值，也反映着顾客的接受程度。市场零售价格接近的产品，通常会成为竞争性产品。

4. 目标市场一致

目标市场相同，就仿佛是在同一战场上作战。一般企业面对的目标市场有三种：批发商、零售商、消费者。企业之间所使用的批发商、零售商与目标消费者重合的越多，竞争性越强。

5. 定位档次相同

定位档次相同的产品，常常会成为名副其实的竞争性产品。不在同一档次的产品，没有充分的竞争理由，因为低档产品缺乏与高档产品竞争的实力。尽管低档产品有可能带来与高档产品相差不多的使用价值，但它给消费者带来的满足感和满意度却相去甚远。例如，在汽车行业，不能因为奔驰汽车和大众桑塔纳汽车都是汽车而成为主要竞争对手。产品的档次相同，往往也意味着它们的目标市场基本相同，其竞争方向具有一致性。

2.2 分析、评估竞争对手

企业的资源与能力决定了其能否执行某种战略。因此，企业需要分析、评估每个竞争对手的优势与劣势，并与自身情况相比较。

2.2.1 收集竞争对手信息

进行竞争对手分析的主要信息来源包括竞争情报咨询研究机构、各种信息调查报告、行业研究报告、报纸和专业杂志、行业协会出版物、互联网及数据库、工商企业名录、企业内部员工、供应商、业内资深人士、销售商、各项展会、企业广告、企业新闻、一手调研等。

2.2.2 分析竞争对手的优势与劣势

根据收集到的有关竞争对手的关键业务数据，如市场占有率、销售量及其变化情况、投资回报率、毛利率、商品价格及变动情况、设备设施的购置及利用能力、服务方式与促销方式、渠道设计及变更、产品创新等，就可以比较全面地分析竞争对手的优势与劣势，并作出竞争实力的综合评价。

2.3 判断竞争对手反应模式

接下来，企业还要根据对竞争对手的了解，判断其对竞争性措施的可能反应，如表3-3所示。

表3-3 竞争对手反应模式

类型	特点
从容型竞争者	对竞争者的行动没有迅速反应或反应不强烈
选择型竞争者	只对竞争者某些类型的竞争行为作出反应，如降价
凶狠型竞争者	对竞争者的任何竞争行为都会作出激烈和强烈的反应
随机型竞争者	对竞争者的行为并不表现出可预知的反应模式

小试牛刀

选择一家学校附近的小企业，尝试找出该企业所有类型的竞争对手，从中选择一家竞争企业并搜集对方的各类信息，分析评价一下该企业的优势与劣势。

1. 你选择的企业名称、类型：_____
2. 竞争对手辨别

愿望竞争对手：_____

品种竞争对手：_____

品类竞争对手：_____

品牌竞争对手：_____

3. 企业竞争优势与劣势

优势：_____

劣势：_____

2.4 明确竞争战略

企业要想在激烈的市场竞争中立于不败之地，就必须树立竞争观念，制定正确的市场竞争战略，努力取得竞争的主动权。

竞争战略是企业为了自身的生存和发展，为在竞争中保持或提高其竞争地位而采取的各项策略的组合。企业基本的竞争战略包括成本领先战略、差异化战略和集中战略三种（见表3-4）。正确的市场竞争战略，是企业实现其市场营销目标的关键。企业要从自身出发，选择适合自己的竞争战略作为其主导战略。

案例
沃尔玛的成本领先战略

知识点：
成本领先战略

表3-4　三种基本的竞争战略

竞争范围	竞争优势	竞争战略
广阔市场	低成本	成本领先战略
	独特性	差异化战略
单一细分市场	专业化	集中战略

2.4.1 成本领先战略

成本领先战略是指通过有效途径，使企业的全部成本低于竞争对手的成本，以获得同行业平均水平以上的利润。实现成本领先战略，必须在成本控制上进行大量的管理工作，制定一整套具体措施，既要有先进的设备，也要积极降低经验成本，控制间接费用，压缩研究开发、服务、销售、广告等方面的成本。

1. 成本领先战略的类型

成本领先战略的类型及其特点如表3-5所示。

表3-5　成本领先战略

类型	特点
简化产品型	使产品简单化，即将产品或服务中添加的花样全部取消
改进设计型	改进产品的设计或形成成本优势
材料节约型	控制原材料来源，实行经济批量采购与保管，并且在设计和生产过程中注意节约原材料来降低产品成本
人工费用降低型	在劳动密集型行业，通过获得廉价劳动力，或者兼并、加强控制等途径，降低各项间接费用，取得成本优势
生产创新型	生产过程的创新和自动化

2. 成本领先战略的优点

（1）获得价格竞争优势。在与竞争对手的斗争中，具备进行价格战的良好条件。在竞争对手无利可图、只能保本的情况下，本企业仍可获益。

（2）增强讨价还价能力。由于企业的低成本，对原材料、零部件的价格上涨具有比竞争对手更强的承受能力，同时由于低成本企业对原材料或零部件的需求量大，因而为获得廉价的原材料或零部件提供了可能，也便于和供应商建立稳定的协作关系。

（3）设置进入障碍，降低替代品威胁。低成本企业可用削弱价格的办法稳定现有顾客的需求，降低替代品所带来的不利影响。当然，如果企业要较长时间地巩固现有竞争地位，还必须在产品及市场上有所创新。

（4）实现成本领先良性循环。大多数消费者对价格是比较敏感的，因此低成本企业往往能获得较大的市场份额、较高的市场占有率和较高的收益回报，使企业有更多的资金投入到设备更新换代中，先进的设备带来更高效率并最终使成本更低（如图3-17所示）。

3. 成本领先战略的缺点

（1）投资较大，退出壁垒高。企业只有具备先进的生产设备，才能高效率地进行生产，以保持较高的劳动生产率。由于企业集中大量投资于现有技术及现有设备，提高了退出壁垒，因而对新技术的采用以及技术创新反应迟钝甚至采取排斥态度。

图3-17　成本领先良性循环

（2）技术变革会导致生产过程工艺和技术的突破，使企业过去大量投资和由此产生的高效率一下子丧失优势，并给竞争对手造成以更低成本进入的机会；相反，竞争者通过模仿或投资于现代化设备而学会降低成本。

（3）容易忽视市场需求的变化。将过多的注意力集中在生产成本上，可能导致企业忽视顾客需求特性和需求趋势的变化，忽视顾客对产品差异的兴趣。若行业成本上涨，将使企业难以保持足够的价格优势，过度削价反而导致利润降低。

4. 成本领先战略的适用条件

市场需求具有较大的价格弹性；所处行业的企业大多生产标准化产品，从而使价格竞争决定企业的市场地位；实现产品差异化的途径很少；多数客户以相同的方式使用产品；用户购物从一个销售商变为另一个销售商时，不会发生转换成本，因而特别倾向于购买价格最优惠的产品。

同步案例
格兰仕的成本领先战略

格兰仕在家电行业中因其成本及价格竞争优势素有"价格屠夫"之称，格兰仕的成本领先战略主要表现在：

（1）生产规模的迅速扩大带来了生产成本的大幅度降低。

（2）廉价劳动力和高劳动强度、高劳动生产率。

（3）降低采购成本、行政管理成本、营销成本和流通成本。

格兰仕的工人创造了让世界吃惊的速度。在其冲压车间，工人重复将钢板冲压成形，一个熟练工人每小时能够做到700~800件，而在隔壁厂房现代化的冲压设备基本上只能维持在600件左右。

格兰仕三班倒24小时开工的生产方式将对手远远抛在后面，虽然松下的微波炉产量曾达到了创纪录的190万台，但仍然只是格兰仕的1/8；格兰仕采用严格的计件工资制，如果速度无法提高，就意味着没钱可挣，而竞争对手通常只能做到一半的产量。

然而，技术的进步难以预料，一旦在微波炉制造上有革命性的技术出现，导致成本大幅度下降，出现在价格上有明显优势、性能优越的新产品，或者有微波炉的替代产品出现，格兰仕要适应新的竞争就会困难。除此之外，对于此前盈利水平较高的格兰仕来说，原材料、人工成本上升，人民币升值，出口退税减少等外在因素也会有影响。

近十年，格兰仕从微波炉制造企业向综合性家电集团转变，积极进行战略转型，从靠低价和成本优势追求规模，转为依靠研发创新提供更高附加值的产品。

【案例思考】

格兰仕早期是如何实现并保持成本领先战略的？现在为什么开始了新的战略转型？

案例
"斯沃琪"差异化经营

差异化战略

2.4.2　差异化战略

差异化战略是指为使企业产品与竞争对手的产品有明显区别，形成与众不同的特点进而形成竞争优势而采取的战略。实现差异化的途径多种多样，如产品设计、品牌形象、技术特性、销售网络、服务方式、促销手段等。实现差异化的途径（部分）如表3-6所示。

表3-6　实现差异化的途径（部分）

项目	途径	项目	途径
产品	特征 性能 耐用性 可靠性 易修理性 式样 设计	人事	能力 言行举止 可信度 敏感度 可交流性
服务	送货 安装 顾客培训 咨询服务 修理 其他服务	形象	标志 传播媒体 环境

1. 差异化战略的优点

（1）企业利用顾客对其特色的偏爱和忠诚，降低对产品价格的敏感性，使企业避开价格竞争，在特定领域形成独家经营的市场，保持领先。而且，顾客对企业（或产品）的忠诚度形成了强有力的进入障碍，新进入者要进入该行业，

案例
今麦郎的差异化战略

需要花很大气力去克服这种忠诚度。

（2）具有独特价值的差异化产品使购买者别无选择，可以降低顾客对价格的敏感程度，给企业产品带来较高的溢价，削弱了顾客讨价还价的能力，也增强了企业对供应者讨价还价的能力。

（3）差异化的产品特色降低了产品的可替代程度，在与替代品的较量中，比其他同类企业处于更有利的地位。

2. 产品差异化战略的缺点

（1）保持产品差异化往往以高成本为代价，因为企业需要进行广泛的研究开发、产品设计、保持高质量原料和争取顾客支持等工作。

案例
贝因美的差异化战略

（2）丧失部分市场占有率。企业要想取得产品差异，有时要放弃获得较高市场占有率的目标，因为它的排他性与高市场占有率是矛盾的。并非所有的顾客都愿意或能够支付产品差异所形成的较高价格。同时，买主对差异化所支付的额外费用是有一定支付极限的，若超过这一极限，低成本、低价格的企业就会显示出竞争力。

（3）容易被竞争者模仿。某些技术含量不高的差异化特征（如产品外观、包装等）很容易为竞争对手所模仿，并且竞争对手可能以更低的价格出售该产品。

3. 差异化战略的适用条件

有多种使产品或服务差异化的途径，而且这些差异化是被某些用户视为有价值的：消费者对产品的需求不同；奉行差异化战略的竞争对手不多；企业具有很强的研究开发能力，研究人员有创造性的眼光；企业具有以其产品质量或技术领先的声望；企业具有很强的市场营销能力。

一般来讲，为了竞争及生存的需要，企业以产品差异化战略打头，使整个市场的需求动向发生变化，其他企业就会纷纷效仿跟进，使差异化产品逐渐丧失优势，最后变为标准产品。此时企业再采用成本领先战略，努力降低成本，使产品产量达到规模经济，以提高市场占有率来获得利润。这时市场发展成熟了，企业之间的竞争趋于激烈。要想维持竞争优势，就必须通过新产品开发创造新的产品价值，开始新一轮的战略循环。

2.4.3 集中战略

集中战略，也称聚焦战略，是指企业把经营的重点目标放在某一特定购买者集团，或某种特殊用途的产品，或某一特定区域内，来建立企业的竞争优势及市场地位。由于资源有限，一个企业很难在其产品市场上展开全面竞争，因而需要抓住一定的重点，以期产生巨大、有效的市场力量。集中战略追求的目标不是在较大的市场上占有较小的市场份额，而是在一个或几个市场上有较大的甚至是领先的市场份额。

聚焦战略

同步案例
天湖鲜啤——聚焦战略高筑铁壁

抚顺天湖啤酒有限公司坐落于辽宁中部城市群。多年来，天湖啤酒在四周分布着沈阳华润、鞍山华润等全国性及地方性强势企业的包围下不但没有被冲击，反而实现了稳步发展。截至2019年年末，天湖啤酒资产总额达到3.83亿元，年生产能力为20万千升。

它的秘密武器说起来简单，那就是天湖鲜啤。天湖啤酒毗邻风景优美的萨尔湖，其地下水源天然适合于啤酒酿造。鲜啤酒不需要高温杀菌，简化的工序不但降低了成本，还保持了啤酒原始的新鲜口味，并且由于含有活性酵母细胞，使鲜啤酒更加富有营养价值。天湖人找到了产品与市场的结合点，全力以赴培育抚顺人的"鲜啤文化"，力求在鲜啤的制作上精益求精。辛勤的耕耘最终收获了丰厚的回报：天湖啤酒在抚顺的市场占有率约90%，其中80%是天湖鲜啤。

天湖啤酒这一聚焦战略定向培育了消费者的口味习惯，构筑了坚实的市场进入壁垒。就像沿海人拒绝不新鲜的海货一样，抚顺人已难以接受普通熟啤酒的口味。在坚守聚焦战略的同时，天湖人还开阔思路，适时根据高端市场的变化开发了无论是外观还是口味都秉承了鲜啤淡爽路线的天湖干啤和天湖绿啤，在继承的基础上有所创新，因而易为养成口味偏好的消费者所接受，具有极强的竞争力。这是天湖人在准确把握消费者心理的基础上，拓展聚焦战略的成功尝试。

【案例思考】
结合案例，试评价天湖啤酒的聚焦战略。

1. 集中战略的类型

集中战略的类型如表3-7所示。

表3-7 集中战略的类型

类型	特点
产品线集中战略	对于产品开发和工艺设备成本偏高的行业，如汽车工业和飞机制造业，通常以产品线的某一部分作为经营重点，这易于凝聚成强大的战斗力，获得竞争优势
顾客集中战略	将经营重心放在不同需求的顾客群上，是顾客集中化战略的主要特点。有的厂家以市场中高收入顾客为重点，产品集中供应注重最佳质量，而不计较价格高低的顾客
地区集中战略	划分细分市场以地区为标准。如果一种产品能够按照特定地区的需要实行重点集中，也能获得竞争优势。此外，在经营地区有限的情况下，建立地区集中战略，也易于取得成本优势

2. 集中战略的优点

（1）集中使用整个企业的力量和资源，将目标集中于特定的细分市场，可以更好地调查研究与产品有关的技术、市场、顾客以及竞争对手等各方面的情况，做到"知彼"，更好地服务于某一特定的目标。

（2）由于避开与竞争对手大范围抗衡，对于一些力量不足的中小企业来说，集中战略可以增强它们相对的竞争优势，提高企业在某一细分市场中的实力；即使对于大企业来说，采用集中战略也能避免与竞争对手的正面冲突，使企业处于竞争的缓冲地带。

根据中小型企业在规模、资源等方面所固有的一些特点以及集中战略的特性，集中战略对中小型企业来说可能是最适宜的战略。

3. 集中战略的风险

集中战略对环境的适应能力较差，如果目标市场突然变化，如价格猛跌，购买者兴趣转移等，企业就有可能陷入困境；如果目标市场非常具有吸引力，竞争对手就可能进入企业选定的细分市场，并采取优于企业的更集中的战略；小市场中的顾客需求可能与大市场中一般顾客的需求趋同，此时集中战略的优势就会被削弱或消失。因此，企业在使用单一产品或服务的集中战略时，要特别谨慎。

4. 集中战略的适用条件

集中战略的适用条件包括：存在企业为之提供产品与服务的细分市场；能在选定的细分市场中实现成本领先或差异化；在细分市场上没有其他企业采用相同的战略；企业资源不允许其追求广泛的细分市场。

即使满足这些条件，企业在实施集中战略时，也要尽可能选择那些竞争对手最薄弱的目标和最不易受替代产品冲击的项目。

🔅 小试牛刀

请对你在前一小节选择的小企业的竞争战略进行分析与评价，并为之制定更合理的竞争战略。

1. 企业名称：_____

2. 目前的竞争战略：_____
_____

3. 竞争战略优化思路：_____
_____

2.5 选择竞争策略

市场竞争策略是指企业依据自己在市场上的地位，为实现竞争策略、适应竞争形势而采用的具体行动方式。企业在市场上的竞争地位，以及企业可能采取的竞争策略，往往要受到企业所在行业竞争结构的影响。根据企业在市场上的竞争地位，通常把企业分为四种类型：市场主导者、市场挑战者、市场跟随者和市场利基者。它们采取的竞争策略分别是：防御策略、进攻策略、追随策略、利基策略。

案例
丽思卡尔顿的竞争之道

2.5.1 行业竞争结构

根据"竞争战略之父"迈克尔·波特（Michael Porter）的观点，一个行业中的竞争，不只是在原有竞争对手中进行，而是存在五种基本的竞争力量：潜在进入者、替代品生产者、需求方、供应方以及行业中现有企业（见图3-18）。这五种基本竞争力量的强弱，决定着行业竞争的激烈程度，从而决定着该行业的最终获利潜力以及资本向该行业的流向程度，这一切最终决定着企业保持高收益的能力。

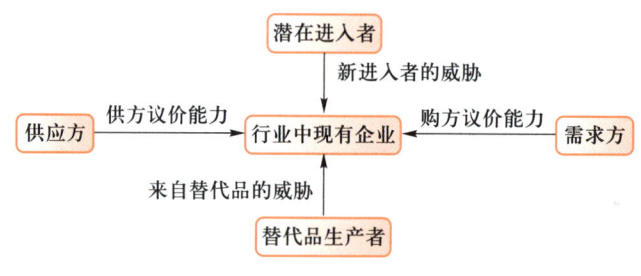

图3-18　行业竞争结构

1. 行业中的现有企业

行业中的现有企业指本行业现有的与企业生产同样产品的其他厂家，这些厂家是企业的直接竞争者。

2. 潜在进入者

当某一行业前景乐观、有利可图时，会引来新的竞争企业，使该行业增加新的生产能力，并且这些企业要求重新瓜分市场份额和主要资源。另外，某些大型企业还经常利用其资源优势从一个行业侵入另一个行业。新企业的加入，可能导致产品价格下降，利润减少。

3. 替代品生产者

与某一产品具有相同功能、能满足同一需求的不同性质的其他产品，属于替代品。随着科学技术的发展，替代品将越来越多，某一行业的所有企业都将面临生产替代品的其他行业企业的竞争。

4. 供应方和需求方

企业供应方（指原材料等供应方或者上游销售商）与需求方（下游销售商）会利用其讨价还价的能力来限制企业的发展。

> **文化与素养**
> "与狼共舞"的心态选择

如果把身处复杂的竞争环境称为"与狼共舞"的话，那么竞争中所持有的心态直接决定着企业的生死存亡。对待竞争有三种普遍存在的社会文化心态：

第一种心态叫作"竞争性应激症"。在羊圈旁边用铁链子拴着一条狼，再对一只在羊圈内受到安全保护的羊喂养上等草料。但是，这只处于高度紧张状态下的羊很少吃草，一个月内便患上应激症死了。这是对强大对手过度恐惧而引起自身衰亡的症状。

第二种心态叫作"反向激励效应"。本单元2.1提到的鹿和狼之间的生存竞争说明，在一定程度上与强大对手展开竞争，反而会成为激励自身生存和发展的动力。

第三种心态叫作"毫不畏惧"。不怕"狼"，认为自身并不是受优越条件保护的"宠物"，而是在竞争环境中成长的"野生动物"，激烈竞争反而激励它们走向更加广阔的市场。

上述三种不同的心态揭示了问题的实质：面对强大的竞争对手，弱小的企业要获得生存与发展，必须像鹿或其他野生动物一样学会在竞争中创造生存空间。否则，固守在狭小空间里接受保护，就会像羊惧怕狼的威胁一样患上竞争性应激症而消亡。

2.5.2 市场主导者竞争策略

市场主导者是指在相关产品的市场上占有率最高的企业。大多数行业都有一家企业被认为是市场主导者，它在价格变动、新产品开发、分销渠道的宽度和促销力度等方面处于主导地位，为同业者所公认。它是市场竞争的先导者，也是其他企业挑战、效仿或回避的对象，如5G手机市场的华为公司、软饮料市场的可口可乐公司、日用消费品市场的宝洁公司、羽绒服市场的波司登公司等。这种主导者几乎各行各业都有，它们的地位是在竞争中自然形成的，但不是固定不变的。市场主导者所具备的优势包括：消费者对品牌的高度忠诚度、分销渠道的建立及高效运行、市场营销经验的迅速积累等。

市场主导者为了维护自己的优势，保住自己的领先地位，通常可采取三种策略：扩大市场总需求；保护市场占有率；提高市场占有率。

1. 扩大市场总需求

当一种产品的市场总需求扩大时，受益最大的是处于领先地位的企业。一般说来，市场主导者可以通过三种途径扩大市场需求总量：发现新用户；开辟新用途；增加使用量。

（1）发现新用户。每种产品都有吸引新用户、增加用户数量的潜力，因为有些消费者可能对某种产品还不了解，或产品定价不合理，或产品性能有缺陷等。一个制造商可从三个方面找到新用户。如香水企业可设法说服不用香水的妇女甚至是男士使用香水；向其他国家推销香水。

（2）开辟新用途。为产品开辟新用途，可扩大需求量并使产品经久不衰。例如，碳酸氢钠的销量在100多年间一直没有起色，它虽有多种用途，但需求量都不大。后来一家企业发现有些消费者将该产品用作电冰箱除臭剂，于是大力宣传这一新用途，使该产品销量大增。

（3）增加使用量。促进用户增加使用量是扩大需求的一种重要手段。例如，宝洁公司劝告消费者在使用海飞丝洗发水时，每次将使用量增加一倍效果更佳。又如，法国的一家轮胎公司宣传法国南部的旅馆服务如何优良，并出版有详细地图的旅游指南，诱导巴黎人开车到南部去欢度周末，引导人们更多地开车去旅游，以增加轮胎的消耗量。

2. 保护市场占有率

处于市场领先地位的企业，必须时刻防备竞争者的挑战，保卫自己的市场阵地。例如，可口可乐要防备百事可乐，中国移动要注意中国联通等。这些挑战者都是很有实力的，主导者稍不注意就可能被取而代之。那么，市场主导者如何防御竞争者的进攻呢？

（1）阵地防御。阵地防御就是在现有阵地周围建立防线。这是一种静态防御，是防御的基本形式，但不能作为唯一形式。对企业来说，单纯采用消极的静态防御，只保卫自己目前的市场和产品，是一种市场营销近视症。例如，当年亨利·福特对他的T型车市场的营销近视症就造成了严重的后果，使得福特公司从顶峰跌到了濒临破产的边缘。

（2）侧翼防御。侧翼防御是指市场主导者除保卫自己的主要阵地外，还应建立某些辅助性的基地作为防御阵地，或必要时作为反攻基地。特别是注意保卫自己较弱的侧翼，防止对手乘虚而入。"干掉康师傅的，不是统一，而是外卖；打败大润发的，不是沃尔玛，而是电商"。网络段子虽是戏言，也不无道理。

（3）以攻为守。以攻为守是一种先发制人式的防御，即在竞争者尚未进攻时，先主动攻击它。这种战略主张，预防胜于治疗，事半功倍。具体做法是：当竞争者的市场占有率达到令市场主导者感到危险的高度时，市场主导者就对它发动攻击；或者是对市场上的所有竞争者全面发动攻击，使得人人自危。

（4）反击防御。当市场主导者遭到对手发动降价或促销攻势，或改进产品、占领市场阵地等进攻时，不能只是被动应战，应主动反攻入侵者的主要市场阵地。

同步案例
阿里巴巴先发制人，击败eBay

作为中国乃至世界B2B业务的领先者，阿里巴巴时刻警惕着可能的竞争威胁。2003年1月，当C2C行业的全球领先者eBay设立工业产品市场部，开始进军B2B业务时，阿里巴巴立即在当年的7月创立C2C网站"淘宝网"，在中国市场挑战eBay。两年之后，阿里巴巴很骄傲地说，淘宝的建立正是"为了保护公司的B2B"。到2006年，淘宝已占领中国电商市场70%的份额，而eBay却直线下降，最终只能放弃中国的电商市场。

【案例思考】
1. 阿里巴巴用什么竞争策略击败了eBay？
2. 淘宝目前又面临哪些新的竞争威胁？谈谈你的应对建议。

（5）运动防御。这种策略的目的是，不仅要做好目前阵地的防御，而且要扩展到新的市场阵地，并以之作为未来防御和进攻的中心。市场扩展可通过两种方式实现：一是市场扩大化，指企业将其注意力从目前的产品转到有关该产品的基本需求上，并全面研究开发有关该项需求的科学技术。例如，把"石油"公司变成"能源"公司就意味着市场范围的扩大，不限于石油一种能源，而是要覆盖整个能源市场。二是市场多元化，即向无关的其他市场扩展，实行多元化经营。

（6）收缩防御。在所有市场阵地上全面防御有时会得不偿失，在这种情况下，最好是实行战略收缩，即收缩防御，也就是放弃某些疲软的市场阵地，把力量集中到主要的市场阵地上去。例如，日本五十铃公司放弃了轿车市场，转而集中生产占优势地位的卡车。

3. 提高市场占有率

市场主导者设法提高市场占有率，也是增加收益、保持领先地位的一个重要途径。美国的一项研究表明，市场占有率是与投资收益率有关的重要变量之一。市场占有率越高，投资收益率相应就越大。市场占有率高于40%的企业，其平均投资收益率相当于市场占有率低于10%者的3倍。

不过，市场主导者在追求提高市场占有率之前必须认真筹划，以免发生成本上升过快，导致市场占有率上升，利润反而下降的问题。在现有市场上扩大市场份额，实际上意味着要向其他企业发起进攻，虽说是处于市场主导地位的企业，但也须慎重，并要选择好进攻对象。

（1）进攻强者还是进攻弱者？多数企业认为进攻弱者费时少、风险小，但在提高自身能力方面往往会一无所获；进攻强有力的竞争者则可能大大提高自己，激发出超水平的发挥。

（2）进攻近者还是远者？所谓"近"与"远"，是指与本企业经营范围、经营产品的相近程度。一般企业容易将经营范围与自己最相似的竞争者作为进攻对象，这样做的风险是成功后可能引来更强有力的新公司介入，树立起更危险的"敌人"。

总之，市场主导者必须善于扩大市场需求总量，保卫自己的市场阵地，防御挑战者的进攻，并在保证收益增加的前提下，提高市场占有率。这样，才能持久地保持市场领先地位。

2.5.3 市场挑战者竞争策略

市场挑战者和市场跟随者，是指那些在市场上处于次要地位（第二、第三甚至更低地位）的企业，如中国电商市场的京东、苏宁，全球软饮料市场的百事可乐等。这些处于次要地位的企业可采取两种战略：一是争取市场领先地位，向竞争者挑战，即成为市场挑战者；二是安于次要地位，在"共处"的状态下求得尽可能多的收益，即成为市场跟随者。每个处于市场次要地位的企业，都要根据自己的实力和环境提供的机会与风险，决定自己的竞争策略是"挑战"还是"跟随"。

市场挑战者如果要向市场主导者和其他竞争者挑战，首先必须确定自己的策略目标和挑战对象，然后要选择适当的进攻策略。

1. 确定策略目标和挑战对象

策略目标同进攻对象密切相关，对不同的对象有不同的目标和策略。一般来说，有三种挑战对象可供选择：

（1）攻击市场主导者。这种进攻风险很大，然而吸引力也很大。市场挑战者需仔细调查研究市场主导者的弱点和失误：有哪些未满足的需求，有哪些使顾客不满意的地方。找到市场主导者的弱点和失误，就可作为自己进攻的目标。例如，拼多多瞄准下沉市场，在三至五线城市大力推广，从淘宝、京东等电商先行者中获得了数以亿计的用户。

（2）攻击与自己实力相当者。市场挑战者对那些与自己势均力敌的企业，可选择其中经营不善发生亏损者作为进攻对象，设法夺取它们的市场阵地。例如，作为在线旅游服务网站的两大巨头，去哪儿网与携程网之间的争执一直引人注目。携程网高调宣布投入巨额专项资金，声称要与竞争对手一决胜负。去哪儿网在次日马上做出隔空回应，加大投入以升级其智能服务平台。

（3）进攻地方性小企业。对一些小型企业中经营不善、财务困难者，可夺取它们的顾客，甚至兼并或收购这些企业。

2. 选择适当的进攻策略

在确定了策略目标和进攻对象之后，市场挑战者可考虑采取的进攻策略包括：

（1）正面进攻。正面进攻是指集中力量攻击对手的强项而不是弱点，如在产品开发、定价、广告等方面较量。正面进攻的胜负取决于谁的力量更强。因此，若无在相应项目上优于对手的资源和能力，一般不宜采取此策略。

（2）侧翼进攻。侧翼进攻是指选择对手的弱点或"缺口"，以己之长，攻彼之短。如进攻偏僻地区市场或某个细分市场，有时这些地区市场几乎没有竞争者的推销力量，或这些细分市场并未被竞争者明确意识到，因此是最容易取得攻击胜利的薄弱之处。

（3）包围进攻。包围进攻是指看准敌方一块阵地后，从前、后、左、右几条战线上同时进攻，迫其全面防守。如产品包围战，就是针对竞争者的产品，推出质量、风格、特点各异的同类产品，以此淹没对手的产品，最后夺取市场。

（4）迂回进攻。迂回进攻是一种间接进攻策略。它不是进攻竞争者现有的市场或地盘，相反，对这些产品和市场采取回避态度，绕过竞争者，或是开发新产品去满足未被任何竞争者满足的市场；或是开展多角化经营，进入与竞争者不相关的行业；或是寻找新的、未被竞争者列入经营区域的地区市场。

（5）游击式进攻。游击战在军事上是以小胜大、以弱胜强的有效战略，在市场营销上也不例外。其典型做法是向竞争者的不同领域或不同部位发动小规模、时断时续的攻击，骚扰对手，使之不得安宁，疲于应付，最终逐渐被削弱和瓦解。

2.5.4 市场跟随者竞争策略

并非所有在行业中处于第二或第三位的企业都可以或愿意充当市场挑战者。实践证明，成功采取跟随策略的企业也能获取高额利润。如一些公司通过模仿或改进革新者推出的新产品，将其大量推向市场销售，虽未必夺得行业第一，却能获得很高的利润，因为它们不必承担用于创新的高额费用，也不用冒创新的风险。相反，进攻策略很容易引起市场主导者的反击。因此，相当多的企业都宁愿当市场跟随者。在诸如冶金、化学、石油冶炼等市场同质或产品差异性很小而基础投资规模却很大的行业尤其如此。

市场跟随策略的核心是寻找一条避免触动竞争者利益的发展道路。但跟随并不等于被动挨打。况且，市场跟随者通常又是市场挑战者攻击的目标，因此，市场跟随者还要学会在不刺激强大竞争对手的同时保护好自己。

1. 紧密跟随

紧密跟随，是指在各个子市场和市场营销组合方面，尽可能仿效市场主导者。这种市场跟随者有时好像是市场挑战者，但只要它不从根本上侵犯市场主导者的地位，就不会与之发生直接冲突，有些甚至被看成是靠拾取市场主导者残余谋生的寄生者。

2. 距离跟随

距离跟随，是指市场跟随者在主要方面，如目标市场、产品创新、价格水平和分销渠道等方面都追随市场主导者，但仍与市场主导者保持若干差异。这种市场跟随者可通过兼并小企业使自己发展壮大。

3. 选择性跟随

选择性跟随，是指市场跟随者在某些方面紧跟市场主导者，而在另一些方面各行其是。也就是说，它不是盲目跟随，而是择优跟随，在跟随的同时发挥自己的独创性，但不进行直接竞争。这类市场跟随者之中有些可能发展成为市场挑战者。

此外，还有一种"市场跟随者"在国际市场上十分猖獗，即知名品牌的伪造者或仿制者，它们的存在对许多国际驰名的大公司是一个巨大的威胁。现在这种假冒活动的危害在我国也日益严重。对此，必须坚决予以取缔。

2.5.5 市场利基者竞争策略

市场利基者，也被称为市场补缺者，是指精心服务于市场的某些细小部分，而不与主要的企业竞争，通过专业化经营来占据有利市场位置的企业。行业中的小企业专心致力于市场中被大企业忽略的某些细分市场，通过专业化经营来获得最大限度的收益，这种有利的市场位置被称为"利基"，而占据这种位置的企业就是市场利基者。它们虽然在整体市场上仅占很少的份额，但比其他公司更充分地了解和满足利基市场的需求，能够通过提供高附加值的产品而得到高利润和快速增长。

拓展方舟
利基市场

利基市场（Niche Market），指那些高度专门化的需求市场。Niche来源于法语，法国人信奉天主教，在建造房屋时，常常在外墙上凿出一个不大的神龛，以供放圣母玛利亚。它虽然小，但边界清晰，洞里乾坤，因而后来被引用形容大市场中的缝隙市场。在英语里，它还有一个意思，就是悬崖上的石缝。人们在登山时，常常要借助这些微小的缝隙作为支点，一点点向上攀登。20世纪80年代，美国商学院的学者们开始将这一词引入市场营销领域。

市场利基者成功的关键：一是要选择好补缺基点；二是要选择和制定适当的补缺策略，即专业化市场营销。

1. 补缺基点的选择

选择市场补缺基点时，多重补缺基点比单一补缺基点更能减少风险，增加保险系数。因此，企业通常选择两个或两个以上的补缺基点，以确保企业的生存和发展。

2. 专业化市场营销

取得补缺基点的主要战略是通过专业化市场营销。具体来讲，就是在市场、顾客、产品或渠道等方面实行专业化。

（1）最终用户专业化。最终用户专业化是指专门致力于为某类最终用户服务，如计算机行业有些小企业专门针对某一类用户（如诊疗所、银行等）进行市场营销。

（2）垂直层面专业化。垂直层面专业化是指专门致力于分销渠道中的某些层面，如制铝厂可专门生产铝锭、铝制品和铝制零部件。

（3）顾客规模专业化。顾客规模专业化是指专门为某种规模（大、中、小）的客户服务，如有些小企业专门为那些被大企业忽略的小客户服务。

（4）特定顾客专业化。特定顾客专业化是指只对一个或几个主要客户服务，如有些租车公司专门为酒后的顾客提供代驾服务。

（5）地理区域专业化。地理区域专业化是指专为国内外某一地区或地点服务。

（6）产品或产品线专业化。产品或产品线专业化是指只生产一大类产品，如晨光文具公司专门生产文具类产品，现已发展成为全球最大的文具制造商之一。

（7）客户订单专业化。客户订单专业化是指专门按客户订单生产预订的产品。

（8）质量和价格专业化。质量和价格专业化是指专门生产经营某种质量和价格的产品，如专门生产高质高价产品或低质低价产品。

（9）服务项目专业化。服务项目专业化是指专门提供某一种或几种其他企业没有的服务项目，如肯德基宅急送专门提供上门送餐服务。

（10）分销渠道专业化。分销渠道专业化是指专门服务于某一类分销渠道，如专门生产适用于超级市场销售的产品，或专门为航空公司的旅客提供食品。

同步案例
欧莱雅的中国市场竞争策略

欧莱雅在中国的品牌主要分为大众品牌（欧莱雅、美宝莲）、高档品牌（兰蔻、赫莲娜）、专业美发产品（卡诗、欧莱雅卓韵霜）以及活性健康化妆品（薇姿、理肤泉）。目前欧莱雅集团在中国的主要竞争对手也是国际知名化妆品品牌，有雅诗兰黛、倩碧、宝洁、资生堂等。这些品牌在国内外都具有极高的知名度、美誉度和超群的市场表现。除了世界品牌在国内的混战外，欧莱雅集团还面临着国内本土品牌的袭击和进攻。面对中国化妆品市场的激烈竞争，为了尽可能争取最大的份额，欧莱雅集团主要采取了以下竞争策略：

1. 细分市场策略

第一，从产品的使用对象进行细分，有普通消费者使用的化妆品、专业使用的化妆品。专业使用的化妆品主要是指美容院等专业经营场所使用的产品。

第二，按照化妆品的品种进行细分，有彩妆、护肤、染发与护发等，并进一步对每个品种按照化妆部位、颜色等进行细分。口红，按照颜色细分为粉红、大红、无色等；按照性质细分为保湿、明亮、滋润等。如此步步细分，光美宝莲口红就达到150多种，每1~2个月就推出新款式。

第三，按照地区进行细分。由于南北、东西地区气候、习俗、文化等差异，人们对化妆品的偏好具有明显的差异。如南方由于气温高，人们一般比较少做白日妆或者喜欢使用清淡的妆饰，因此较倾向于淡妆；而北方由于气候干燥以及文化习俗的缘故，一般都比较喜欢浓妆。欧莱雅集团敏锐地意识到了这一点，按照地区推出不同的主打产品。

第四，其他细分。如按照原材料、年龄等细分。

2. 市场定位策略

由于欧莱雅集团属于世界顶级品牌，所以欧莱雅集团引入中国的品牌定位于中高档，主要分为大众品牌和高档品牌。随着竞争的加剧，欧莱雅集团的大众品牌价格开始有意识地下调，使得大众品牌中又分为不同档次，其最低价格已经接近国内品牌化妆品的价格，从而开始了中低端市场的争夺。而高档品牌则继续实行高品位策略，稳定压倒一切。

3. 广告策略

针对每个品牌的不同定位和内涵，欧莱雅集团有区别地进行宣传，以期达到最佳效果。

4. 公共沟通策略

利用文艺、选美、模特赛事、体育等活动，展现产品的特点和宣传品牌。通过与权威机构合作办理公益事项，如和国际组织共同设立"欧莱雅—联合国教科文组织世界杰出女科学家成就奖"和"联合国教科文组织—欧莱雅世界青年女科学家奖学金"，每年评选一次。这极大地提高了公司的地位和可信赖度。

从以上竞争策略可以看到，作为一家国际超级化妆品公司，欧莱雅集团非常熟悉市场，从品牌设计、品牌的引进和管理、市场定位和细分、市场份额的抢占和防御、直接营销手段和间接公共沟通策略到产品的研发等，无不展现出欧莱雅集团对各种市场营销手段的得心应手，让人眼花缭乱。

【案例思考】
1. 欧莱雅集团是如何将品牌策略、促销策略与市场定位相结合的？
2. 结合案例，谈一谈企业该如何进行差异化营销。

单元三
业务发展战略

3.1 企业业务发展战略概述

企业除了要对现有的业务进行分析、评估和规划以外，还应对未来的业务发展方向做出规划，即制定出企业的新业务发展战略。一般来说，可供企业选择的业务发展战略主要有三类，每一类业务发展战略又有三种不同的具体形式，如表3-8所示。

表3-8 业务发展战略

战略	密集型发展战略	一体化发展战略	多元化发展战略
方法	市场渗透	后向一体化	同心多元化
	市场开发	前向一体化	水平多元化
	产品开发	横向一体化	综合多元化

3.2 密集型发展战略

密集型发展战略是指企业充分利用现有产品或服务的潜力，在现有的生产领域内集中力量改进现有产品或服务，以扩大市场范围，强化现有产品或服务的竞争地位。

密集式发展战略

3.2.1　市场渗透

市场渗透战略就是企业在原有产品和市场的基础上，通过改善产品、服务等营销手段和方法，逐步扩大销售，以提高现有产品、服务在现有市场的份额。

1. 市场渗透的实现途径

市场渗透的主要实现途径有三种：

（1）通过增加产品新用途、增设商业网点、拓展分销渠道、短期削价等方式，增加顾客购买量；

（2）通过创名牌、提高品牌知名度、树立良好企业形象等方法，吸引竞争者的顾客转而购买本企业产品；

（3）通过改进广告、宣传、展销、赠送样品、加强推销工作等方式，刺激潜在顾客购买。

2. 市场渗透战略适用的情形

市场渗透战略主要适用于以下几种情况：

（1）企业产品或服务在现有市场中还未达到饱和；

（2）现有用户对产品的使用率还可以显著提高；

（3）整个产业的销售在增长，但主要竞争者的市场份额在下降；

（4）历史上销售额与营销费用高度相关；

（5）规模扩大能够带来明显的竞争优势。

3.2.2　市场开发

市场开发是指企业将现有产品投放到新市场，以扩大市场范围。这是当老产品进入成熟期和衰退期后，已经无法在原有市场上进一步渗透时所采取的战略。实施市场开发战略的主要途径包括在现有市场区域里寻找新的销售渠道，开发新的细分市场，开辟其他区域市场等。

市场开发战略主要适用于以下几种情况：

（1）存在未开发或未饱和的市场；

（2）可得到新的、可靠的、经济的和高质量的销售渠道；

（3）企业在现有经营领域十分成功；

（4）企业拥有扩大经营所需的资金和人力资源；

（5）企业存在过剩的生产能力；

（6）企业的主业属于正在迅速进行全球化的产业。

3.2.3　产品开发

产品开发就是通过改进老产品或开发新产品的办法来扩大市场范围。其基本方法是增加产品的花色品种、规格、型号等，或者增加产品的新功能、新用途，以满足不同消费者的需求。实施产品开发战略通常需要大量的研究和开发费用。

产品开发战略适用于以下几种情况：

（1）企业产品具有较高的市场信誉度和顾客满意度；

（2）企业所属产业属于适宜创新的高速发展的高新技术产业；

（3）企业所属产业正处于高速增长阶段；

（4）企业具有较强的研究和开发能力；

（5）主要竞争对手以类似价格提供更高质量的产品。

著名的运动鞋制造商——耐克公司是实行产品开发战略的典范。耐克公司通过市场调查，不断开发适合不同运动项目的特殊运动鞋，如登山鞋、旅游鞋、足球鞋、篮球鞋等，开辟了无数补缺市场，成功保持了在运动鞋市场领域的领先地位。

3.3 一体化发展战略

一体化发展战略是指企业利用自己在产品、技术、市场上的优势，向企业外部扩展的战略。采用这一战略有利于稳定企业的产销，扩大企业生产规模，提高经济效益，如图3-19所示。

案例
安信后向一体化战略

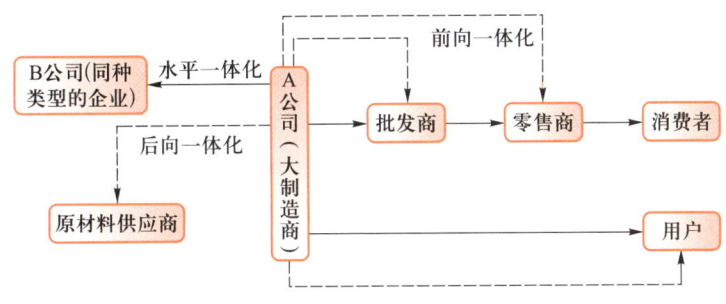

图3-19　一体化发展战略

3.3.1 一体化发展战略的方式

1. 后向一体化

后向一体化指生产企业通过建立、购买、联合那些原材料或初级产品的供应企业，向后控制供应商，使供应和生产一体化，实现供产结合。

2. 前向一体化

前向一体化指生产企业通过建立、购买、联合那些使用或销售本企业产品的企业，向前控制分销系统，使生产和销售一体化，实现产销结合。一般来说，这是生产原材料或初级产品的企业实行深加工时采用的战略。如汽车制造商自设分销系统，或制造商通过一定形式控制批发商、代理商或零售商；或自己经营加工业，如木材公司附设家具厂自己生产家具等。采用这一战略，有利于企

一体化发展战略

业扩大生产，增加销售。

3. 水平一体化

水平一体化指生产企业通过建立、收买、合并或联合同行业的竞争者以扩大生产规模。

3.3.2　一体化发展战略的实现途径

（1）企业利用自己的力量，在生产经营中把自己的产品扩大到前向或后向生产的产品中去。这条途径的优点是企业能够掌握扩大再生产的主动权，可以按本企业的要求发展新产品。

（2）兼并或购买其他企业。采用这种途径需要企业有畅销的产品和充足的资金。

（3）与其他相关企业联合，共同开发新产品和扩大营销。这条途径的最大好处是可以冲破资金和技术的限制，不用增加投资，可以在较短的时间内形成更大的生产能力，或者生产出单个企业不能完成的产品项目。

3.3.3　企业在运用一体化发展战略时应注意的事项

1. 讲求经济效益

讲求经济效益是企业一切经济工作的核心，也是企业选择市场发展战略的核心问题。否则，再好的战略也没有价值。

2. 重视产品质量

企业在进行联合时，一定要注意保持产品质量。忽视产品质量，片面追求规模，不仅不会使企业发展，反而会降低企业声誉，造成更大损失。

3. 避免造成垄断

在实行水平一体化的过程中，联合的企业不宜过多，否则就会出现独家垄断的现象。

同步案例
电商向物流加剧渗透

当今的电商竞争异常激烈，对消费者来说可供选择的商家众多。C2C 的电商有淘宝，B2C 的电商有淘宝天猫、京东、拼多多、苏宁易购、当当网、亚马逊中国等。借助互联网的力量，消费者真正可以做到货比三家，有了非常大的选择余地。对电商来说，如何争取到更多客户一直是其关注的重点。目前国内快递行业存在的种种问题，严重影响了重视顾客体验的电商形象，通过对快递配送的自营，能够保证快递的速度和服务质量，提升客户体验。因此，各大电商纷纷踏入物流配送等业务领域。

2012年6月,京东就已获得"快递业务经营许可"。由于京东涉及的快递业务属跨省、自治区、直辖市经营,所以其申请的许可证为含金量更高的全国牌照。2013年5月,阿里巴巴成立"菜鸟网络",也开始组建自有物流配送体系。随后,其他一线电商公司也开始申请业务牌照并布局自己的快递系统。

就像麦当劳可以有自己的"麦乐送"一样,京东、苏宁等电商企业的物流队伍若仅服务于自有商品配送,则无须申请"牌照"。而一旦有了"快递牌照",则意味着它们可以为第三方公司提供配送服务,名正言顺地整合中小物流企业的配送资源,满足中小电商企业的订单需求。这势必威胁到EMS等快递企业的生存空间。例如,京东就曾引起申通拒接订单的变相"封杀"。

【案例思考】
1. 为什么电商要"闯入"快递行业的地盘?
2. 什么电商不选择已有的快递企业?
3. 快递企业如何应对电商的挑战?

3.4 多元化发展战略

多元化也称多样化或多角化,是指企业利用现有业务范围以外的领域出现的市场机会,通过增加产品种类,跨行业生产经营来扩大企业的生产范围和市场范围,使企业的特长充分发挥,人、财、物等资源得到充分利用,从而扩大企业规模,提高经营效益的一种战略。如图3-20所示。

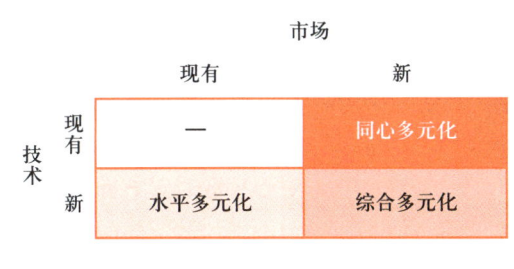

图3-20 多元化发展战略

多元化发展的主要方式有:

3.4.1 同心多元化

即企业利用原有的技术、特长、经验等发展新产品,增加产品种类,从同一圆心向外扩大业务经营范围。如冰箱生产企业增加空调产品生产线、管理咨询公司增加职业培训项目。

3.4.2 水平多元化

即企业利用原有市场,采用不同的技术来发展新产品,增加产品种类。如某农机生产企业原来只生产农用拖拉机,为了更好地满足农业生产对农用机械、农用物资的需求，又投资了农用塑料厂、化肥厂，实现了水平多元化发展。

3.4.3 综合多元化

综合多元化即大企业收购、兼并其他行业的企业，或者在其他行业投资，把业务扩展到其他行业中去，新产品、新业务与企业的现有产品、技术、市场毫无关系。也就是说，企业既不以原有技术也不以原有市场为依托，向技术和市场完全不同的产品或劳务项目发展。它是实力雄厚的大企业集团采用的一种经营战略，如海尔、格力、美的等电器企业均采用了此战略。

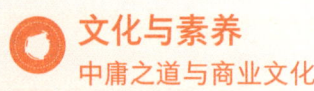

文化与素养
中庸之道与商业文化

中庸之道是中国传统文化精粹之一，强调以"和谐"求发展，可以作为一种商业文化思想，用来指导和处理一些复杂的市场竞争问题。

（1）以斗争求合作，后发制人。它要求克服自身的过激行为，从合作愿望出发处理竞争问题，既不主动侵犯对手，也不听凭对手摆布，要善于将对抗变成对话和磋商，避免在一系列报复与反报复的长期对抗中两败俱伤。

（2）中庸之道尤其适用于多个竞争对手并存的复杂环境。它强调不以欺诈的手段战胜对手，在报复时也必须适可而止，表现出克制和尽量维持合作的倾向。如果追求近期利益，采取欺骗性的策略可能在短时间内占上风。如果着眼于长远利益，这种策略虽然在同任何一个对手交锋时似乎都不占绝对优势，但它的合作行为却能帮助自己从总体上获得最高积分。

（3）中庸之道还具有"争取第三者"的特殊效应。它所体现的善良和宽恕的态度，不但能激发对手采取对双方都有好处的合作行为，而且能唤起第三方的同情和支持。善良、容忍和宽恕可以争取人心，产生"得道多助"的效应。

在处理竞争与合作关系上，西方文化的商业性主要体现在"竞争"意义上，由此形成贸易武器。而中庸之道的实质则是"持中持衡""以和谐求发展"。

稳扎稳打

（一）单选题

1. 市场细分的客观基础是（　　）。
   A. 需求的差异性　　　　　　B. 需求的同质性
   C. 需求的客观性　　　　　　D. 需求的有效性

2. 企业市场定位是把企业产品在（ ）确定一个恰当的地位。
   A. 市场的地理位置上　　　　B. 产品质量上
   C. 顾客心目中　　　　　　　D. 产品价格上

3. 如果企业在某一目标市场上追求技术领先或性能独特，那么它实施的是（ ）。
   A. 成本领先战略　　　　　　B. 成本集中战略
   C. 差异集中战略　　　　　　D. 差异化战略

4. 差异化战略是指为使企业产品与（ ）有明显的区别，形成与众不同的特点而采取的一种战略。
   A. 原产品　　　　　　　　　B. 竞争对手产品
   C. 同行业产品　　　　　　　D. 创新产品

5. 市场渗透战略的主要实现途径不包括（ ）。
   A. 通过增加产品新用途、在某些地区增设商业网点、借助多渠道将同一产品送达同一市场等方式来增加顾客的购买量
   B. 通过创名牌、提高品牌知名度、树立良好企业形象的方法，吸引购买竞争者产品的顾客转而购买本企业的产品
   C. 利用自己在产品、技术、市场上的优势，向企业外部扩展
   D. 企业通过改进广告、宣传、展销、赠送样品、加强推销工作等方式来刺激潜在顾客购买

6. 实力雄厚的大企业集团所采用的开拓与现有产品、技术和市场毫无关系的新产品的经营战略是（ ）。
   A. 同心多元化　　　　　　　B. 集中多元化
   C. 水平多元化　　　　　　　D. 综合多元化

7. 生产企业通过建立、购买、联合那些原材料或初级产品的供应企业，向后控制供应商，使供应和生产一体化，实现供产结合的战略方式是（ ）。
   A. 前向一体化　　　　　　　B. 后向一体化
   C. 综合一体化　　　　　　　D. 水平一体化

8. 生产原材料或初级产品的企业实行深加工时常采用的战略是（ ）。
   A. 前向一体化　　　　　　　B. 后向一体化
   C. 综合一体化　　　　　　　D. 水平一体化

9. 企业利用原有的技术、特长、经验等发展新产品，增加产品种类，从同一圆心向外扩大业务经营范围的战略是（ ）。
   A. 同心多元化　　　　　　　B. 综合多元化
   C. 水平多元化　　　　　　　D. 纵向多元化

(二)多选题

1. 面对整个市场的目标市场策略有（　　　）。
   A. 无差异性市场营销策略　　B. 差异性市场营销策略
   C. 集中性市场营销策略　　　D. 市场渗透
   E. 一体化增长

2. 实行差异性市场营销策略的优点有（　　　）。
   A. 降低经营风险
   B. 有利于提高企业的市场占有率
   C. 经营成本低
   D. 能更好地满足市场深层次的需求
   E. 增强消费者对企业的信任感

3. 实现差异化的途径多种多样，包括（　　　）等。
   A. 产品设计　　　　　　B. 品牌形象
   C. 服务方式　　　　　　D. 促销手段

4. 企业基本战略主要包括（　　　）。
   A. 成本领先战略　　　　B. 差异化战略
   C. 服务战略　　　　　　D. 集中战略

5. 市场挑战者可选择的进攻策略有（　　　）。
   A. 正面进攻　　　　　　B. 侧翼进攻
   C. 包围进攻　　　　　　D. 迂回进攻

6. 密集型发展战略的主要方式有（　　　）。
   A. 市场渗透战略　　　　B. 产品渗透战略
   C. 市场开发战略　　　　D. 产品开发战略

7. 市场渗透战略主要适用于（　　　）。
   A. 企业产品或服务在现有市场中还未达到饱和
   B. 现有用户对产品的使用率还可以显著提高
   C. 规模扩大能够带来明显的竞争优势
   D. 整个产业的销售在增长，但主要竞争者的市场份额在下降

8. 产品开发战略适用于（　　　）。
   A. 企业产品具有较高的市场信誉度和顾客满意度
   B. 企业所属产业属于适宜创新的高速发展的高新技术产业
   C. 企业具有较强的研究和开发能力
   D. 主要竞争对手以类似价格提供更高质量的产品
   E. 企业所属产业正处于高速增长阶段

9. 实施市场开发战略的主要途径包括（　　　）。
   A. 在原有区域里寻找新的销售渠道

B. 开辟其他区域市场
C. 在现有销售区域内寻求新的其他细分市场
D. 开发新产品

10. 多元化发展的主要方式有（　　　　）。
    A. 同心多元化　　　　B. 集中多元化
    C. 水平多元化　　　　D. 综合多元化

（三）简答题

1. 进行消费者市场细分的依据主要有哪些？
2. 目标市场营销策略有哪三种？各自的优缺点如何？
3. 市场定位策略主要有哪些？
4. 企业基本的竞争战略包括哪三种？
5. 企业的业务发展战略主要有哪三种？实施的具体途径又有哪些？

（四）综合题

1. 以你熟悉的某一企业为例，分析其STP战略的实施及效果。
2. 调查了解某一行业的基本竞争格局，并分别描述该行业中市场领导者、挑战者、跟随者和利基者四种角色的代表性企业和它们的竞争策略。
3. 描述企业业务发展战略的基本类型及特点。

融会贯通

支付宝变了

随着市场环境的快速变化，各大品牌费尽心思升级产品和内容，给用户提供更优质的体验和服务，以适应市场的变化。

2020年，支付宝平台改版升级，打造数字生活开放平台，聚焦服务业数字化，并打造了相关话题"#支付宝变了#"，成功聚焦了大量用户的注意力，引发热议。

1. 改版升级后的支付宝的变化

第一个变化：App整体颜色改变。

首先，支付宝的logo变了，变得更蓝了。App的UI界面颜色也跟着logo一起发生了变化，使整个App在视觉上保持了统一性。

对此，官方给出的解释是，旧支付宝蓝有沉稳和信任感，新支付宝蓝除了让用户感觉可靠，还更加明快。

第二个变化：增设生活服务板块。

用户可以在最新版的支付宝中体验到新的生活服务功能。首页应用繁多，新增了覆盖生活中"吃喝玩乐住行"方方面面的功能模块。这些服务并不是由支付宝自行提供的，而是连接相应的服务商为消费者提供服务，比如美食外卖来自饿了么，购买车票来自飞猪，出行打车来自高德打车/哈啰出行。

这是否意味着支付宝要将生活服务植入用户心智当中？

2. 通过传播告诉用户：我们升级改版了

支付宝推出"发现你的105种生活"H5，用户可以自行选择想要的生活方式，每种生活方式都有一段匹配的文案。让用户真正地参与到新版支付宝中，发现美好生活。

紧接着，支付宝又上线了首档大型生活服务直播栏目《生活挖掘机》，在线直播带领用户挖掘好生活。通过公众人物吸引粉丝和路人，激发大家的好奇心，进而前来围观。随着公众人物与用户之间展开互动，不仅让双方真正地玩到一起，实现了用户参与，而且潜移默化地告诉了用户支付宝升级改版的亮点。

3. 支付宝改版的目的

从花呗、余额宝到蚂蚁森林，从交通出行到生活缴费，从健康码到医保码，这些功能意味着支付宝想定义它的"数字生活"。

通过支付宝，用户可以在线解决很多生活问题，提高办事效率，为用户省下更多时间来享受生活。最为关键的是，支付宝携手服务商服务好商家，通过大数据分析，直接为用户提供理想的服务，为商家解决找不到顾客的问题。一方面促进商家提升服务品质，另一方面让消费者体验到更优质的服务。

支付宝的slogan曾是"支付就用支付宝"，现在变成"生活好，支付宝"。曾经支付宝是"金融支付平台"，现在升级为"数字生活开放平台"。支付宝在逐渐便捷用户生活的同时，也推动了中国数字经济的发展。

资料来源：品牌营销官（ID：BrandCMO），有删改。

【问题与思考】

1. 对于升级改版后的支付宝，你的使用感受如何？
2. 概括支付宝升级前后市场战略定位的变化。
3. 支付宝最主要的竞争对手是谁？今后会有哪些变化？

实战演练

实训 3.1 STP 战略

实训目标

掌握市场细分的基本程序、方法,能进行目标市场的选择,最终能按照市场定位步骤对产品进行准确定位,并制定相应策略。

环境要求

计算机、Office 软件、白板、卡纸、活页纸。

背景资料

假定你是某手机产品的市场营销经理,针对自己所经营的产品,收集资料,分析、研究"谁是我的客户",找准"我的目标市场",实施市场定位策略。

你需要获得的资料包括:

1. 客户基础资料(性别、年龄分布、收入、文化程度、生活方式等)。
2. 客户来自何处?(本地、国内其他地区、国外。)
3. 客户买什么?(产品、服务、附加利益。)
4. 客户每隔多长时间购买一次?(每天、每周、每月、随时、其他。)
5. 客户买多少?(按数量、按金额。)
6. 客户怎样买?(现金、网上购买。)
7. 客户怎样了解你的企业?(网络、广告、报纸、广播、电视、口头、其他。)
8. 客户对你的公司、产品、服务怎么看?
9. 客户想要你提供什么?
10. 你的市场有多大?(按地区、按人口、潜在客户。)
11. 在各个市场上,你的市场份额是多少?
12. 你想让市场对公司产生怎样的感受?

实训要求

1. 进行市场细分。
2. 进行目标市场选择,并确定目标市场策略。
3. 进行市场定位依据选择。
4. 完成市场定位。

实训步骤

1. 按照训练要求分组,并进行组员分工。
2. 了解并明确训练任务。
3. 按照流程执行工作任务。
4. 将完成的市场定位报告制作成 PPT 形式,并在课堂中讲解。
5. 教师点评以及各组同学之间对作品进行互评打分。

注意事项

1. 组员之间要分工合作，充分发挥每个组员的智慧。
2. 每个组员对作品要有明确的贡献并要有过程记录。
3. 竞争对手分析要基于收集到的资料。

实训成果

每个同学在本次实训后应独立撰写实训报告。主要内容如下：

1. 实训名称、实训日期、班级、姓名、实训组别、同组同学姓名。
2. 实训目的。学生应能简明概述本实训通过何种方法，训练了哪些技能，达到了什么目的？
3. 实训心得。总结分析实训中的收获及存在的问题，提出改进完善建议。

实训 3.2　竞 争 分 析

实训目标

学会识别竞争对手，并进行竞争者分析；结合具体背景资料，对该企业的竞争战略与具体策略制定提出针对性的建议。同时，在实训过程中，领悟竞争与合作的文化，培养与熏陶竞合意识。

背景资料

目前，短视频行业已步入稳定发展的成熟期，竞争格局也保持相对稳定。总体来看，除了2011年最早进入行业的快手外，近几年在互联网巨头的积极布局下，短视频行业内的主要竞争者还包括头条系的火山小视频、西瓜视频、抖音，阿里系的土豆视频，百度系的好看视频、全民小视频，腾讯系的微视，新浪系的秒拍、波波视频，以及网易、陌陌、360、爱奇艺、美图等公司旗下的短视频平台。发展至今，快手与头条系（抖音）在短视频行业最具竞争力。

实训要求

根据背景资料，确定快手短视频的主要竞争对手，并对竞争对手的优势和劣势进行分析，完成快手短视频的竞争战略制定报告及其PPT。

实训步骤

1. 按照训练要求进行分组，并进行组员分工。
2. 了解并明确训练任务。
3. 按照流程执行工作任务。
4. 将完成的战略报告制作成PPT形式，并在课堂中讲解。
5. 教师点评以及各组同学之间对作品进行互评打分。

注意事项

1. 组员之间要分工合作，充分利用每个组员的智慧。
2. 每个组员对作品要有明确的贡献并要有过程记录。
3. 竞争对手分析要基于收集到的资料。

实训成果

每个同学在本次实训后应独立撰写实训报告。主要内容如下：

1. 实训名称、实训日期，班级、姓名，实训组别、同组同学姓名。

2. 实训目的。学生应简明概述本实训通过何种方法，训练了哪些技能，达到了什么目的？

3. 实训心得。总结分析实训中的收获及存在的问题，提出改进完善建议。

学以致用

《孙子兵法》中，有四句话广为人知：

1. 知己知彼，百战不殆。
2. 兵贵神速，出其不意。
3. 上兵伐谋，其次伐交，其次伐兵，其下攻城。
4. 善战者，求之于势。是故百战百胜，非善之善者也；不战而屈人之兵，善之善者也。

【动脑筋，想问题】

1. 上述四句话各蕴含了什么样的营销智慧？

_____
_____

2. 企业在营销实践中，应如何分析自己的竞争实力和地位？

_____
_____

3. 可供企业选择的竞争战略有哪些？各举例说明。

_____
_____

模块四

多管齐下，料敌制胜：市场营销策略组合

学习目标

知识目标

- 掌握产品的核心概念，理解产品组合的内涵
- 熟悉产品生命周期各个阶段的特点及相应的营销策略
- 了解新产品的概念及种类，熟悉新产品的开发程序
- 掌握品牌、包装的概念、作用及常用的策略
- 掌握影响营销定价的主要因素及定价程序
- 掌握营销定价的基本方法及基本策略
- 掌握分销渠道的基本知识
- 了解促销与促销组合的概念、原理与作用
- 掌握人员推销、广告、营业推广、公共关系的基本知识

技能目标

- 提高对产品整体概念、产品组合策略的认识与理解能力
- 能够认识与判别产品生命周期
- 能够灵活运用产品生命周期理论开展营销工作
- 提高品牌建设与品牌保护的意识与技能
- 提高对产品价格策略的分析与应用能力
- 能够针对不同的企业和产品设计合适的分销渠道
- 能够对分销渠道的选择、评估、优化提出相应的方案
- 掌握常见的促销工具，并能运用这些工具解决具体的促销问题
- 能够根据现实的主题和目标设计促销方案

素养目标

- 树立企业营销的市场意识、规则意识、诚信意识、竞争意识
- 培养良好的人际沟通能力
- 培养良好的执行力和协作力

【思维导图】

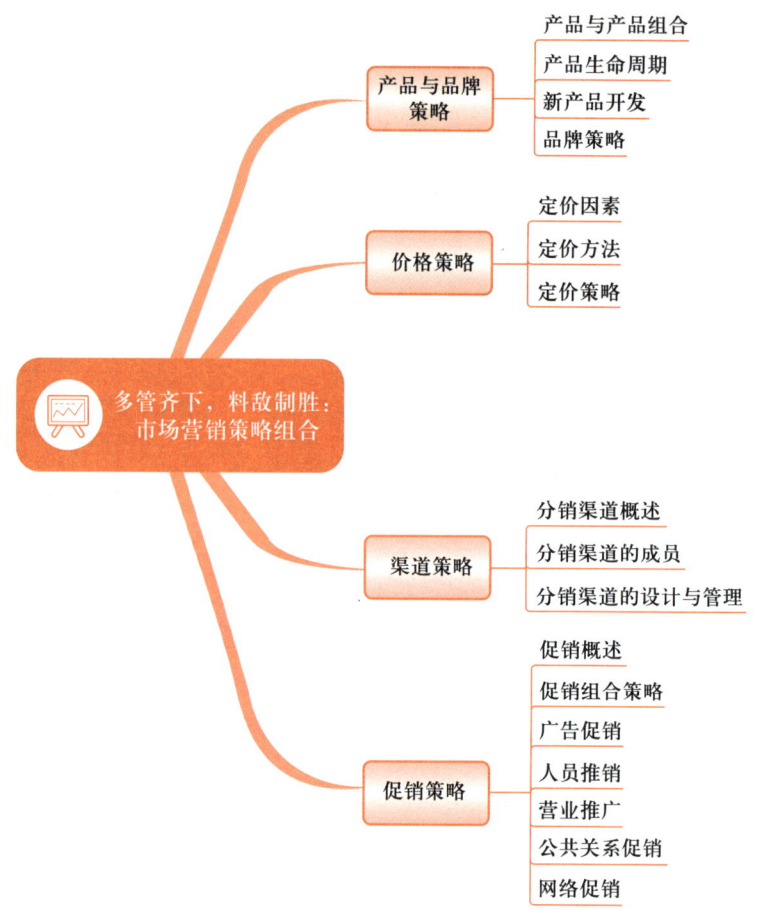

导入案例
操练营销"十八般武艺"

　　经过近半年的辛苦努力,天晨公司在西南市场的业务有了显著增长,市场占有率也已逼近华宝公司。在师傅的指导下,李飞参与了新市场开发从产品组合优化、价格调整到渠道规划、终端促销的各项工作。因为表现优秀,李飞还被破格晋升为某城市的市场主管。

【问题思考】
营销人员应学会哪些营销策略和技巧?

单元一
产品与品牌策略

产品与品牌策略是企业营销组合策略的基础。任何企业若想持续经营，必须有符合市场需求的产品和被大众熟悉和认可的品牌。那么，企业如何才能设计出适销对路的产品，将其推入市场，迅速获得市场份额，塑造品牌效应呢？这就需要充分了解产品、产品组合、产品生命周期理论以及有关品牌、包装的相关策略。

1.1 产品与产品组合

1.1.1 产品

不同的学科会从不同的角度对产品做不同的描述。现代市场营销理论有自己特定的研究对象和范畴，对产品的研究是从管理企业营销活动的角度去切入的。因此，对产品的认识和解释有其独特性——产品是一个综合体。

产品整体概念

1. 产品整体概念

在传统概念里，产品是指生产者通过劳动生产出来，用于满足消费者需要的有形实体。这是产品狭义的定义。市场营销学认为，广义的产品是指人们通过购买而获得的能够满足某种需求和欲望的物品的总和，它既包括具有物质形态的产品实体，又包括非物质形态的利益。营销学意义上的产品应从购买者的角度去理解，即产品是满足市场购买者需求的载体。

知识点：产品

产品整体

🔆 小试牛刀

华为5G折叠屏手机产品如图4-1所示，请查阅其相关资料，回答问题并进行讨论。

1. 你愿意为购买华为5G折叠屏手机支付多少钱？
2. 查询该手机的定价，与你的意愿支付价格相差多少？为什么会有差异？
3. 试分析，你愿意为该产品哪些部分而付款？

图4-1 华为5G折叠屏手机

产品整体概念

产品整体，是指企业向市场提供的能够满足消费者某种需求的有形物品和无形服务的总和，它包含了五个层次的产品：核心产品、形式产品和附加产品。如图4-2所示。无论缺少哪一个层次都不能称其为现代营销学意义上的产品。

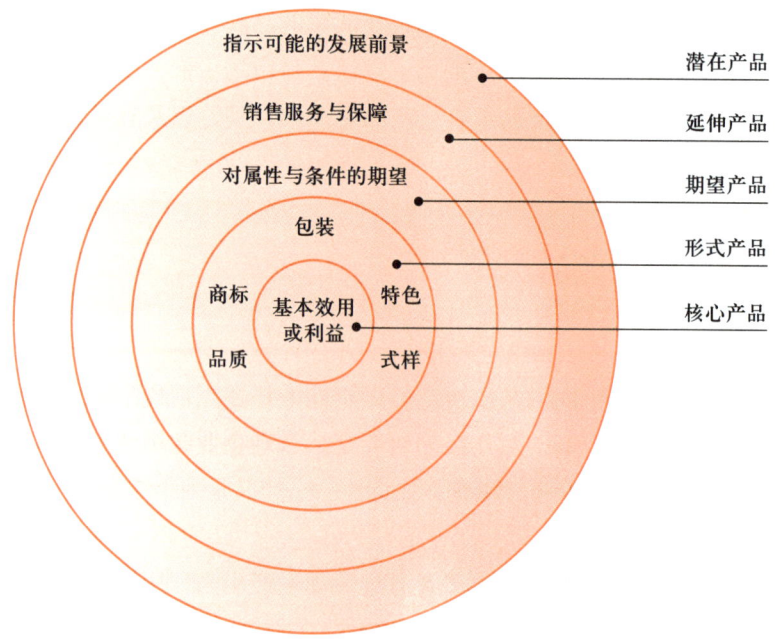

图4-2 产品整体的五个层次

如车间生产的产品概念就只有前两个层次的含义。

知识点：
核心产品

（1）核心产品。核心产品也称实质产品，是指消费者在购买产品时希望从产品中得到的基本效用，即购买者追求的核心利益。这是购买的目的所在，也是产品整体概念中最基本的内容。如消费者购买电冰箱，并非要得到一台带压缩机的冷藏箱，而是追求冰箱的制冷功能，使食物保鲜，能方便生活。因此，制冷保鲜是电冰箱的实质功能，即核心产品。核心产品是产品的实质，没有这一层次，就没有人去花钱购买它，产品也就失去了价值。对于任何企业来说，所有的营销活动首先都要考虑到产品的核心层，明确产品能够为消费者提供哪些效用并使购买者获得哪些利益，以此说服消费者购买。

知识点：
形式产品

（2）形式产品。形式产品指的是产品的实体外观形式，可通过常规的五种特征表现出来：质量、特色、式样、品牌和包装。尽管这些形式并不全部直接进入产品的使用过程并产生效用，但核心产品借以实现效用的载体毕竟融于其中。而且从形式美的角度来看，产品的实体外观形式也在一定程度上间接影响消费者对产品的满足程度和评价，甚至成为消费者选购产品的直接依据。仍以电冰箱为例,人们在购买电冰箱时,除了考虑其制冷功能外,还要考虑电冰箱的质量、造型、容量、色彩、品牌等。消费者购买某种商品,除了要求该产品具备某些基本功能,能够提供核心利益,还要考虑产品的其他外部特征。因此,形式产品这一层次是企业在市场竞争中吸引消费者的一个重要方面。

 同步案例
实体店一杯难求:星巴克"猫爪杯"挠了谁的心?

2019年2月,星巴克咖啡在其中国门店发售了2019年的樱花主题系列杯子,在星巴克的这组春季新品中,不少杯子的造型、设计都离不开猫、狗和樱花。而在这一系列新品中,最受欢迎的当属一款名为"猫爪杯"的杯子,它一经推出,实体门店就一杯难求,网络平台也瞬间售罄。

从熬夜排队到在店里"大打出手",从开售"秒空"到被炒到数千元,星巴克"猫爪杯"无疑是当时的网络流量。"猫叫一声的时间,就秒空了。"这是用来形容猫爪杯的火爆销售状况。

星巴克猫爪杯到底"挠了"谁的心?

猫爪杯,外部以樱花味点缀,内壁以"猫爪"为造型,如果倒进有颜色的液体,仿佛一只萌猫小爪正在和你打招呼。

这款"猫爪杯"在星巴克正式开售前,就已经火遍抖音、小红书等各个App,吊足了网友胃口。虽然官方售价199元一个,但"黄牛"的报价已经达到了上千元。为了抢购杯子,有人前一天深夜就去蹲守,正式发售日,一些顾客甚至因争抢"猫爪杯"在星巴克店内大打出手。这种场面让商家始料未及,星巴克中国当日通过微博宣布,"猫爪杯"的补货正在加紧安排,并且即将登陆天猫官方旗舰店。随后,星巴克决定连续四日,每天15时在网上开售1 000只"猫爪杯"。但这一计划又被网友的热情所打乱,星巴克只有临时更改计划,改为当天15时在星巴克天猫官方旗舰店一次性发售剩余3 000个"猫爪杯"。仿佛"双11"抢货大战,瞬间涌入的海量客流,让不少人扑了个空。天猫提供的数据显示,2月28日15时,首批1 000个"猫爪杯"仅0.07秒就被"秒空","猫爪杯"关键词搜索量激增8 800%,超过30万人进行了提前收藏。

【案例思考】
从产品的整体概念分析,消费者抢购星巴克"猫爪杯"的原因是什么?

(3)期望产品。期望产品是指顾客在购买产品时一般会期望得到的一组特性和条件。一般情况下,顾客在购买某种产品时,往往会根据以往的消费经验和企业的营销宣传,对所欲购买的产品形成一种期望,例如,住旅店的客人期望的是香皂、毛巾、热水、干净的床和安静的环境。顾客所得到的,是购买产品所应该得到的,也是企业在提供产品时理应提供给顾客的。对于顾客来讲,在得到这些产品基本属性时,并没有太多的意外和偏好;但是如果没有得到这些,就会非常不满意,因为顾客没有得到其应该得到的东西,即顾客所期望的一整套产品属性和条件。

案例
乐高的产品与服务

(4)延伸产品。即消费者在购买形式产品和期望产品时所能得到的附加利益和服务。这是企业提供给顾客的个性化产品和额外产品。例如,零售企业免费提供的展示柜、宣传册等。

(5)潜在产品。潜在产品是指一个产品最终可能实现的全部附加部分和新增加的功能。许多企业通过对现有产品进行附加与扩展,不断提供潜在产品,所给予顾客的就不仅仅是满意,还能让顾客在获得这些新功能的时候感到喜悦。所以,潜在产品指出了产品可能的演变,也使顾客对于产品的期望越来越高。潜在产品要求企业不断寻求满足顾客的新方法,不断将潜在产品变成现实的产品,这样才能使顾客得到更多的意外惊喜,才能更好地满足顾客的需要。

2. 产品的分类

(1)消费品。按不同的标准对消费品进行分类,可以得到不同的结果。比如,按商品的价格划分,可以分为低档品、中档品和高档品;按商品的性质划分,则可以分为纺织品、食品、家电产品等。根据消费者的购买行为特征,消费品可分成以下四种类型:

① 便利品,指价格低廉、消费者经常购买的产品。如肥皂、洗衣粉、纸巾、牙膏、毛巾、饮料等。

② 选购品,指对质量、价格、式样、功能等方面要进行认真权衡和比较,消费者愿意花较多时间去购买的产品。如:服装鞋帽、家具家电等。

③ 特殊品,指具备独特的品质特色或独有的品牌标记的产品。如奔驰汽车、LV皮具、江诗丹顿手表等。

④ 非渴求品,指那些消费者不了解或即便了解也不是非常想购买的产品。

如墓地、治疗罕见病症的药品、人寿保险等。

（2）工业品。工业品的分类是根据产品进入生产过程的重要程度来划分的。国际上通常采用麦卡锡的分类标准将工业品分成四类：① 原材料和零部件；② 生产设备；③ 供应品；④ 商业服务。

1.1.2 产品组合

在现实生活中，没有哪一家企业生产的产品是绝对单一的。企业为了满足目标市场的需要、扩大销售、分散风险和增加利润，往往需要经营多种产品。如果产品组合不当，就可能造成产品滞销积压，致使企业亏损。

产品组合

1. 产品组合的概念

产品组合，是指一个企业提供给市场的全部产品线和产品项目，即企业生产经营的全部产品的有机结合方式。 要理解产品组合这一概念，必须理解与之相关的两个概念：

知识点：
产品组合

（1）产品系列，又称产品线，是指产品组合中的某一产品大类，其功能相似或相同，但型号、规格不同。比如，在电器产品中，电视机和电冰箱是不同的产品线。

案例
联合利华的产品组合

（2）产品项目，是指产品线内不同品牌、规格、式样、型号、价格的特定产品。比如，在电视机产品系列，不同型号、规格、价格的电视机便是不同的产品项目。

知识点：
产品线

2. 产品组合的广度、深度、长度和关联度

产品组合的具体方式是由产品组合的广度、深度、长度和关联度所决定的。

（1）**产品组合的广度，是指企业生产经营的产品线的数目。** 如果一家企业拥有牙膏、肥皂、洗涤剂、除臭剂四条产品线，则其产品组合的广度是4。

（2）**产品组合的深度，是指每条产品线下的不同产品规格的产品项目数。** 如果这家企业牙膏产品线下有A、B、C、D四种产品，肥皂有A、B、C三种，洗涤剂有A、B两种，除臭剂有A、B两种，则产品组合的深度分别是4、3、2、2。

（3）**产品组合的长度，是指企业产品组合中产品项目总数的多少。多则长，少则短。** 如上例所述，该企业产品组合中一共拥有11个产品品种（总长度），那么其产品组合的长度是11。

（4）**产品组合的关联度，是指一个企业的各个产品线在最终使用、生产条件、分销渠道和其他方面相互关联的程度。** 假如上述实例的4条产品线都是通

模块四　多管齐下，料敌制胜：市场营销策略组合

过类似分销渠道销售的非耐用消费品，则其产品组合的关联度较大；如果某公司同时生产精密机床和化妆品，则这两条产品线的关联度较小。

知识点：
产品组合延伸

产品延伸策略

3. 产品组合策略

（1）产品组合优化策略。

① 拓展产品组合策略。拓展产品组合包括拓展产品组合的广度和拓展产品组合的深度。拓展产品组合的广度是在原来产品组合内增加一个或几个产品大类，扩大产品范围；拓展产品组合的深度是在原有产品大类内增加新的产品项目。当企业现有的产品系列销售和利润下降时，就应考虑拓展产品组合的广度和深度。一般而言，拓展产品组合，可使企业充分地配置资源，分散风险，增强竞争能力。

② 缩减产品组合策略。当市场繁荣时，较长、较宽的产品组合会为许多企业带来较多的盈利机会，但当市场不景气或原料、能源供应紧张时，缩减产品组合系列和产品项目，删除那些得不偿失的产品项目，可减少不必要的投资，集中人力、财力发展获利多的优势产品，从而达到增加利润的目的。

（2）产品组合延伸策略。产品线是决定产品组合广度、长度和关联度的基本因素。动态的最优产品组合正是通过及时调整产品线来实现的，因此，对产品线的调整是产品组合策略的基础和重要组成部分。

产品组合延伸策略是指企业把自己的产品系列延伸到现有范围之外，包括向上延伸、向下延伸和双向延伸三种延伸方式。

案例
华为手机的产品延伸

① **向上延伸，指在原有产品系列的基础上增加高档产品项目。** 实施向上延伸策略需要具备以下市场条件：A. 高档产品市场具备较大的潜在成长率和较高的利润率；B. 企业的技术设备和营销能力已经具备加入高档产品的市场条件；C. 企业要重新进行产品线定位。与此同时，采用这一策略也要承担一定的风险：要改变产品在顾客心目中的地位是相当难的，处理不慎还会影响原有产品的市场声誉。因为企业以往生产廉价产品的形象在消费者心目中不可能立即转变，高档产品不容易在短时间内打开销路，从而影响新产品项目研发费用的回收。

案例
美国派克钢笔的产品延伸

② **向下延伸，指在原有高档产品系列的基础上增加中低档产品项目。** 实施向下延伸策略需要具备以下市场条件：A. 利用高档名牌产品的声誉，吸引购买力水平较低的顾客慕名购买此产品线中的中低档产品；B. 高档产品线销售增长缓慢，企业的设备利用不足；C. 企业最初进入高档市场的目的是建立品牌形象，然后进入低档市场，以扩大市场占有率和销售增长率，补充企业的产品线空白。向下延伸策略能够为企业寻求新的市场机会，同时也会带来一定的风险。如果处理不当，可能影响企业原有产品的市场声誉和名牌产品的市场形象。

案例
五粮液的产品扩展策略

③ 双向延伸。双向延伸是指定位在中档产品的企业取得市场优势后，将产品系列朝高档和低档两个方向延伸。这种策略在一定条件下有助于扩大市场占有率，加强企业的市场地位。但双向延伸策略需要企业具有足够的实力，在具体实施中有很大的难度。

五粮液集团部分产品

4. 分析产品组合的方法

（1）三维分析图法。在三维空间坐标上，以 X、Y、Z 三个坐标轴分别表示市场占有率、销售增长率以及利润率，每一个坐标轴又分为高、低两段，这样就能得到八种可能的位置，如图4-3所示。

表4-1为产品组合三维分析表。由表可知，企业最理想的产品组合是1号位置。

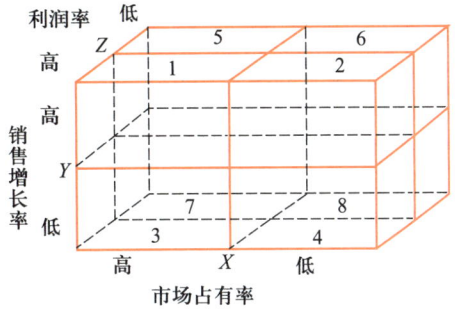

图4-3　三维分析图

但由于任何一个产品在市场上都要经历生命周期的各个阶段，因此要求所有的产品都同时达到最佳状态是不现实的，即使各个产品同时达到最佳状态，也不可能持久。因此，企业所追求的最佳产品组合只能是指在一定的市场环境和企业资源条件下，以及在可以预测到的变动范围内始终能使企业获得最大利润的产品组合，既有发展前景良好的新产品、稳定维持的成熟产品，也有面临淘汰的衰退产品。实际上，最佳产品组合是一个动态的优化过程。它是通过不断地开发新产品、淘汰衰退产品来实现的。

表4-1　产品组合三维分析表

空间位置	市场占有率	销售增长率	利润率	策略
1	高	高	高	发展
2	低	高	高	促销，提高占有率
3	高	低	高	维持、促销
4	低	低	高	稳定
5	高	高	低	提高盈利率
6	低	高	低	降低成本、提高占有率
7	高	低	低	维持占有率
8	低	低	低	淘汰

（2）波士顿矩阵法。波士顿矩阵将企业产品按各自的销售增长率和市场占有率归入不同的象限，使企业现有产品结构组合一目了然，同时对处于不同象限的产品做出相应的投资决策，从而可利用企业有效资源，创造最大效益。该投资组合战略要求企业不断地淘汰那些无发展前景的产品，保持产品的合理组合，实

现产品及资源分配结构的良性循环。

知识点：
波士顿矩阵

在波士顿矩阵中，坐标分为4个象限，分别代表公司的四种业务组合类型，如图4-4所示。

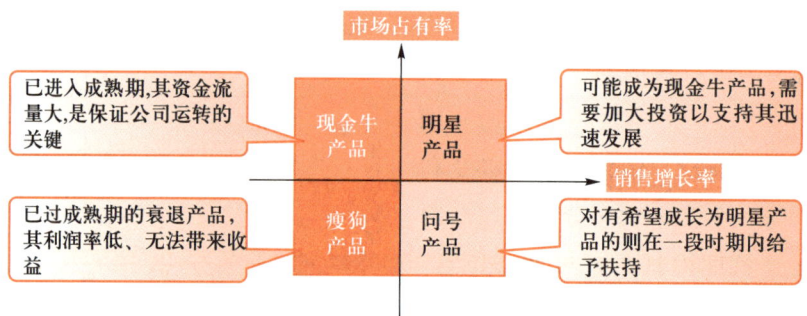

图4-4 波士顿矩阵图

1.2 产品生命周期

1.2.1 产品生命周期的概念

知识点：
产品生命周期

世间万事万物都有生有灭，产品也和所有生物一样拥有生命，从诞生到衰亡都有一个周期。产品的生命周期就是指产品从进入市场，在市场上由弱到强，再从盛转衰，直到最终被淘汰退出市场的全过程。产品的生命周期是指产品在市场上的存在时间，从产品进入市场才开始计算，此前产品的研究开发和试产成功都在产品市场生命周期之外；产品退出市场，标志着产品生命周期的结束。应注意的是，产品生命周期不是指产品的使用寿命而是指产品的市场寿命。

产品生命周期由于受市场诸多因素影响，不同时期或阶段有着不同的销量和利润。根据销售量和利润的变化，产品生命周期的各个阶段分别呈现出不同的特征，如图4-5所示。

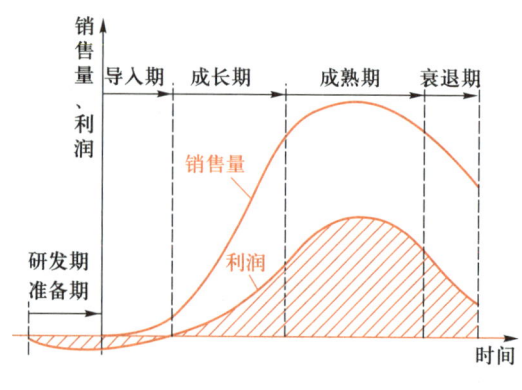

图4-5 产品生命周期

1.2.2 产品生命周期的阶段特征

1. 导入期

导入期又称引入期,指的是产品投入市场试销的阶段。其主要特征是:

(1)广告促销费用较高。由于产品刚投放市场,产品功能尚需完善,质量也欠稳定,消费者对新产品还缺乏足够的认识,只有少数消费者敢接受新产品,因此,要打开销路就要大力促销宣传。

(2)制造成本高。主要是由于产品处于试销阶段,产品生产规模较小,产品销售额的增长较为缓慢,产品生产成本较高。

(3)产品售价偏高。通常由生产批量小、成本高、广告促销费用较高等原因所致,也有产品定位较高等原因。

(4)产品利润低。由于新产品开发要冒相当的风险,因此,导入期的市场上基本没有竞争者,此阶段利润较低,甚至可能亏损。尽管售价偏高,但由于销售量有限,利润可能还是很低甚至是负数。

2. 成长期

成长期又称畅销期,是指产品通过试销取得成功并转入批量生产和销售的阶段。其主要特征是:

(1)销售量迅速增长。由于前期消费者使用产品后感受良好,产品在市场上的知名度迅速提高,产品被更多的消费者接受,有大量新顾客开始购买。

(2)生产成本大幅下降。主要是由于产品设计和工艺逐渐定型,并进行大批量生产所致。

(3)利润迅速增长。由于顾客及购买量上升及成本下降,利润空间上升。

(4)市场竞争日趋激烈。由于产品有利可图,以及同类产品、仿制品和代用品纷纷挤占市场所致。

3. 成熟期

成熟期又称饱和期,是指产品在市场上销售增长速度明显减慢,或销售总量在到达顶峰后转入缓慢下降的阶段。其主要特征是:

(1)购买者数量较多。因为大多数消费者已用过该产品。

(2)销售量和利润增长缓慢。因为市场需求趋于饱和。

(3)竞争激烈。生产同类产品的企业之间在产品质量、花色、品种、规格、包装、成本和服务等方面的竞争加剧。竞争者通过各种促销手段,力图打开销路,维持高销量。

4. 衰退期

衰退期又叫滞销期,是指产品不能适应市场需求,逐渐为同类新产品所替代,销量急剧下降的阶段。其主要特征是:

(1)产品的销量和利润呈锐减状态。由于产品需求量下降,市场不能满足消费者的新需要,为新产品所占领。

（2）产品价格显著下降。在新产品拥有广大消费者的情形下，大多数企业不得不选择退出，少数企业继续经营或处理存货，只能将价格压到极低的水平，利润几乎为零。继续经营衰退期的产品，大多得不偿失，大部分企业开始考虑开发新产品。

综上所述，产品生命周期的阶段特征列表如表4-2所示。

表4-2 产品生命周期的阶段特征

项目	导入期	成长期	成熟期	衰退期
销售额	低	快速增长	缓慢增长	衰退
利润	易变动	顶峰	下降	低或无
现金流动	负数	适度	高	低
顾客	创新使用者	大多数人	大多数人	落后者
竞争者	稀少	渐多	最多	渐少
策略重心	扩张市场	渗透市场	保持市场占有率	提高生产率
营销支出	高	高（但百分比下降）	下降	低
营销重点	知晓产品	品牌偏好	品牌忠诚度	选择性
分销方式	探路式	密集式	密集式	转移式
价格	高	较低	最低	渐高
产品	基本	改进品	差异化	不变

1.2.3 产品生命周期的判定

1. 同类产品类比法

该方法一般用于新产品的生命周期判断。对于一些新产品，由于没有销售资料，很难进行分析判断。此时，可以运用类似产品的历史资料进行比照分析。

2. 产品普及率分析法

$$产品普及率 = \frac{社会拥有量}{人口总数}$$

经验表明：对于一般消费品，产品普及率在15%以下为导入期，在15%~50%为成长期，在50%~80%为成熟期，超过80%为衰退期；对于高档消费品，产品普及率在5%以下为导入期，在5%~50%为成长期，在50%~90%为成熟期，超过90%为衰退期。

3. 销售增长率法

该方法考核相等时间间隔的产品销售量，以销售增长率来判断产品所处生命周期。判断标准如表4-3所示。

表4-3　销售增长率法

销售增长率（K）	所处阶段
$K<10\%$ 且不稳定	导入期
$K \geqslant 10\%$	成长期
$-10\%<K<10\%$	成熟期
$K \leqslant -10\%$	衰退期

4. 综合判断法

综合判断法也称修正判断法，即以销售增长率法为基础，考虑实际情况和其他因素的影响，对其判断标准和初始曲线进行修正，得到较准确的产品所处生命周期阶段的结论。应用综合判断法，要注意定性与定量相结合、内部与外部因素相结合、理论与实践相结合，尽量减少偏差。

1.2.4　产品生命周期各阶段的营销策略

1. 导入期营销策略

一般说来，产品一旦进入导入期，企业便想迅速扩大销量并盈利，尽快进入成长期。该阶段营销策略的目标是让顾客认识并接受新产品；营销重点要突出"快"和"准"，快即快速打开市场、扩大销路，准即准确定位、精准传播。根据新产品价格策略和促销策略的不同组合，其基本策略可分为快速掠取策略、缓慢掠取策略、快速渗透策略、缓慢渗透策略四种。

（1）快速掠取策略。即以高价格、高促销费用推出新产品，先声夺人，迅速盈利。实行高价格是为了在每一单位销售额中获取最大的利润，尽快收回新产品开发的投资；高促销费用是为了引起目标市场的注意，加快市场渗透。实施该策略的市场条件是：市场上有较大的需求潜力；目标顾客具有求新心理，急于购买新产品，并愿意为此付出高价；企业面临潜在竞争者的威胁，需要及早树立品牌。

（2）缓慢掠取策略。即以高价格、低促销费用将新产品推入市场。通过高价格、低促销费用，节约成本，提高利润。实施该策略的市场条件是：市场规模较小，竞争威胁不大；市场上大多数用户对该产品没有过多疑虑；适当的高价能被市场接受。

（3）快速渗透策略。即以低价格、高促销费用推出新产品。实施该策略的目的在于先发制人，以最快的速度打入市场。该策略可以给企业带来最快的市场渗透速度和最高的市场占有率。实施该策略的条件是：产品市场容量很大；潜在消费者对产品不了解，且对价格十分敏感；潜在竞争比较激烈；产品的单位制造成本可随生产规模和销售量的扩大迅速下降。

（4）缓慢渗透策略。即企业以低价格、低促销费用推出新产品。低价格是为了促使市场迅速接受新产品；低促销则是为了节省费用，实现更多的利润。实施这一策略的基本条件是：市场容量大；潜在顾客易于或已经了解此项新产品且对价格十分敏感；有相当的潜在竞争者准备加入竞争行列。

2. 成长期营销策略

产品进入成长期后，企业营销策略的核心是要突出一个"好"字。基本营销策略如下：

（1）改进产品质量，丰富产品的款式、型号、用途等，更好地满足消费者的需求。

（2）适当调整价格。如果是高价入市的产品，此时可以降低价格增强竞争优势；反之，低价入市的产品，如果市场已被打开，销量稳定，可以宣布取消新产品价格优惠，以增加盈利空间。

（3）加强促销环节，树立产品形象。促销策略的重心从建立产品知名度转移到树立产品形象，主要目标是建立品牌偏好，争取新的顾客。

（4）重新评价渠道选择决策，巩固原有渠道，增加新的销售渠道，开拓新的市场。

3. 成熟期营销策略

产品进入成熟期后，销售额和利润额先后到达顶峰，随后开始下降，企业面临更加激烈的市场竞争。此时有三种基本策略可供选择，即市场改良、产品改良和营销组合改良。无论哪种策略，都要突出一个"争"字，即巩固原有竞争地位，争取竞争优势。

（1）市场改良策略，即开发新市场或寻求新用户。

（2）产品改良策略，是指改进产品的特性、质量、式样或服务后再次投放市场，以满足消费者日益增长和变化的种种需要，延长产品的生命周期。

（3）营销组合改良，即对产品、定价、渠道及促销方式等加以改革，以刺激销售额的回升，延长产品生命周期。

4. 衰退期营销策略

产品进入衰退期，销售量会直线下降，大部分企业都纷纷转向或推出新品，营销策略自然应随之调整。该阶段的营销策略要突出一个"转"字，即转移市场阵地，弃旧图新。可以采取的策略主要有：

（1）维持策略，又称继续策略。即通过保持原有的细分市场和营销策略，把销售维持在一个低水平上，或者缩短经营战线，将资源集中到一些最有利的细分市场和分销渠道上。产品衰退期，众多竞争者相继退出市场，有时个别停留在原市场的企业有可能出现"逆反"转机。

（2）收缩策略。即通过降低营销费用清仓销售而增加当前收入，从喜欢本产品的忠实顾客中得到利润。但要考虑为老顾客保留必要的服务。

（3）放弃策略。对于某些企业，如果已经准备好替代老产品的新产品，企业应当机立断，放弃经营，把老产品出售或转让给别人，集中精力开发新产品、占领新市场。

1.3 新产品开发

1.3.1 新产品概念及种类

1. 新产品的概念

新产品是从市场和企业两个角度定义的。对市场而言，第一次出现的产品即新产品；对企业而言，第一次生产销售的产品就是新产品。市场营销意义上的新产品，是指在结构、功能或形态上发生改变，并能够给消费者带来新利益和新满足的产品。也就是说，凡是在产品整体概念中的任何一部分有所创新和改变的产品，都是新产品。

新产品开发

2. 新产品的种类

按照产品的创新特征，新产品可分为以下几种：

知识点：
新产品

（1）新发明产品。这是指应用科技新原理、新技术、新材料创造的前所未有的产品。

（2）换代型新产品。这主要是指在原有产品的基础上采用新技术，创造新用途、满足新需要的产品。例如，黑白电视机革新为彩色电视机，普通按键操作手机革新为触屏智能手机等。

（3）改进型新产品。是指在原有产品的基础上进行改进，使产品性能改良，质量提高，功能增加，款式、花色及包装翻新。改进型新产品是对产品用途而言，而换代型新产品主要是针对产品性能，二者都是企业开发新产品的重点。

（4）仿制型新产品。指企业模仿生产的市场上已有的产品，在本国、本地区或本企业初次生产并销售。从市场竞争和企业经营上看，仿制在新产品发展中是不可避免的，但仿制应当在不侵犯对方知识产权的前提下进行。

开发新产品是企业发展的前提，也是企业在竞争中取胜的重要法宝。著名的现代管理学之父彼得·德鲁克说过，任何工商企业具有两个——也仅有两个基本功能：市场营销与创新。

1.3.2 新产品开发程序

新产品从产生创意到研发成功并投放市场要经历一个相当漫长的过程。新产品的开发过程一般要经过如下八个阶段：

1. 产品构思

产品构思，就是企业希望提供给市场的一种能够满足某种需求的可能产品的设想。满足消费者需求是新产品构思的出发点，一个新产品的开发，首先从产品构思开始，其成功的关键也在于其构思的创意。产品构思的来源途径很多，主要有顾客、中间商、科技发展等，也有的产品构思来源于企业内部。

2. 构思筛选

构思筛选指的是采用适当的评价系统及科学的评价方法对各种创意进行分

析比较，选出可行性较强的创意的过程。首先判断构思是否符合企业的目标和资源；其次确定决定产品能否成功的要素并对各个要素设定权数，分别评分；最后对各个要素的得分加权求和，比较各个创意的总分进行筛选。

3. 形成产品概念

筛选出的产品构思需要进一步形成具体的产品概念，即把对产品的设想变为成型的对消费者而言有意义的产品方案。具体说来就是对产品构思进行详尽描述，包括产品的性能、用途、式样、创新点、价格、给消费者的利益等，一般用文字或图样描述出来。

一种产品构思可以引出许多种产品概念，产品概念形成之后要对这些概念进一步修改、完善，用文字或图样描述出来，拿到消费者群体中进行评议、测试，观察消费者的不同反应，以便修改并选择最佳的产品概念。

4. 拟订营销规划

拟订营销规划是对企业选择的最佳产品概念如何引入市场的初步市场营销计划。它主要是通过新产品上市报告书体现出来的。新产品上市报告书一般包括三个方面的内容：

（1）目标市场预测。主要描述目标市场的规模、结构、行为特征、新产品在目标市场上的定位，以及近期（如三个月）的销售额、市场占有率、利润目标等。

（2）短期市场营销预测。主要描述新产品的计划价格、分销战略以及一年和一季度的营销预算。

（3）长期市场营销预测。主要阐述规划的长期（一般为三年以上）销售额和目标利润以及不同时期的市场营销组合策略等。

5. 营业分析

营业分析，即详细分析新产品开发在商业上的可行性。主要是对新产品的销售量、成本、利润以及投资回报率的预测性分析，判断它是否符合企业的目标。常用的分析方法有：盈亏平衡分析、投资回收期分析、资金利润率分析等。

6. 实体开发

实体开发就是将通过营业分析的新产品概念交送研究开发部门和技术部门试制成为实体产品模型及样品。主要包括设计、试制和检测鉴定等环节。

7. 市场试销

市场试销是指将正式研发出来的产品投放到有代表性的小范围市场上进行试验性销售。实际上，市场试销就是测定消费者对产品的反应。通过试销，一方面可以进一步改进新产品的品质；另一方面可以帮助企业制定出有效的营销组合方案。但市场试销也需要投入大量资金，所以是否进行市场试销，企业需慎重决策。

8. 批量上市

这是新产品开发的最后一个阶段,是指新产品试销成功后正式批量生产和全面推向市场的阶段。这也意味着产品生命周期的开始。

企业在此阶段要做出以下几方面决策:新产品投放的时机、投放地点及目标市场,即在合适的时间、合适的地点为目标市场制定一个合理可行的新产品上市方案。

营销视角
史蒂夫·乔布斯

1.4 品牌策略

在产品策略中,品牌策略是一个重要问题。产品实行品牌化,才能创造附加值,提高企业经济效益。因此,企业在实施产品策略的过程中特别需要重视品牌的设计、包装和宣传,塑造企业产品的品牌形象,营造品牌效应。

品牌与包装

1.4.1 品牌的概念

品牌(Brand),俗称牌子或厂牌,是制造商或经销商加在产品上的标志,用来区别同行业其他企业的同类产品。品牌是一个集合概念,由品牌名称、术语、标记、符号、图案或是它们的组合构成。深入了解品牌,还需要充分了解和掌握与品牌相关的术语。

知识点:
品牌

1. 品牌名称

品牌名称是指品牌中可以称呼的部分,如"联想""海尔""华为""三星"等著名品牌的名称。

2. 品牌标记

品牌标记是指品牌中可以辨认,但不能直接用语言表达的那部分。即专门设计的符号、图案、色彩、文字等。

案例
娃哈哈

3. 商标

商标是商品经营商在其生产经营的产品和服务上所使用的一种享有专用权的标记,是政府有关部门依法定程序注册登记并受法律保护的产品品牌。商标是一个法律术语,经注册登记的商标有"R"标记,或标明"注册商标"的字样。

💡 拓展方舟
三只松鼠品牌解析

三只松鼠品牌标志(logo)的内涵:

(1)logo以三只松鼠扁平化萌版设定为主体,突出了公司极力推崇企业动漫化,以动漫形象为品牌核心的概念。

（2）logo整体呈现三角趋势，图形下边缘有圆润的弧度，象征公司稳固而和谐的发展。

（3）左边小美张开双手，寓意拥抱和爱戴三只松鼠每一位主人；中间小酷紧握拳头，象征三只松鼠拥有强大的团队和力量；右边小贱手势向上的姿态，象征三只松鼠的青春活力和永不止步、勇往直前的态度。

1.4.2　品牌策略

品牌策略指的是企业合理、有效地使用品牌，以充分发挥品牌作用的方法。企业经常采取的品牌策略包括：

1. 无品牌策略

对大部分品牌来讲，采用品牌可实现品牌的积极作用。但是，并不是所有产品都必须采用品牌，因为采用品牌要发生一定的费用。一般来讲，企业使用无品牌策略是为了节省包装和广告费用，便于订货管理。

以下商品通常不使用品牌策略：① 不因制造而形成特点的产品；② 临时性或一次性生产的产品；③ 生产简单、消费者选择性不大的产品，如钉子、纽扣和针线；④ 原材料或初级加工产品，如木材、沙石等。

2. 品牌归属策略

在品牌归属上，企业有三种可供选择的策略：

（1）使用自己的品牌，即企业品牌，也称生产者品牌、全国性品牌。

（2）将其产品大批量地卖给中间商，中间商再用自己的品牌将产品转卖出去，即中间商品牌，也称自有品牌。

（3）有些产品用自己的品牌，有些产品用中间商品牌，即混合品牌。

企业选择生产者品牌或中间商品牌，要综合考虑各相关因素，分析收益损失，最关键的问题是要看生产者和中间商谁能在这个产品的分销链上占据主导地位、拥有更好的市场信誉和拓展市场的潜能。一般而言，在生产者或制造商的市场信誉良好、企业实力较强、产品市场占有率较高的情况下，宜采用生产者品牌或以生产者品牌为主；相反，在生产者或制造商资金拮据、营销实力薄弱的情况下，不宜选用生产者品牌，而应选择中间商品牌或以中间商品牌为主。

3. 品牌统分策略

品牌统分策略主要是指产品如何命名的问题，是大部分或全部产品使用一个品牌，还是各种产品分别使用不同的品牌。总体来讲，有四种可供选择的策略：

（1）统一品牌策略。是指企业生产的所有产品使用同一种名称的品牌，如海尔集团的所有家电产品都使用"海尔"这一品牌。这种策略可以节省品牌设计的费用，扩大企业知名度，适合市场声誉较好、名气较大的企业，或属于同一细分市场的产品使用，否则任意一种产品质量出现问题，就会殃及企业其他产品，造成连带影响。

（2）个别品牌策略。是指对各种产品分别采用不同的品牌。这种品牌策略适合产品差别较大、产品系列内品种较多、产品系列之间的关联度较小的企业采用。

（3）分类品牌策略。是企业各类产品分别采用不同的品牌，即一类产品使用一个牌子。如果企业生产的产品性质差异很大，最好采取该品牌策略。比如，美国斯威夫特公司既生产火腿又生产化肥，两种产品的性质截然不同，该公司便以"普莱姆"（Premium）作为火腿品牌，以"维哥洛"（Vigoro）作为化肥品牌，分别销售。

（4）企业名称加个别品牌。指企业生产的各种产品都冠以统一的企业名称，后面再加上具体的品牌名称。如：康师傅红烧牛肉面、康师傅冰红茶；苹果手机的iPhone 12、iPhone 12 Pro等。

4. 多品牌策略

多品牌策略是指企业同时经营两种或两种以上相互竞争的品牌。该策略由宝洁公司首创。传统营销理论认为，单一品牌延伸能降低宣传成本，易于被消费者接受，便于企业形象的统一。宝洁公司则认为，单一品牌容易在消费者当中形成固定的印象，不利于产品的延伸，并非万全之策。尤其是像宝洁公司这种横跨多行业、拥有多种产品的企业。比如，宝洁公司的洗发露占用"潘婷"一个品牌，就会在消费者心中形成"潘婷"就是洗发露的印象，如果再用"潘婷"去开发其他产品就不易被接受。

案例
宝洁的多品牌策略

5. 品牌延伸策略

品牌延伸策略是指企业利用其成功品牌的声誉来推出改良产品或新产品，包括推出新的包装规格、口味和式样等。比如，美国桂格麦片公司成功地推出桂格超脆麦片之后，又利用这个品牌及其图样特征，推出奶粉、饮料、雪糕等新产品。由此可见，企业采用这种策略，可以节省宣传、介绍新产品的费用，使新产品能迅速、顺利地打入市场。

1.4.3 包装策略

1. 包装及其作用

包装是指盛装商品的容器或包装物，是整体产品中的形式物品。产品包装不仅是产品运输、储存、使用的必要条件，而且直接影响商品的价格和销售状况。作为产品整体概念中的重要组成部分，其作用主要体现在以下几个方面：

（1）保护。即保护商品质量完好和数量无损，这是商品包装最基本的作用。

案例
蒙牛高考押题奶：为您"压蹄"

（2）方便。产品的物质形态多样、性质各异，有些商品易腐、易燃、易爆、易挥发，有些商品外形上有棱角，因此，必须对产品进行合理的包装，以方便运输、携带、储存和使用。

（3）促销。对于经过销售包装后的产品，很多情况下，包装是消费者对产品的第一视觉印象，而非产品本身。产品能否引起消费者的购买兴趣和购买动机，在一定程度上取决于包装的美化程度，因而商品包装有美化商品、促进销售的功效，甚至被称为"无声的推销员"。

（4）增值。好的包装，尤其是外包装，在运输过程中能减少因损坏、变质等引起的损耗，从而减少支出，增加利润。另外在销售中，美观、新颖的外包装可以提升产品品质感，起到锦上添花的作用。

2. 包装策略

包装是产品整体不可或缺的一部分，符合设计要求的包装固然是良好的包装，但良好的包装只有同包装策略相结合才能发挥应有的作用。常用的包装策略主要包括以下几种：

（1）类似包装策略。类似包装策略就是一个企业所生产的各种产品，在包装上采用相同的图案、色彩或其他共同特征。它的优势是使顾客看到包装便知是哪个企业的产品，借以壮大企业声势，扩大影响，带动新产品的销售，同时可以节省包装设计、制作费用。但这种策略，一般只适合那些产品质量、档次相近的企业采用，如果差异太大，反而会增加相同产品的包装成本，也会对高档产品的销售不利，影响企业声誉。

（2）等级包装策略。等级包装策略是指企业根据产品的不同质量等级和消费者消费档次设计和使用不同的包装，比如优质包装与普通包装、豪华包装与简易包装等，以此反映产品的档次差别和品质优劣。它适用于产品相关性不大，产品档次、品质比较悬殊的情况。优点是能体现产品的特点，并与产品质量协调一致；不足是增加包装设计成本。

（3）组合包装策略。组合包装策略又叫搭配包装策略，指各种有关联的商品放在统一包装物中，这样能方便顾客购买，起到一物带多物的促销作用。如果把新产品与原有老产品放入统一包装，还可以通过老产品来带动新产品的销售，节省新产品的促销费用。组合包装如图4-6所示。

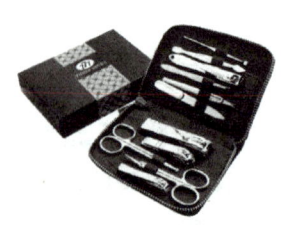

图4-6　组合包装

（4）重复包装策略。重复包装也称多用途包装。产品售出之后，其包装还可派上其他用场。如设计美观的咖啡罐，咖啡喝完后可用作茶杯；果酒喝完后，其漂亮的酒瓶可作花瓶使用等。这种策略使消费者有新奇感，有时能因其瓶而购其酒。移作他用的包装物也可较长时间地留在人们身边，起到宣传商品的作用。但重复包装所用工、料一般成本较高，使用重复包装策略时要注意研究消费者心理，结合产品特征，设计出有欣赏意味或再使用价值的包装。

（5）附赠品包装策略。在包装里面附有赠品以吸引消费者购买，扩大销售量。如许多儿童食品的包装便是采用此种策略。附赠品包装还可以作为在国际市场推荐新产品和进行市场调查的手段。

（6）创新包装策略。创新包装策略是指企业根据市场的变化情况和消费者的求新消费心理，相应调整包装设计或者改变材料的策略。例如，把保健品作为礼品赠送亲友渐成时尚，有些保健品的生产厂家随即改变原来规格的玻璃瓶装，而改用礼盒包装，受到许多消费者的欢迎，企业为此增收不少。

单元二
价格策略

2.1 定价因素

定价，就是把产品的价格与企业的营销目标巧妙地结合起来，制定出消费者愿意接受，又能实现企业营销目标的价格。价格是市场营销组合中十分敏感而难以控制的因素。定价策略是否应用得当，直接关系到产品对消费者的吸引力，影响着产品的销售数量和企业利润的多少，涉及生产者、经营者、消费者各方面的利益。因此，定价决策是企业营销组合决策中一个极其重要的组成部分。

影响定价的因素

2.1.1 影响定价的因素

1. 成本因素

产品成本是价格构成中一项最基本、最主要的因素，也是产品定价的最低限度。正常情况下，产品价格必须能够补偿产品生产、分销和促销的所有支出，并补偿企业为产品承担风险所付出的代价。产品成本主要包括生产成本、营销成本和储运成本等，如图4-7所示。生产成本由固定成本和变动成

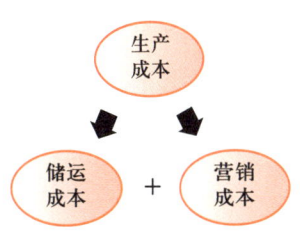

图4-7 产品成本组成

本两部分构成，营销成本主要指人员推销和广告宣传等费用，储运成本包括产品的储存和运输成本。

2. 市场因素

有一种判断企业定价是否合理的通俗说法："摆得住、卖得出"，即商品在柜台里能摆得住，不会一下子全部买走，同时能卖得出，不会积压。这个价格就是符合供求关系的合理价格。因此，企业给产品定价不但要考虑企业营销目标、生产成本、营销费用等因素，还必须考虑市场供求状况和需求弹性等市场因素。

市场供求关系图

（1）市场的供求状况。供求规律是一切商品经济的客观规律。一般情况下，市场价格以市场供给和需求的关系为转移，即商品供过于求时价格下降，供不应求时则价格上涨。这就是著名经济学家亚当·斯密提出的市场经济"看不见的手"的作用。

> **拓展方舟**
> "看不见的手"
>
> 正常情况下，市场会以它内在的机制维持其健康运行。其中主要依据的是市场经济活动中的经济人理性原则，以及经济人理性原则支配下的理性选择。这些选择逐步形成了市场经济中的价格机制、供求机制和竞争机制。这些机制就像一只看不见的手，在冥冥之中支配着每个人，使其自觉地按照市场规律运行。
>
> 市场机制是依据经济人理性原则而运行的。在市场经济体制中，消费者依据效用最大化原则进行购买决策，生产者依据利润最大化原则做销售决策。市场就在供给和需求之间，根据价格的自然变动，引导资源向最有效率的方面配置。这时的市场就像一只"看不见的手"，在价格机制、供求机制和竞争机制的相互作用下，推动着生产者和消费者做出各自的决策。

（2）需求价格弹性。价格会影响需求。在正常情况下，市场需求会按照与价格相反的方向变动。需求的价格弹性，是指因价格变动而引起的需求的相应变动率，一般用需求价格弹性系数来表示公式如下：

$$E_d = \frac{\Delta Q/Q_0}{\Delta P/P_0}$$

不同产品的市场需求量对价格变动的反应程度不同，价格弹性大小也有差异。概括起来，会出现以下五种不同的情况，如图4-8所示。

（3）需求收入弹性。需求收入弹性是指因消费者收入变动而引起的需求的相应变动率。一般用需求收入弹性系数来表示，公式如下：

$$E_Y = \frac{\Delta Q/Q_0}{\Delta Y/Y_0}$$

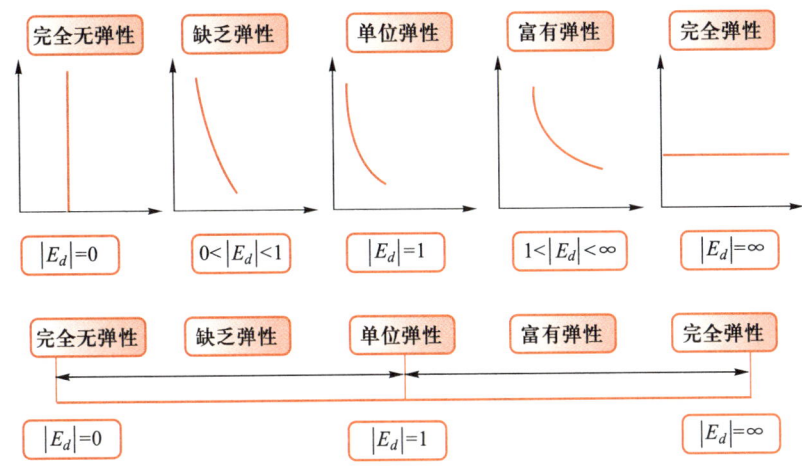

图 4-8 需求价格弹性的五种情况

有些产品的需求收入弹性大，即消费者货币收入的增加会导致该产品的需求量有更大幅度的增加，如高档食品、耐用消费品、娱乐支出等；有些产品的需求收入弹性小，即消费者货币收入的增加会导致该产品需求量的增加幅度较小，生活必需品和一些低档产品的情况就是如此。

（4）需求交叉弹性。一种商品的市场需求还常常受到其他商品价格变动的影响。因此，在为产品大类定价时还必须考虑各产品项目之间相互影响的程度。产品大类中的某一个产品项目很可能是其他产品的替代品或互补品。所谓替代品是指功能和用途基本相同，消费过程中可以相互替代的产品，如洗衣液和肥皂。互补品是指两种或两种以上功能互相依赖、需要配合使用的商品，如汽车和轮胎。

需求交叉弹性是指因一种商品价格的变化而引起的另一种商品需求的相应变动率。一般用需求交叉弹性系数来表示，公式如下：

$$E_{AB} = \frac{\Delta Q_A / Q_A}{\Delta P_B / Y_B}$$

> **小思考**
> 替代品和互补品的需求交叉弹性系数有什么区别？

3. 竞争因素

产品的最高价格取决于该产品的市场需求，最低价格取决于该产品的成本费用。在最高价格和最低价格的幅度内，企业能把产品价格定多高，则取决于竞争者同种产品的价格水平。企业必须采取适当的方式，了解竞争者所提供的产品质量和价格，主要竞争对手的实力如何，据此与竞争产品比质比价，更准确地制定本企业产品价格。

4. 其他因素

除了成本、需求和竞争，企业定价时还要考虑国家价格政策、国内外经济形势等其他宏观因素。

定价的程序

2.1.2 定价的程序

企业定价程序如图4-9所示。

1. 确定定价目标

任何企业制定价格,都必须考虑目标市场和市场定位战略。假如企业经过认真分析,决定为高收入群体设计生产高档奢华时装,这一定位决定了产品的价位一定要高。此外,企业还要考虑一些具体的经营目标,如利润额、销售额、市场占有率等。常见的定价目标主要有:维持生存、利润最大化、市场占有率最大化、产品质量最优化等。

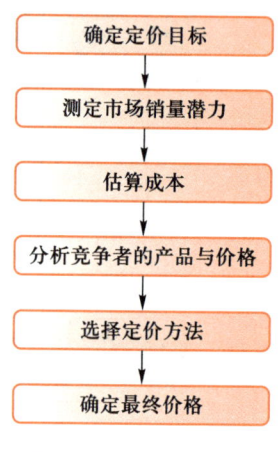

图4-9 企业定价程序

2. 测定市场销量潜力

(1)假定竞争者的价格不变,测定在一定价格水平上产品可能达到的销售量。将此数量与企业的供给能力相比较,若企业供给能力不足,则可考虑定较高的价格;反之,若供给能力过剩,也可以定较低的价格。

(2)测定需求的价格弹性。如果需求弹性大,调高价格就会引起营业收入下降,降低价格则可以使销售总收入上升;如果需求弹性小,调高价格可增加营业总收入,降低价格则销售总收入下降。

3. 估算成本

产品成本水平受产品生产数量的制约,要待生产过程结束后才能准确地测算出来。但成本作为企业定价的重要依据,只要有产品完工待销便可估算。因此,应该在定价前对成本有一个比较准确的预测。

4. 分析竞争者的产品与价格

在有竞争者的市场上,竞争者的质量和价格水平,以及竞争者可能对企业定价的反应都是企业定价的重要依据。

5. 选择定价方法

在确定了定价目标,测定了需求数量和需求弹性,估算了成本,分析了竞争产品后,就可选用合适的定价方法,为产品确定一个基本的价格。

6. 确定最终价格

产品基本价格确定后,还需要考虑其他因素,如消费者心理、销售季节以及其他营销因素,综合确定产品最终价格。

小试牛刀
新产品定价

随着经济的发展,健康食品、健身、美容、教育培训等成了现代社会中发展迅速的朝阳行业。

请选择某新兴朝阳行业,并找到该行业中你最熟悉的某家企业,通过网络访问或实地调研等渠道,了解该企业的新产品定价过程,将结果填入表4-4中。

表4-4 新产品定价过程

定价流程	企业定价过程的实施	依据(备注)
定价目标的确定		
市场销量潜力的测定		
预计成本		
分析竞争者的产品与价格		
选择定价方法		
确定最终价格		
分析总结		

2.2 定价方法

企业的产品定价主要受产品成本、市场需求和竞争因素的影响和制约,因此,大体上来讲,企业定价方法也可以分为三类,即成本导向定价法、需求导向定价法和竞争导向定价法。

案例
古井贡酒的定价方法

2.2.1 成本导向定价法

成本导向定价法是指以产品成本为基础,再加上一定的利润来确定产品价格的方法。由于补偿成本是企业经营最起码的要求,所以这类方法被广泛采用。它可以分为三种:

1. 成本加成定价法

这是一种最简单的定价方法,就是在单位产品成本的基础上,加上一定比例的预期利润作为产品的售价。售价与成本之间的差额即为利润。由于利润的多少是按一定比例反映的,这种比例习惯上称为"几成",所以这种方法称为成本加成定价法。其计算公式为:

定价方法

单位产品价格=单位产品成本×(1+加成率)

式中,加成率即为预期利润占产品成本的百分比。

这种定价方法的优点是简便易行,因为确定成本要比确定需求容易,价格盯住成本,企业可简化定价工作,也不必经常依据需求情况而进行调整;采用这种方法可以保证各行业取得正常利润,保障生产经营的正常进行;如果同行都采取此种方法定价,价格竞争就会大大削弱。

知识点:
成本导向定价法

单位成本加成定价法

这种定价方法的不足是,它是从卖方的利益出发进行定价的,其基本原则

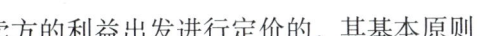

是将本求利和水涨船高,没有考虑市场需求和竞争因素的影响,因而这是一种卖方市场的产物。

小试牛刀
计算产品单价

某生产录音笔的企业,其产品的单位成本为100元,售价由成本加成20%来确定,则其单位售价为:

$$100 \times (1+20\%) = 120 (元)$$

2. 目标利润定价法

目标利润定价法是根据企业的总成本和估计的总销售量确定一个目标利润,作为核算定价的标准。其计算公式为:

$$产品单价 = \frac{产品成本 + 目标利润}{产品销量}$$

目标利润定价法

这种定价法有一个很大的缺陷,即企业以估计的销售量去求应制定的价格。而要实现估计的销售量,单位价格可能偏高或偏低。

小试牛刀
计算产品单价

某企业生产一种产品,每件产品的变动成本为8元,企业的年固定成本为500万元,当年的计划产量100万件,目标利润1 000万元。其产品单价为:

$$\frac{(8 \times 100 + 500) + 1\ 000}{100} = 23 (元)$$

3. 盈亏平衡定价法

盈亏平衡定价法是利用盈亏平衡分析原理来定价的一种方法,侧重于保本经营。在市场不景气或有临时困难的情况下,保本经营总是比停业损失要小得多,而且会给企业留下灵活的回旋余地。盈亏平衡点又称保本点,企业产品销售若达到这个平衡点,则可实现盈亏平衡。盈亏平衡定价法的计算公式为:

$$单位产品价格 = \frac{生产该产品的总固定成本}{产品销量} + 产品的单位变动成本$$

例如,某企业固定成本为100 000元,单位产品变动成本为30元/件,年产量为2 000件,则该企业盈亏平衡点单价为100 000/2 000+30=80(元)。

以盈亏平衡点确定价格只能使企业的生产耗费得以补偿，而不能得到收益。因此，在实际中均将盈亏平衡点价格作为价格的最低限度，通常再加上单位产品目标利润后才作为最终市场价格。有时，为了开展价格竞争或应付供过于求的市场格局，企业也会采用这种定价方式以取得市场竞争的主动权。

成本导向定价法的主要优点是计算简便，如果在正常情况下，产品能顺利销售，便能保证企业实现预期的目标利润。但这种定价方法体现的是以卖方为中心的生产观念，只考虑了产品成本和目标利润等卖方利益，而未考虑价格的实现，一旦所定的价格不能顺利实现，企业则会遭受巨大损失。因此，在采用成本导向定价法时，还应充分考虑需求和竞争状况，这样确定的价格才更有现实意义。

2.2.2 需求导向定价法

需求导向定价法是指按照顾客对商品的认知和需求程度制定价格，而不是根据卖方的成本定价。这种方法的出发点是顾客需求，认为企业生产产品就是为了满足顾客的需要，所以产品的价格应以顾客对商品价值的理解为依据来制定。它可以分为以下两种：

知识点：
需求导向定价法

1. 认知价值定价法

认知价值定价法是指首先估计和测量营销组合中的非价格变量在顾客心目中建立起来的认知价值，然后根据顾客对商品的认知价值制定商品价格。

一般说来，每种商品的性能、用途、质量、外观及价格等在消费者心目中都有一定的认知和评价。当卖方的价格水平与消费者对商品价值的认知水平大体一致时，消费者才能接受这种价格。

认知价值定价法的要点在于提高消费者对商品效用的认知和对商品价值的理解度。企业可以通过实施产品差异化和适当的市场定位，突出企业产品特色，再辅以整体营销组合策略，塑造企业和产品形象，使消费者感到购买这些产品能获得更多的相对利益，从而提高他们可接受的产品价格上限。

同步案例
生鲜商品如何定价？

2020年生鲜市场竞争日益加剧，竞争主要体现在经营品项、价格差异以及售卖服务这几个方面。虽然随着消费观念的改变，价格已不再是影响购买决策的唯一参考，但是定价对于日常化的生鲜商品来说仍然尤为重要，如何定价才能体现出价格竞争优势且同步保证毛利输出呢？

首先，要认识到定价需要参考的因素，主要包含固定阶段内单品在柜组所扮演的角色定位、毛利指标、库存、生命周期、成本价、损耗率、周边辐射地区消费群

模块四　多管齐下，料敌制胜：市场营销策略组合

体的结构以及商品到货时间。其次,要对所在商圈的竞争对手和农贸市场进行市调,并对竞争对手的售卖方式、陈列位置、面积分配等进行了解。

1. 不同属性的商品如何定价?

(1) A类商品是常说的敏感民生商品,季节性较强、消费者对价格的敏感度较高。定价原则为不高于竞争对手和市场行情(竞争对手做超低促销时除外),让顾客真切地感受到价格优势。促销时可以适当调低,必要时也可以负毛利操作。如果市场价格出现下降,门店应比市场先降价;如果市场价格出现上涨,门店要采取晚于市场涨价的策略。

(2) B类商品在定价上的日常毛利率在25%~35%之间。B类商品的市场需求量较大,受关注度较高,那么相应的陈列也一定要给到相对优质的陈列位置,使其在价格优势明显的情况下实现销售突破,有效地带动整体柜组的毛利提升。

(3) C类商品也就是常说的结构性单品,定价原则是与市场行情、竞争对手持平,或适当加价即可。顾客对这类商品的敏感度不高,可以适当提高价格赚取毛利,但不宜过高,应贴近竞争对手的价格或略高于竞争对手。

生鲜商品的分级定价并不是固定的定价原则,它会随着该商品的季节性和商品品质变化进行相应的调整。因为不同时期内,商品的品质、成本价格和市场竞争策略不同,所以相应的定价也会不同。同一个商品会随着季节的转变而转变不同的商品角色,一个商品可能会经历从C类到B类再到A类的转变。

2. 不同生命周期的商品如何定价?

基于商品属性的定价还不够严谨,价格带设定也是定价时重点关注的定价策略,特别是同一个小分类商品,要依据商品自身品质、鲜度等情况设定相应的价格带,展示不同的选择,烘托主要商品,这样的定价才会事半功倍的效果。

定价是给顾客一个价格参考值,但是不同定价商品的相关营销操作也要符合该商品的定位和定价策略,如季节性强的商品更适合做促销,不同品种的单品应交替做促销,等等。

当某一商品价格成本有明显浮动时,定价要给顾客适应价格变动的缓冲时间。比如,当某一商品成本价突然提高时,为了保持价格稳定和口碑形象,要先稳住定价或逐步分阶段提价,让顾客先接受竞争对手与市场的涨价,然后接受价格上调,以此获取口碑和应赚取的毛利。同理,当商品成本价格突然下跌时,也要通过分阶段降价,在竞争对手还没作出反应的时间空当里赚取更多的利润。

总而言之,生鲜商品的定价不是一味地看向一个方向,而是参考商品情况、营销计划、市场情况以及外部因素的影响而平衡定价,这样才不会遗失重要的口碑形象和应该赚取的毛利。

【案例思考】

如果你是生鲜商品的经营者,会如何制定生鲜类商品的价格呢?

2. 反向定价法

反向定价法是指企业依据消费者能够接受的最终销售价格，在确定自己从事经营的成本和利润后，逆向推算出产品的批发价和零售价。这种定价方法不以实际成本为主要依据，而是以市场需求为定价出发点，力求使价格为消费者所接受。分销渠道中的批发商和零售商多采用这种定价方法。

反向定价法

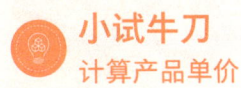

小试牛刀
计算产品单价

消费者对某品牌电视机的可接受价格是 2 400 元，电视机零售商的经营毛利为 20%，电视机批发商的批发毛利为 5%。试计算电视机的出厂价格。

零售商可接受价格＝消费者可接受价格／（1+20%）
　　　　　　　　　＝2 400／（1+20%）＝2 000（元）
批发商可接受价格＝零售商可接受价格／（1+5%）
　　　　　　　　　＝2 000／（1+5%）＝1 905（元）

即该牌号电视机的出厂价格为 1 905 元。

2.2.3 竞争导向定价法

竞争导向定价法是以市场上竞争对手的同类产品价格为主要依据的定价方法。企业定价时主要考虑竞争对手的产品价格，是为了应对市场竞争需要而采取的一种特殊定价方法。它分为以下三种：

知识点：
竞争导向定价法

1. 随行就市定价法

随行就市定价法是指根据同行业的现行价格水平，即同行业平均价格或者同行业中实力最强竞争者的产品价格来定价。这是一种比较常见的定价方法。一般基于以下情况而采用：产品的成本测算比较困难；竞争对手不确定；企业希望得到公平报酬；不愿打乱市场现有秩序。

采用这种方法既可以追随市场领先者定价，也可以采用市场的一般价格水平定价。这要根据企业产品特征及产品的市场差异性而定。这种方法提供了一个有效的解决方案，可以为企业节省时间、减少风险、避免竞争，有利于同行间和平共处。这种定价方法特别适合小型企业广泛采用。

2. 密封投标定价法

这是在建筑工程、大型机械设备购买和安装，社会集团大批量购买时常用的方法，是一种依据竞争情况来定价的方法。其基本原理是：招标者（买方）首先发出招标信息，说明招标内容和具体要求；参加投标的企业（卖方）在规定期间内密封报价和其他有关内容，参与竞争。其中，密封价格就是投标者愿意接受的价格。这个价格主要考虑竞争者的报价决定，而不是只看本企业的成本。在投标中，报价的目的是中标，所以报价力求低于竞争者。

企业确定投标价格是以既能取得承包合同，又能得到尽可能大的利润为目标的。实际上，企业常通过计算期望利润的办法来确定投标价格。所谓期望利润是某一投标价格所取得的利润与估计中标的可能性的乘积。期望利润最大的投标价格，就是企业最佳的投标报价。

3. 拍卖定价法

拍卖定价法是指卖方委托拍卖行，以公开叫卖方式引导买方报价，利用买方竞相求购的心理，从中选择高价格成交的一种定价方法。这种方法历史悠久，常见于出售古董、珍品、高级艺术品或大宗商品的交易中。

2.3 定价策略

实施定价策略

定价策略，就是把产品定价与企业市场营销组合的其他要素巧妙地结合起来，定出最有利的商品价格，实现营销目的。定价策略的奥妙在于把产品价格定得既让消费者易于接受，又能为企业带来较好的效益。

定价策略多种多样，灵活多变。常见的有以下几种：

2.3.1 新产品定价策略

1. 撇脂定价策略

案例
撇脂定价

撇脂定价策略又称高价策略，是指在产品生命周期的最初阶段，把产品的价格定得最高，以获取最大利润，犹如从鲜奶中撇取奶油。采用此定价策略的好处在于：高价便于树立高档产品形象，能使企业在短期内尽快收回投资，获取高额利润。从市场营销实践看，在以下条件下企业可以采用撇脂定价策略：

（1）市场有足够的购买者，他们的需求缺乏弹性，即使把价格定得很高，市场需求也不会大量减少。

（2）高价格使需求减少一些，因而产量减少一些，单位成本增加一些，但这些都不至于抵消高价格所带来的利益。

（3）在高价格情况下，仍然独家经营，别无竞争者。有专利保护的产品即是如此。

（4）高价格可以使人们产生这种产品是高档产品的印象。

2. 渗透定价策略

渗透定价策略又称低价策略，是指企业在产品刚刚推出市场时，把新产品的价格定得较低，以吸引大量顾客，提高市场占有率。采用这种策略的好处在于：能迅速地占领市场。由于产品价格较低，容易为更多的消费者所接受，也能有效地抑制竞争，但这种策略收回投资较慢。因此作为一种长期价格策略，适用于能尽快大批量生产，特点不突出，技术简单易仿制的新产品。这种定价策略适用的条件包括：

（1）市场需求对价格极为敏感，低价会刺激市场需求迅速增长。

（2）企业的生产成本和经营费用会随着生产经营经验的增加而下降。

（3）低价不会引起实际和潜在的竞争。

采用哪一种策略更为合适，应根据市场需求、竞争状况、市场潜力、生产能力和成本等因素综合考虑。各种因素的特性及影响作用如表4-5所示。

表4-5 渗透定价与撇脂定价的选择标准

项目	渗透定价策略	撇脂定价策略
市场需求水平	低	高
与竞争产品的差异性	不大	较大
价格需求弹性	大	小
生产能力扩大的可能性	大	小
消费者购买力水平	低	高
市场潜力	大	不大
仿制的难易程度	易	难
投资回收期长度	较长	较短

3. 满意定价策略

满意定价策略是一种折中价格策略，它吸取上述两种定价策略的长处，采用比撇脂定价价格低，比渗透定价价格高的适中价格。既能保证企业获得一定的初期利润，又能为消费者所接受。

以上三种新产品定价策略的价格与销量的关系如图4-10所示。

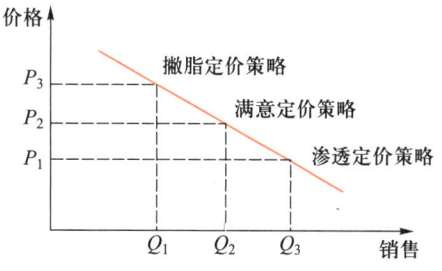

图4-10 新产品定价策略与销量的关系

同步案例
低价不好销，高价反抢手

据说，美国某地的一家珠宝店采购到一批漂亮的绿宝石。由于数量较大，店主担心短时间销售不出去，影响资金周转，便决心只求微利，以低价销售。本以为会一抢而光，结果却事与愿违。几天过去，仅销出很少一部分。后来店主急着要去外地谈生意，便在临走前匆匆留下一纸手令：我走后若仍销售不了，可按1/2的价格卖掉。几天后店主返回，见绿宝石竟然已经销售一空，不禁喜出望外。原来，店员把店主的指令误读成"按1~2倍的价格出售"，就提价一倍，结果绿宝石因此一售而空。

【案例思考】

为何会出现低价不好销，高价反抢手的现象？

2.3.2 产品组合定价策略

对于多品种生产经营的企业来说，各种产品的需求和成本之间有内在的相互关系。如何从企业总体利益出发，为每一种产品定价，发挥每一种产品的作用，是这类企业定价过程中经常遇到的问题。

1. 产品大类定价

产品大类是一组相互关联的产品。产品大类中每个产品都有不同的特色。确定这类商品的价格差额，一般要分析各种产品成本之间的差额、顾客对商品的评价、竞争者的价格等。如果产品大类中前后两个相互关联产品的价格差额较小，顾客就会更多地购买性能较先进的产品。此时，若这两个产品的成本差异小于价格差额，企业的利润就会增加。

2. 选择品定价

选择品是指那些与主要产品密切关联的可任意选择的产品。例如，顾客去饭店吃饭，除了点菜之外，可能还要点酒水饮料。在这里，饭菜是主要商品，酒和饮料就是选择品。企业为选择品定价有两种策略：一是为选择品定高价，靠它来盈利；另一种策略是定低价，把它作为招徕顾客的项目之一。

3. 互补品定价

互补品是指两种或两种以上功能相互依赖、需要配合使用的商品。例如，墨盒或色带是打印机的连带产品，剃须刀架是剃须刀的连带产品。大多数企业都会将主要产品定低价，而对连带产品制定较高的价格。以高价的连带产品获取高利，补偿主要产品因低价造成的损失。例如，各名牌打印机的价格都比较低，而墨盒的价格却定得较高，以墨盒的高价弥补损失率从而获得整体效益。

4. 副产品定价

在生产加工肉类、石油产品和其他化学产品时，常常有副产品。有的副产品没有价值，而且在处理它们时要支付额外的费用，这将会影响主要产品的定价。制造厂商为这些副产品寻找市场，并接受比储存和利用这些副产品的费用更多的价格。有的副产品有一定的价值，也需要进行定价。

2.3.3 心理定价策略

这主要是零售企业针对价格对顾客消费心理产生的影响而采用的定价策略。通过新的定价以达到刺激顾客购买的目的。常见的心理定价策略有以下几种：

1. 尾数定价策略

知识点：尾数定价

尾数定价策略是指利用消费者数字认知的某种心理，尽可能在价格数字上保留零头，使消费者产生产品价格低廉和卖主经过认真的成本核算才定价的感觉，从而使消费者对企业产品及其定价产生信任感。例如，6元一块的香皂，可将其定价为5.95元，使人觉得这不到6元。对价值较低的生活日用品，人们往往采用这种方法定价。心理学家的研究表明，价格尾数的微小差别，能够明显影响消费者的购买行为。一般认为，5元以下的商品，末位数为9最受欢迎；5元以上、100元以下的商品末位数为95效果颇佳；100元以上的商品，末位数为98、99最为畅销。如图4–11所示。

图4–11　尾数定价策略

2. 声望定价策略

知识点：声望定价

声望定价策略是指企业利用消费者对名牌产品或名牌企业的仰慕心理，故意把价格定成整数或高价。质量不易鉴别的产品，最适宜采用此法定价。因为许多消费者有崇拜名牌的心理，往往以价格判断质量，认为高价代表高质量。

在现代社会，消费高价位的产品往往被看成是财富、身份和地位的象征。因此，对于非生活必需品及具有民族特色的手工产品，可以利用声望定价策略塑造高端品牌形象，强调产品的品牌声誉、高端品质、超值服务以及给消费者精神上的高度满足。

营销视角
声望定价

金利来领带一上市就以优质、高价定位,对有质量问题的金利来领带他们决不上市销售,更不会降价处理,这带给消费者这样的信息:金利来领带绝不会有质量问题,低价销售的金利来绝非真正的金利来产品,从而极好地维护了金利来的形象和地位。

英国名车劳斯莱斯的价格在所有汽车中雄踞榜首,除了其优越的性能、精细的做工外,严格控制产量也是一个很重要的因素。据说,美国前总统艾森豪威尔也因未能拥有一辆金黄色的劳斯莱斯汽车而引为终身憾事。

【思考和讨论】
你还了解哪些声望定价的成功案例?

知识点:
招徕定价

3. 招徕定价策略

招徕定价策略是指零售商利用部分顾客求廉的心理,特意将某几种产品的价格定得很低,使其低于市价甚至低于成本以招徕顾客,增加其他商品的连带性购买,以达到扩大销售的目的。

案例
商场的一元拍卖活动

企业采用招徕定价策略时必须注意以下几点:

(1)降价的商品应是消费者常用的,否则没有吸引力;
(2)降价的商品品种要多,以便顾客有较多的选购机会;
(3)降价商品的降低幅度要大,一般应接近成本或者低于成本,才能引起消费者的注意和兴趣,激发消费者的购买动机;
(4)降价品的数量要适当,太多会导致商店亏损,太少则容易引起消费者的反感;
(5)降价品应与因伤残而降价的商品明显区别开来。

营销视角
超市定价技巧

北京有一家中型仓储式超市,将一部分习惯性消费的日用品进行周期性地轮流降价,有些甚至低于进价,始终给顾客造成一种物美价廉的印象,引得顾客盈门。其实,轮到下几种产品降价时,上几种又涨价上来。采用这种招徕定价策略,使得消费者的注意力主要集中在降价产品上,而忽略了其他产品价格的涨落。

【思考和讨论】
你还了解哪些吸引消费者的定价策略?

4. 习惯定价策略

如果某产品在市场上已经形成了习惯价格，企业在对这种产品定价时最好与习惯价格保持一致，不要轻易涨价或跌价，否则会使消费者产生抵触情绪，从而影响销售。对于许多商品尤其是家庭生活日常用品，消费者需要经常、重复地购买，因此这类商品的价格在消费者心理上已经定格，如买一块肥皂、一瓶洗洁精等。对这些商品的定价，一般应采用习惯定价策略。

2.3.4 需求差别定价策略

需求差别定价策略也称歧视定价策略，是指企业按照两种或两种以上不同的价格销售某种产品或服务。常见的需求差别定价策略有以下四种形式：

1. 顾客差别定价

顾客差别定价即企业按照不同的价格把同一种产品或劳务卖给不同的顾客。例如，对老客户和新客户，采用不同价格，对老客户给一定的优惠；同一产品卖给批发商、零售商或消费者，采用不同的价格；等等。

2. 产品形式差别定价

产品形式差别定价即企业对不同型号或形式的产品分别制定不同的价格，但是，不同型号或形式产品的价格之间的差额和成本费用之间的差额并不成比例。例如，对不同包装形式的同一产品实行区别定价，精装的比一般简装的要贵一些。

3. 产品部位差别定价

产品部位差别定价即企业对处在不同位置的产品或服务分别制定不同的价格，即使这些产品或服务的成本费用没有任何差异。例如，虽然剧院不同座位的成本费用都一样，但是不同座位的票价有所差异，这是因为人们对剧院不同座位的偏好有所不同。

4. 销售时间差别定价

销售时间差别定价即企业对于不同季节、不同日期，甚至不同时点的产品或服务分别制定不同的价格。例如，旅游地区的宾馆、饭店在旺季和淡季的收费标准不同。

案例
一家咖啡馆四个不同价

2.3.5 折扣定价策略

企业为了鼓励消费者及早付清货款、大量购买、淡季购买，也可以酌情降低其基本价格。折扣定价策略是通过降低一部分价格以争取顾客的一种定价方法。企业对那些满足企业优惠条件的客户或顾客提供折扣价有以下几种策略：

1. 现金折扣

这是企业给那些当场付清货款的顾客的一种减价，其目的在于鼓励购买者尽早付清货款以加速企业资金周转。如交易条款注明"2/10，N/30"，即表示顾客在30天内必须付清货款，如果前10天内付清货款，则给予2%的折扣。

2. 数量折扣

这是为鼓励大量购买产品而给予顾客的减价优惠。数量折扣分两种：一是非累计数量折扣，即按照顾客一次性购买商品数量的多少给予不同的优惠折扣；二是累计数量折扣，即按照一定时期内顾客购买商品的累计数量，给予不同的优惠折扣。

3. 功能折扣

功能折扣又称交易折扣、贸易折扣，即根据中间商在营销中担负的功能不同给予不同的折扣。例如，餐饮、住宿企业、旅游景点，会根据签约业务量的多少给旅行社不同的价格折扣，生产厂家会根据进货量的多少给予批发商和零售商不同的折扣。

4. 季节折扣

季节折扣是指产品或服务的价格随季节的不同而有所差异，对非应季商品打折销售，可以鼓励买主提早购买、贮存，以便减少企业仓储压力，使生产和销售较均衡地进行。

5. 价格折让

价格折让是把价格降到目录价格以下的另一种促销方法。例如，保证购新货时交旧货给予价格优惠的以旧换新折让；为促进经销商参与支持销售推广计划和广告活动，给经销商提供付款或降价条件的促销折让；等等。

2.3.6 价格调整策略

产品在定价以后，还常常由于情况变化需要对价格进行调整。调整价格的主要原因有两种：一是市场供求环境发生了变化，企业认为有必要对自己产品的价格进行调整；二是竞争者的价格发生了变动，企业不得不做出相应的反应，以适应市场竞争的需要。

1. 主动调整价格的策略

企业对价格主动调整，采取的策略有两种：

（1）降价策略。这是指在市场营销活动中，企业为了适应市场环境和自身内部条件的变化而把原有的价格降低。

虽然降价会影响同行之间的关系，引起价格竞争，但在以下情况下不能降低价格：① 生产能力过剩需要扩大销售，但通过改进产品、加大促销力度等其他营销方式难以扩大销售；② 市场竞争加剧，迫使企业降价以维持和扩大市场份额；③ 企业相对于竞争者有成本优势，降价可以扩大销售，并进一步降低成本；④ 经济不景气，消费需求减少，降价可以刺激需求。

企业降低价格的方式和技巧主要有：① 可以直接降低基本价格；② 可以

在基本价格不变的情况下，采取增加免费项目、改进产品性能和质量、增加折扣种类、提高折扣率、馈赠礼品以及抽奖销售等策略来实际降低产品价格。

（2）提价策略。这是指在市场营销活动中，企业为了适应市场环境和自身内部条件的变化而把原有的价格调高。

调高价格的原因主要有以下几点：① 应付成本上涨；② 通货膨胀；③ 产品供不应求，市场需求旺盛；④ 产品改进；⑤ 竞争策略的需要。

调高价格的方式和技巧主要有：① 公开真实成本。指企业通过公共关系、广告宣传等方式，在消费者认知范围内，把产品的各项成本上涨情况真实地告诉消费者，以获得消费者的理解，使涨价在没有或有较少抵触的情况下进行。有的企业趁成本上涨之机，过分夸大成本上涨幅度，从而过高地提高商品价格，这种做法容易引起消费者的反感。② 提高产品质量。为了减少顾客因涨价感受到的压力，企业在产品质量上应多下功夫，如改进原产品、新设计同类产品，在产品性能、规格、式样等方面给顾客更多的价值让渡。

2. 被动调整价格策略

被动调整价格策略是指在竞争对手率先调价后，企业在价格调整上所做出的反应。

一般情况下，对竞争对手提高价格的反应比较容易，可以跟随提价，也可以保持价格不变。对竞争对手降低价格的反应就比较复杂，需要慎重对待。在这方面，企业做出的反应主要有以下三种方式：

（1）置之不理。这是在竞争者降价幅度较小时采用的方法。因为企业认为跟随降价会减少利润，保持价格不变时市场份额损失不大，必要时很容易夺回来。

（2）价格不变，运用非价格手段出击。这是在竞争者降价幅度稍大时所采用的方法。例如，企业改进产品、服务和信息沟通等。一般来讲，不动价格而增加顾客的利益，比降价更有竞争力。

（3）跟随降价。这是在竞争者的降价幅度较大时所采用的方法。采用这种方法一般是因为市场对价格非常敏感，而且竞争对手的降价幅度又很大，如果企业不跟着降价，就会丢失太多的市场份额，影响以后的市场竞争和生产经营活动，损害企业长远的利益。至于降低到何种幅度，要根据具体情况进行具体分析。总而言之，企业降价的幅度或极限，至少要使销量的增加足以维持企业原有的利润。

单元三
渠道策略

分销渠道概述

分销渠道

知识点：
分销渠道

3.1 分销渠道概述

3.1.1 分销渠道的概念

分销渠道是指产品在从制造商向消费者转移的过程中，所经过的中间商联结而成的通道。它具有以下特征：

（1）分销渠道反映某一特定产品或服务价值实现的全过程。其起点是制造商，终点是最终消费者或工业用户。

（2）分销渠道是由一系列参加商品流通过程、相互依存、具有一定目标的各种类型的机构结合起来的网络体系。其组织成员通常包括制造商、批发商、零售商、消费者以及一些支持分销的机构，如运输公司、独立仓库、银行和市场咨询研究机构、广告公司等。

（3）分销渠道的核心业务是购销。商品在分销渠道中通过一次或多次购销活动转移所有权或使用权，流向消费者或工业用户。购销次数的多少，说明了分销渠道的层次和参与者的多少，表明了分销渠道的长短。

（4）分销渠道是一个多功能系统。它不仅要发挥调研、购销、融资、储运等多种职能，在适宜的地点，以适宜的价格、质量、数量提供产品和服务，满足目标市场需求，而且要通过分销渠道各个成员的共同努力，开拓市场，刺激需求，并进行自我调节与创新。

未来商店新零售革命

> **拓展方舟**
> 新零售助力社区商业实现智能化、数据化

2020或将成为中国零售业变革的一大节点。2015年，阿里巴巴提出"新零售"概念，紧跟着京东、苏宁相继提出"无界零售""智慧零售"。在线下，阿里巴

巴大张旗鼓地开办盒马鲜生，整合零售卖场，改为"天猫小店"；京东不甘示弱，全力推进"京东小店"的整合；苏宁也跑马圈地，四处建设"苏宁小店"。社会各界纷纷跟风，一时间，"新零售"概念满天飞，关于新零售的解释五花八门，投资机构也推波助澜：无人售货店成为热宠，各类卖场纷纷致力于"新零售"，各品牌公司不喊"新零售"仿佛就是落伍。那么，到底什么是新零售？它确实是将颠覆零售的未来趋势吗？

根据行业研报的表述，新零售是以消费者体验为中心的数据驱动的泛零售形态。有人将其归结为"线上+线下+物流"，也有人认为新零售就是"将零售数据化"。用通俗的话来说，新零售就是以互联网为基础，通过大数据、AI技术等，对商品的生产、配送、销售等过程进行的升级改造。零售的三要素发生了重构，从原先的"货—场—人"转变为"人—货—场"，这就是与传统零售业态相似而又不同的"新"零售。

1. 消费者为重点

如今，市场竞争激烈，商品种类繁多，零售的发展已逐步走出以商品为中心的模式，转而向以消费者和流量为中心的方向加快发展。新零售需要从内容、形式和体验上更好地满足消费者的需求，这是当前零售经营的核心。零售业务首先是经营顾客，围绕经营顾客打造有特色的商品与服务。所以，打动消费者、触动消费者的内心才是其最为关键的因素。

2. 线下品牌积极转型

在各大电商走进新零售之际，传统零售商也走上变革之道，以应用新技术来适应潮流。它们采用场景化的陈列模式——开设虚拟样板间，使店内未能摆放的商品得以无限延展，降低了门店陈列面积需求；又通过科技感十足的方式将商品详情呈现在顾客面前，既能减少供应商铺货成本，又能有效实现销售增量。

3. 社群成为新主体

现在的零售模式已经开始转变，社群成为新的零售营销力。搭建不同爱好的兴趣社群，通过社交渠道让用户主动分享传播，让人和物的匹配效率更高，这使原来关键词搜索时代不能触达的精准定位得以实现。

总体来说，目前尚处于新零售的发展阶段，接下来的供货、物流、赋能升级等还需要不断进步。从消费者的角度来看，其最想得到的就是了解他们的需求，通过不断升级消费场景，使消费者充分体验到新科技带来的便捷与乐趣。

新零售，要彻底打破以往的零售模式，要建立更加开放、共享、联合的新的零售模式。随着科技的发展，零售行业的智能化是社会发展的必然，新零售应该是借助智能化的技术手段对零售业的全方位革新。智能零售是顾客数据的抓取、有效及时的信息推送、完整的顾客解决方案、后续的跟踪服务等一套完整的智能化的方案。智能零售必然是针对顾客和商品的管理的智能化，是可以有效帮助零售企业管理者减轻工作量、提高工作效率的智能化。

3.1.2 分销渠道的功能

1. 沟通信息

收集并发布关于市场营销环境中现有的和潜在的消费者、竞争者及其他影响者的信息。

2. 促进销售

通过人员推销、广告、公关活动及其他促销方式吸引和说服顾客和潜在顾客。

3. 洽谈生意

渠道成员之间达成有关产品的价格、采购条件、进货条件以及售后服务的协议，并提出订单。

4. 融通资金

中间商购进产品并保持存货需要投入资金，这部分投入在产品实际抵达消费者之前就已经垫支，保证了厂商的再生产活动。所以，中间商购进产品行为实际是融通资金。

5. 实体分配

分销渠道除了完成产品交易过程外，同时还要完成产品实体从生产者到消费者的空间移动，使消费行为成为现实。

6. 风险承担

产品从生产领域到消费领域的转移过程中会面临许多不确定因素和物质实体的损耗，如市场需求变动，不可抗拒的天灾人祸，运输、存储及装卸过程中的商品破损，等等。这些风险均要由分销渠道成员承担。

同步案例
产品是否包销？

某纺织厂生产了一种新纺织品，有一户在全国颇有影响的商业单位向厂家表示，愿以相当优惠的承包条件包销该产品，并表示该厂无论生产多少他都收购。该厂营销部为此犯难了：是同意让该商家包销这个产品呢，还是不允许？这是一个事关该企业销售命运乃至经营命运的决策。现营销部经理来厂长办公室汇报情况，分析各自的得失利弊，请示厂长进行决策。

【案例思考】

如果你是该纺织厂的厂长，你会如何决策？

娃哈哈产品的分销渠道结构

3.1.3 分销渠道的结构类型

分销渠道的结构是渠道的长度结构和宽度结构的统一体。

1. 长度结构

分销渠道长度结构根据产品在流通过程中经过的流通环节的多少来划分，可分为直接渠道与间接渠道、短渠道与长渠道等类型。

（1）直接渠道。直接渠道是指产品从生产者流向最终消费者的过程中不经过任何中间商转手的分销渠道。直接渠道是产业用品分销渠道的主要类型。

（2）间接渠道。间接渠道是指产品从生产领域经过中间商再转移到消费者或用户手中的分销渠道。间接渠道是消费品分销渠道的主要类型，有些工业品也采用间接渠道。

为分析和决策方便，可以把直接渠道及间接渠道中只经过一个中间商环节的渠道定义为短渠道，而将经过二级及以上中间商环节的渠道称为长渠道。

2. 宽度结构

宽度结构根据渠道同一层级使用同类型中间商的多少来划分，使用同类中间商较多的，称为宽渠道；反之，则为窄渠道。一般分销渠道按宽度分为三种类型：

（1）密集性分销渠道。又称为广泛分销渠道，即制造商通过尽可能多的批发商或零售商经销其产品。密集性分销渠道通常能扩大市场覆盖面，提高购买的便捷性，从而尽可能地全面渗透目标市场。一般来说，日用品、食品和工业品中的标准化和通用型商品及经常性易消耗品，采用这种渠道。

密集性分销

知识点：
密集性分销

（2）选择性分销渠道。即制造商按一定条件在某一层级上优选少量中间商分销其商品。选择性分销渠道可以集中使用制造商的资源，充分利用经销商的专业销售能力。这类渠道多适用于选购品、特色产品、工业品中的机器设备等。

知识点：
选择性分销

（3）独家分销渠道。即制造商在某一地区市场、某一层次上只选择一家中间商经销其商品。独家分销可以得到经销商最大程度的配合，但如果选择不慎也可能影响企业的商品销售，或者面对经销商无理要求而处于被动的境地。

独家分销

同步案例
江小白入川记：深度分销

四川是中国酒业的兵家必争之地，也是全球酒业的名片之都，还是中国小瓶白酒主要市场之一。四川的白酒品牌在行业内依靠创新的商业模式和渠道模式，引领着中国的白酒市场。而江小白的营销团队大胆挺进四川，创造了一个行业奇迹。

1. 确定战略定位

从品牌战略而言，江小白必须聚焦一切资源于战略市场关键——成都，打造样板市场,形成根据地,产生示范效应。

"打下成都,引爆全川"的战略定位明确后,江小白采用深度分销模式作为核心战术,明确直建队伍和终端的打法,把成都分成7个大区,7个纵队、1个大本营和4个办事处。项目团队组建队伍,制定作战线路图,将每个大区细分为60个业务小区,每个业务小区包含200~260个终端。

在铺市阶段,为了快速高效抢占终端,江小白制定每个网点送6瓶酒的策略,用空间换时间,快速进入终端。如果遇到滞销的老产品,则一对一更换,维护客户,提升品牌新形象。

2. 借势雪花渠道

江小白的直营队伍在成都市场进行深度分销的过程中发现,每个区域都有一部分优质网点没法攻破,更有一些高端网点被配送商或竞品买断。营销团队对成都渠道结构进行了一次清查,惊喜地发现了一个突破口——雪花啤酒的渠道。

雪花啤酒在成都有200多个一、二级经销商,市场占有率达到75%以上,许多优质网点与这些经销商都有着深入的合作。而江小白的产品和雪花啤酒是反季节互补性产品,如果和雪花啤酒的经销商合作,会降低运营成本,提高效率和人、车、库的平均效益,同时又丰富了产品结构,构建起自己的渠道壁垒,使双方都受益。

江小白的营销团队立即启动和雪花啤酒渠道的协同工作,制定了一对一谈判策略,最终谈下了雪花啤酒三分之一的配送商,为成都市场打通了分销渠道。

经过营销团队的努力,江小白出现在成都数千家大大小小的餐饮场所。

资料来源:销售与市场,作者:杨叶护,有删改。

【案例思考】
请讨论并总结:江小白的渠道策略包含哪些内容?

3.2 分销渠道的成员

分销渠道成员中最基本的是中间商,中间商又包括批发商、代理商和零售商。

3.2.1 批发商

1. 批发商的定义

知识点:
批发商

批发商是指位于商品流通的起点或中间环节、成批大量地分销商品的中间商。批发商一般向生产企业购进产品,然后转售给其他批发商、零售商、产业用户或各种非营利组织,但不直接服务于个人消费者。

2. 批发商的特点

（1）批发业务主要是大批量采购、大批量销出。因此，批发商业务一般较零售商大，业务覆盖的市场区域也较零售商广。

（2）由于批发商需要大批量采购，所处地理位置是否接近商业中心并不十分重要。但是，所处位置的交通条件和通信条件却至关重要。

（3）批发商大多专营一定范围的产品，并掌握有关这类产品市场的专门知识，可为零售商提供花色、品种编配好的商品和有关咨询服务。

3. 批发商的分类

按经营商品的范围来分类，批发商可分为：

（1）普通商品批发商。这类批发商经营的商品范围较广、种类繁多，包括纺织品、文化用品、小五金、小电器、洗涤化妆品等。它的批发对象主要是中小零售商店，是最接近零售的批发种类。在产业用户市场上，这类批发商通常又称为工厂供应商，经营规格、品种繁多的标准化工具、用具、零配件及易耗品，直接面对产品用户。

（2）大类商品批发商。这种批发商专营某大类商品，一般花色、品种、品牌、规格齐全。这类批发商通常是以行业划分商品品类的，如食品批发公司、汽车零配件批发公司、仪器批发公司等。

（3）专业批发商。专业批发商比大类商品批发商专业化程度要高，专营某大类商品中的某个品种或某个品牌。如在食品行业中专营罐头食品。这种批发商通常最接近制造商，是大宗货物单一品种的第一级批发商。他们将不同生产企业制造的同类产品集中起来，再根据不同地区客户的需求批发出去。专业批发商经营商品范围虽然窄而单一，但业务活动范围和市场覆盖面却非常大，一般是全国性的。如木材批发商、纸张批发商、金属材料批发商、化工原料批发商等。

3.2.2 代理商

代理商与商品批发商的本质区别在于他们对商品没有所有权，只是代表卖方寻找买方，或在买卖双方间牵线搭桥（如经纪人），代理卖方签订购销合同，因此又被称为居间商。

1. 代理商

知识点：代理商

代理商一般具备三个特征：① 代理商只有经委托方授权，才有代理权；② 代理商必须在一定处所或一定区域内，以委托方名义出卖商品或办理与交易有关的其他事宜；③ 委托方须向代理商支付佣金。上述三点说明，代理商与委托方之间不发生商品所有权的转移，双方共同关心的是提高流通效率，即如何让产品又多又快地流向市场。产品流通效率越高，厂商的销售收入和代理商的佣金也相应越多。

代理商一般分为：

（1）制造商代理商。也称制造商代表，在代理商中所占比例最大。其主要任务是为签约的制造商推销产品，在制造商分配的销售区域内，按照与制造商约定的产品价格和订单处理程序提供送货服务。这种代理商可以同时为几家厂商做代理，但是产品是互补的。

制造商代理商主要适用于以下几种情况：

① 小企业的新公司，它们往往自己没有力量雇用推销人员，或产品品种有限，雇用专职推销人员不合算。

② 一些大制造商在开发新的地区市场时，因不确定因素较多，可以先通过这类代理商打开市场。待销路打开，市场销量稳定上升后，再派自己的推销人员或设销售办事处。

③ 一些大制造商会在市场潜力较大、发展较成熟的地区外派自己的推销人员，而在潜在购买数量有限，市场分散的地区委托代理商去推销，这样可相对降低成本。

（2）销售代理商。销售代理商通常被授权销售制造商的全部产品，并对交易条件、销售价格有较大影响。销售代理商在区域上一般也不受限制，而且每一个制造商只能使用一个销售代理商，不得再委托其他代理商，或设置自己的推销机构。对销售代理商来说，也不得经营与委托人相竞争的其他产品。

制造商采用销售代理商，实际是将全部产品销售工作委托给了对方，后者成了制造商产品的全权代理，作用类似企业的销售部门。

选择销售代理商的企业，一般是需要集中全部精力解决生产和技术等问题的企业，或是自感分销工作力不从心的企业。销售代理商通常规模较大，不仅负责推销，还负责广告促销，参与国内外展销会，调查市场需求变化，向生产企业提出改变产品设计、款式、定价等方面的建议。

2. 其他居间商

除了代理商之外，还有以下两种类型的渠道成员也具有同样性质，属于居间商。

（1）经纪人。为买卖双方牵线搭桥，促使交易达成的人称为经纪人。经纪人联系面广，认识许多卖主与买主，了解谁要买什么，谁要卖什么。许多小企业因规模有限而不值得建立自己的销售力量，也不值得与代理商签订长期契约。这种情况下，使用经纪人就是其较合适的选择。有些企业要推销新产品，或要开辟路途较远的新市场，在最初阶段也会选用经纪人为其助力。

（2）信托商。信托商又称行纪商，接受他人委托，以自己的名义代他人购销或寄售产品，并取得相应的报酬。信托商一般具有法人地位，在交易活动中要签订信托合同，明确委托事宜及相应的权利。信托公司、寄售商店、贸易货栈、拍卖行等是信托商的具体形式，也是实施信托行为的主体。

3.2.3 零售商

零售商是面对消费者个人或家庭零星销售商品的中间商。零售商是分销渠道系统的出口，也是商品流通的最后一道环节。零售业面对的顾客十分分散，加之其经营方式的多样化，因此构成了一个庞大繁杂的行业，在国民经济中处于举足轻重的地位。

案例
广州万客隆的经营策略

知识点：
零售商

1. 商店零售商

（1）百货商店。百货商店是综合各类商品品种的零售商店。其特点是：规模大、客流量大；品种齐全；购物环境和商品陈列好。

（2）专业商店。专业商店是指专门经营某一类商品或某一类商品中的某一品牌的商店。其特征在于一个"专"字，即专注于某类商品或服务。

（3）超级市场。超级市场最初以主、副食及家庭日用商品为主要经营范围，实行敞开式售货，顾客自我服务。现在的超市经营品种更加丰富，除了食品之外，家居生活日用品均有经营。超级市场的特点是：实行自我服务和一次性集中结算的售货方式；商品价格较低；商品包装规格化、条码化，明码标价。

（4）便利店。这是一种接近居民生活区的小型商店，营业时间长，以经营方便品、应急品等周转快的商品为主。便利店商品品种有限，价格较高，但因其方便快捷，仍受消费者欢迎。

（5）购物中心。购物中心是现代零售业的一种经营类型。它是经过整体规划和开发，实行统一管理，由若干零售商店及其相应设施组成的商店群体，通常包括一个或多个大的核心商店，并有许多小的商店环绕其中，有完善的停车场设施，顾客购物来去方便。其主要特征是在同一个大型建筑（群）内，容纳众多各种类型的商店、快餐店、餐饮店及美容、娱乐、健身、休闲场所，功能齐全，是一种超巨型的商业零售模式。

拓展方舟
购物中心

购物中心（Shopping Mall）产生于20世纪初，自20世纪50年代起在欧美发达国家盛行，掀起了商业经营方式的新浪潮，并逐渐以其购物、餐饮、休闲、娱乐、旅游等综合性经营模式与完美的环境配套设施而风靡欧、美、日及东南亚国家。购物中心的定义是：以大型零售业为主体，众多专业店为辅助业态，由多功能商业服务设施形成的聚合体。其显著特征是：规模大，由若干个主力店、众多专业店和商业走廊形成封闭式商业集合体，面积通常在10万平方米以上。功能全，集购物和其他商业服务，甚至金融、文化功能于一体，进行全方位服务。

2. 无店铺零售

（1）上门推销。这是一种古老的销售方式。即销售人员到消费者家庭、用户单位或在公众场合，直接向消费者或用户推销商品的销售形式。

（2）电话、电视销售。即以电话、电视作为沟通工具，向顾客传递所出售商品的有关信息，顾客根据需要选好所要购买的商品，通过电话直接向卖方订货，卖方按顾客的要求送货上门，整个交易过程简单、迅速，方便顾客，节约时间。

（3）自动售货。利用自动售货机经营、销售商品。自动售货已被大量运用在多种商品上。如香烟、糖果、报纸、化妆品等。

3.2.4　新型分销渠道

1. 连锁经营

连锁经营

知识点：
连锁经营

连锁经营是指由同一公司统一经营管理若干门店，实施统一的集中采购、统一的经营服务、统一的品牌标志政策，通过标准化技术和多店铺扩张方式实现发展的一种经营模式。

连锁经营按照所有权构成不同，可以划分为正规连锁、特许连锁和自愿连锁三种方式；按照业态的不同，可以划分为零售业连锁经营、饮食业连锁经营、服务业连锁经营；按照分布区域的不同，可以划分为国际性连锁、全国性连锁和区域性连锁。

2. 特许经营

知识点：
特许经营

特许经营是指特许权所有人（即特许人）通过协议授予受许人使用特许人已经开发出的品牌、商号、经营技术的权利，并由特许人负责提供相关经营信息、技术培训、业务支持，受许人则需要支付相关的费用。特许经营有两种主要类型：① 生产型特许，如可口可乐公司、汽车销售、品牌专卖等；② 经营型特许，如麦当劳、肯德基和连锁商业等。

特许经营具有以下特点：

（1）特许系统由一个特许人和若干个受许人组成，其核心是特许权的转让，受许人之间无横向联系；

网络销售

（2）受许人对自己的店铺拥有实际的控制权，人事和财务均是独立的，特许人无权干涉；

（3）特许人提供的不仅是相关的品牌和技术，而且负有对受许人进行长期业务支持和提供服务的责任；

（4）受许人必须缴纳相关的特许费用，包括加盟费、特许权使用费、广告分摊费等。

3. 网络销售

知识点：
网络销售

互联网，特别是移动互联网的出现，改变了人类的生活、工作方式，也改变了商业活动的模式，给经济发展带来无限的活力和商机。网络销售是指综合利用网络、电子计算机和数字交换等多种技术，把商品或服务从制造商手里转移到消费者手里的经营活动。

与其他分销方式相比，网络销售具有许多无法比拟的优势：

（1）市场的全球化。网络的全球互联性使企业的营销活动可以获得广泛的接触面。例如，可以通过互联网与世界市场直接沟通，成为世界经济中的一分子，获得众多的交易机会。

（2）信息的丰富化。网络的信息丰富多彩，可以说是近似无限的，企业既可以从网上获取自己想要的信息，又可以向网上发布有关本企业的商品、服务等信息。

（3）沟通的交互化。顾客与企业可以开展互动交流。顾客可以从网上获取企业的商品或服务信息，同企业咨询、洽谈、订货；企业可以按照顾客的要求进行个性化服务，通过配送系统向顾客送货。企业还可以与其他企业进行网上交流，加强业务往来。

（4）交易的高效化。可以使企业迅速获得市场信息，及时调整自己的生产经营策略，迅速地把自己的产品或服务推向市场，达到出奇制胜的效果。

（5）销售的直接化。企业直接向顾客销售产品时不必采用间接渠道，从而减少分销环节，降低渠道费用；企业可以根据顾客订货量的多少，组织生产、供货，从而减少库存。

（6）网络的全时化。网络的全天候运行，可以使企业随时待命，一年365天，一天24小时，从不间断，从而提高服务质量和服务响应速度。

（7）服务的标准化。网络的文字、图像、声音、视频等，可以给顾客提供标准化、规范化的服务，不存在服务态度不好的问题。顾客还可以长期保存有关的内容。

3.3 分销渠道的设计与管理

3.3.1 影响分销渠道设计的因素

1. 产品因素

（1）单价高低。一般来说，产品单价低，其分销渠道就应该长、宽、多；

反之，分销渠道就适合短、窄、少。因为产品的单价低、毛利少，企业只有大批量销售方能盈利。一些大众化的日用消费品，通常都经过一个以上批发商，由批发商卖给零售商，再由零售商卖给消费者。而单价高的产品，一般采用短渠道。

（2）时尚性。对时尚性较强的产品（如时装），消费者的需求容易变迁，要尽量选择短的分销渠道，以免错过市场时机。

（3）体积和重量。体积和重量大的产品（如大型设备），装卸和搬运困难，储运费用高，应选择较短而窄的分销渠道，最好采用直销渠道；反之，可以选择较长而宽的分销渠道，利用中间商推销。

（4）易损易腐性。如果产品容易腐蚀变质（如食品），或者容易破损（如玻璃制品），应尽量采用短渠道，保证产品使用价值，减少商品损耗。

（5）技术性。一般技术性能比较高的产品往往需要经常的或特殊的技术服务，生产者可以将产品直接出售给最终用户，或者选择有能力提供较好服务的中间商经销，分销渠道是短而窄的。

（6）产品市场生命周期。① 新产品试销时，许多中间商不愿经销或者不能提供相应的服务，生产企业应选择短而窄的分销渠道，或者代销策略，以探索市场需求，尽快打开新产品的销路。② 当新产品进入成长期和成熟期后，随着产品销量的增加，市场范围的扩大，竞争的加剧，分销渠道也呈"长、宽、多"的发展趋势。此时，采用经销策略就比代销更为有利。③ 在企业衰退期，通常采用缩减分销渠道的策略以减少损失。

2. 市场因素

（1）潜在顾客数量。潜在顾客的多少决定市场的大小。潜在顾客数量越多，市场范围越大，越需要较多的中间商进行转售，生产企业多采用"长、宽、多"的渠道分销策略；反之，就适宜直接销售或采用短渠道销售。

（2）目标市场的分布状况。如果某种产品的销售市场相对集中，只是分布在某一或少数几个地区，生产者可以直接销售；反之，如果目标市场分布广泛，分散在全国乃至国外广大地区，则产品只有经过一系列中间商方能转售给消费者。

（3）市场需求性质。消费者市场与生产者市场是两类不同需求性质的市场，其分销渠道有着明显的差异。消费者人数众多，分布广泛，购买消费品次数多、批量少，就需要较多的中间商参与产品分销，方能满足其需求。产业用户较少，分布集中，且购买生产资料的次数少、批量大，产品分销多采用直接销售渠道。

（4）消费者的购买习惯。消费者购买日用品的频率较高，又希望就近购买，其分销渠道多为"长、宽、多"，而对于选购品和特殊品，消费者愿意花较多时间和精力去挑选，宜采用短而窄的分销渠道。

（5）市场风险。当生产企业面临较大的市场风险时，如市场不景气、销售不稳定、新开辟的目标市场情况不明等，一般选择少数几家中间商或运用代销策略进行销售。

（6）竞争者的分销策略。企业选择分销渠道，应了解竞争对手采用的分销策略。一般来说，企业应尽量避免和竞争者使用相同的分销策略，除非其竞争能力超过竞争对手或者没有其他更合适的渠道可供其选择与开拓。

3. 企业因素

（1）企业的声誉、资金和控制渠道的能力。如果企业声誉高、资金雄厚、渠道管理能力强，则可以根据需要灵活地选择分销渠道，甚至建立自己的分销系统。而实力有限的企业则只能依赖中间商销售产品。

（2）企业的销售能力。企业具有丰富的市场销售知识与经验，有足够的销售力量和储运设施，就可自己组织产品销售，减少或不用中间商；反之，就需要借助于中间商。

（3）可能提供的服务。如果生产企业广告宣传力度大，能派出维修人员对中间商进行技术培训，能提供各项售后服务，中间商就会愿意经销其产品；反之，则难以取得中间商的合作。

（4）企业的产品组合。如果生产企业产品组合的深度与广度大，则零售商不必经过批发环节，可以采取短而宽的分销渠道直接进货。否则，只好采取长而宽的分销渠道。

（5）企业的经济效益。每一种分销渠道都有利弊得失，企业选择时，应进行量、本、利分析，核算各种分销渠道的耗费和收益的大小，从而作出最有利于提高经济效益的决策。

4. 营销环境因素

营销环境涉及的因素极其广泛。如一个国家的政治、法律、经济、人口、技术、社会文化等环境因素及其变化，都会不同程度地影响分销渠道的选择。

> **同步案例**
> 无印良品与农户合伙开农场，推行"餐饮+零售+预约体验"新模式

无印良品是一个著名的日本杂货品牌。它的产品体系中被大家所熟知的是一系列生活家居、家具产品。其实，无印良品经营咖啡厅、酒店，甚至还有农场。农场对于无印良品，可以说是产业链的终端配套。它将生鲜店铺作为终端，实现与客户的交互，也接受来自终端客户的反哺。

在日本东京郊区的千叶县鸭川市西部，无印良品与当地的农场合作，开了一间生鲜店铺，商品以本地的农产品为主。这里距离东京市中心大概90公里，1个小时左右的车程。

这家店铺占地160平方米，位于乡道旁边，后面和四周都是梯田、大棚和小

丘陵。无印良品在对建筑内部进行装修和改造后,将其作为当地美食餐厅、纪念品商店、农产品直销、体验课等多种功能的场地。

农场的经营是跟当地的农户进行合作的,相较于一些农业园区给人工厂或公园的感觉,这边的乡村更具有生活气息。

这家生鲜店的经营,推行"餐饮+零售"的新零售玩法。去过盒马鲜生的都知道,这边刚称好的螃蟹,就能在原地加工食用。无印良品也是类似的玩法,这里所有菜品都是原创,根据食物最原始的材料与优势,搭配出最本真的味道。

早餐来一个烤面包或饭团,品尝当地的鸡蛋、沙拉和味噌汤。午餐来一份日本鸭川的地道美食,如"Hishiko 寿司"搭配鸭川蔬菜汁。还可以选择季节性蔬菜搭配裙带菜制成的面条。除了正餐,还有各类便当饭盒,价格在 200 日元~600 日元之间。都是采用当地的食材制作,而且很多都是手工制作,体现了当地的传统手艺。

在农场的运营上,无印良品并没有在合作的农场搞"采摘",而是采用预约式的农活体验。只要在无印良品的官网报名,就可以参与线下的种植活动。在这里体验农活是要收费的,比如体验种植插秧,收费为 1 500 日元/次。这种预约式的种植活动体验感更强,也更有教育意义。

除了体验农活,消费者还可以现场学习制作寿司。同时,还会举办儿童画展、日本鼓演出、年糕大赛等活动,来实现与客户的交流和口碑传播。

农场里没有花哨的建筑,有的是自然朴素的环境和处处用心的细节服务。无印良品希望为客户提供一个更高频的消费场景。

从无印良品的农场运营模式来看,在城区内,建立一个类似于无印良品的品牌店铺,作为农场客户售前交流的场景,拉近农场与客户的距离,或许是一个可以探讨的方向。

资料来源:农庄设计,2020 年 7 月 13 日,有删改。

【案例思考】

无印良品与农户合伙开设农场,使用的渠道类型有哪些?

3.3.2 分销渠道管理

1. 评估与选择中间商

制造厂商选择中间商前，要对中间商进行评估。评估的内容主要包括：

（1）中间商经营时间的长短及成长状况。

（2）中间商的经营管理水平和经营开拓能力。

（3）中间商决策者的营销观念和人格形象。

（4）中间商的信用状况。

（5）中间商的区域优势。

当中间商是代理商时，生产企业必须评估其经销的其他产品大类的数量与性质，以及该代理商推销人员的素质与能力。

当打算授予某一零售商独家分销权时，生产企业还要评估零售商店的位置、未来发展潜力以及经常光顾零售商店的顾客类型。

2. 客情关系的建立

客情关系就是指制造商与中间商在诚信合作、沟通交流的过程中形成的情感关系。客情关系是维系分销渠道各成员紧密合作的润滑剂，在某种程度上决定了分销渠道运作的效率和效益。

3. 建立相互培训机制

相互培训机制是密切渠道成员关系，提高分销效率的重要实现举措。一方面，制造商培训中间商的终端销售人员，使他们懂得商品的主要知识、使用方法和相关技术，提高他们顾问式销售的能力，以更好地引导消费，扩大销售；另一方面，中间商可以给制造商的营销人员、技术人员提供培训，传递市场知识、竞争者信息和消费需求特点，使制造商的产品、促销、售后服务得以改进，提高制造商适应市场的能力。

4. 对中间商成员的考核

测量中间商的绩效有两种方法：一是将中间商的销售额绩效与上期绩效进行比较，并以整个群体在某一地区市场的升降百分比作为评价标准。二是将各中间商的绩效与根据某一地区市场销售潜量分析所设立的销售配额相比较。即在考核期中，将中间商实际销售额与其潜在销售额进行对比分析，并将中间商按销售绩效的先后名次进行排序。

5. ABCDE 分类管理

按照销售额高低和货款回笼的快慢可将中间商分为 A、B、C、D、E 五类。对他们实施不同的经销政策和管理策略，降低企业经营风险，提高企业分销网络的竞争力。中间商 ABCDE 分类管理表如表 4-6 所示。

6. 对中间商的激励

为了更好地与中间商合作，调动其经营企业产品的积极性，制造商往往给予中间商各种激励。

表4-6 中间商ABCDE分类管理表

分类	销售额	货款回笼	管理策略
A	高	快	给予奖励,扩大授权
B	中等以上	快	支持促销,向A转化
C	高	慢	防范风险,向A转化
D	中等以下	快	支持促销,向B转化
E	中等以下	慢	逐步减少,最终放弃

(1)提供促销费用。特别是在新产品上市之初,制造商为了激励中间商多进货、多销售,在促销上应大力扶持中间商,包括提供广告费用、公关礼品、营业推广费用等。

(2)价格折扣率。在制定价格时,要充分考虑中间商的利益,根据市场竞争需要为产品价格制定一个合理的浮动范围,主动让利于中间商。

(3)年终返利。年底时,对中间商完成销售指标后的超额部分按照一定的比例返还利益。

(4)奖励。对于销售业绩好,真诚合作的中间商给予奖励。奖励可以是现金,也可以是实物,还可以是价格折扣率的加大。

(5)陈列津贴。即商品在展示和陈列期间给予中间商的经济补偿。可以用货铺抵扣,也可给予适当的现金津贴,其目的是降低中间商经销产品的风险。

7. 窜货管理

窜货是指分销成员为了牟取非正常利润或者获取制造商的返利,超越经销权限向非辖区或者下级分销渠道低价倾销货物。窜货会扰乱正常的分销秩序,引发分销渠道成员之间的冲突和市场区域内的价格混乱。窜货产生的内因是企业分销渠道设计有缺陷,销售任务压力大,销售管理不规范等;外因则主要在于分销成员的逐利欲望。

窜货预防和处理的主要方法有:

(1)事先制定分销网络经营政策。通过明确分销成员的销售区域和销售权限,明确价格政策。为不同销售区域的商品设置不同的外包装和条码,便于监督、检查。

(2)事先制定窜货处理政策。因窜货对其他分销成员和制造商造成的损失由窜货方全权负责,按比例扣除窜货方的年终返利,减少给其的促销费用,降低客户等级和经销权限。

(3)制造商成立销售管理小组。通过派专人负责管理,建立畅通的信息反馈渠道,经常抽查,听取中间商的意见反馈,发现有窜货现象后根据政策规定进行处理,并在制定考核指标时考虑被窜货地区的损失,合理增加返利。

> **同步案例**
> 直接进货还是代理？

李民在某地区从事某品牌计算机的销售工作，该地区内每个城市都有一两家实力较大的经销商，他们几乎是各计算机厂家的首选合作目标。这些经销商目前或多或少都在做李民的产品，但随着他们经销的品牌数量逐步增多，李民所负责的品牌的销售能力的增长却变得十分有限。

今年李民所负责品牌有很多优秀的产品上市，但销售量并不是很理想。目前已有很多其他经销商想卖李民的产品，或者提出要直接从李民这边进货，将原有城市经销商这一层给"扁平掉"。

资料来源：梁东，刘建堤．市场营销学．北京：清华大学出版社．

【案例思考】
李民现在应该何去何从？如果你是李民，你又将采取什么方法解决这一难题？

单元四 促销策略

4.1 促销概述

4.1.1 促销的含义

促销，即销售促进，是指一定的社会组织通过传播媒介，向消费者或用户传递有关商品或服务的信息，以期获得消费者的认可、理解和信任，继而激发他们购买欲望和行为的一切活动的总和。

促销的概念具体有以下几层含义：

1. 促销工作的核心

促销工作的核心是信息传播与情感沟通。企业将产品或服务的性能、特征等信息传递给消费者或用户，并且通过关心他们的生活、健康以及许多与他们相关联的社会问题，建立与消费者或用户之间的正常联系和良好感情，保证企业营销目标的顺利实现。

企业信息传递过程模型如图4-12所示。

信息主体是从事商品生产或服务的企业；信息客体是消费者或用户；沟通

促销概述

促销

知识点：
促销

案例
腾讯视频校园许愿季引爆200所高校，年轻范儿占全了工具主要借助传播媒介（也包括人员推销和消费者口碑等人际传播途径）。同时，信息传递常常会受到社会、自我或人为因素的影响，即"干扰"。消费者或用户接收了企业所传递的信息后，经过一定方式的处理，形成自己的意见、建议，并通过一定的渠道反馈回企业，使企业能及时调整营销结构、改进服务措施，在经营方向和策略上进一步完善。

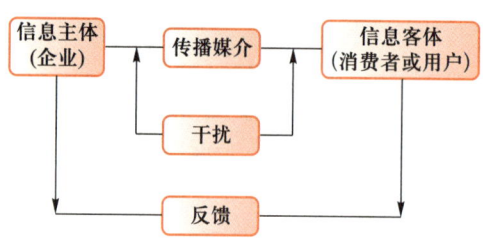

图4-12　企业信息传递过程模型图

2. 促销的目的

促销的目的是取得消费者或用户的认可和信任，激发他们的购买欲望和动机，引发购买行为，实现消费者或用户需求的满足和企业营销目标，达到企业和消费者或用户的双赢。

3. 促销的方式

促销的方式包括人员促销和非人员促销。

（1）人员促销，也称人员推销，是指企业派出推销人员直接与消费者或用户进行接触，说服消费者购买的一系列活动。

（2）非人员促销，则是指通过一系列的传播媒介组合传播与企业有关的产品或服务等信息，包括广告、公共关系、营业推广和网络促销。

企业促销方式如图4-13所示。一般来说，人员推销这种面对面的方式目标明确、针对性强，而且富有亲切感，易于产生共鸣，但是对推销人员的素质要求很高，而且影响面较窄；非人员推销影响面广，但针对性不强。两种促销方式应当结合运用，以发挥彼此的长处，获得最佳效果。

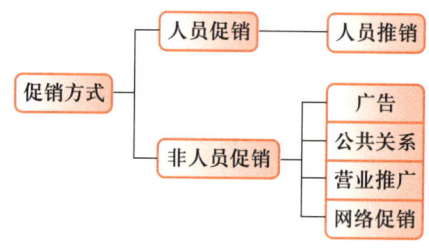

图4-13　企业促销方式

4.1.2　促销的作用

促销是企业营销活动的重要组成部分，对企业的生存和发展起着决定性作用。具体表现如下：

1. 传递信息，保证沟通渠道畅通

利用促销过程，企业将其高效地对外传递，引发注意，激发消费者购买欲望和渠道中间商的合作兴趣，同时收集消费者和渠道中间商对企业产品、价格、渠道和营销沟通策略及方式的意见与建议，及时反馈给企业决策层。

2. 激发潜在需求，扩大产品销售

消费者的购买行为是具有可导性的，促销的最终目的在于激发消费需求，促进消费者对产品的认同和好感。当产品畅销时，巩固和发展市场；当产品滞销时，通过促销策略去引导和改变需求，延缓产品的市场生命周期。

3. 突出特点，强化竞争优势

竞争的白热化是市场经济的一大特点。在激烈的市场竞争中，企业可以通过促销突出产品的独特卖点，宣传产品优势，强调能为消费者或用户带来的独特利益，促进消费者或用户的理解、认同、拥护与支持，增强企业在市场经营活动中的竞争力。

4. 树立良好形象，巩固和发展市场

企业的形象与信誉是企业宝贵的无形资产，直接影响企业产品的销售与服务。通过促销，为企业树立良好的形象，使消费者或用户减少对企业以及产品的生疏觉，缩短对产品从接触、了解到认同的时间周期，同时会获得广泛的关注、更多的理解与支持。

4.2 促销组合策略

4.2.1 促销组合的内容

促销组合，是指在市场营销活动中，将人员推销、广告、公共关系和营业推广等促销形式有机结合起来，综合予以运用，以实现企业的促销目标。促销组合是企业营销组合的重要部分。

知识点：
促销组合

1. 促销组合策略的类型

促销组合从策略上可分为推式策略、拉式策略和推拉结合策略三种。

（1）推式策略，主要是通过人员推销的方式主动把产品推向市场。这种策略一般适合于单位价值高、性能复杂、需要示范演示类产品的销售。由于产品的专业性或新颖性，消费者或用户对产品不是太了解或根本就不了解，推向市场时需要进行专业介绍。如一些大型专业设备、专业管理软件等产品的新市场培育，多采用推式策略。

（2）拉式策略，主要是通过非人员推销的方式赢得消费者或用户以及渠道中间商。与推式策略恰恰相反，这种策略一般适用于单位价值低、市场需求量大、流通环节多、渠道长，而且行业市场比较成熟，消费者或用户对产品知识、用途及使用方法非常熟悉（比如洗衣液、牙膏等生活日用品）的产品销售。

推式策略与拉式策略的比较如图4-14所示。

（3）推拉结合策略则是将推式策略和拉式策略有机结合，可以分为先推后拉、边推边拉和先拉后推三种。

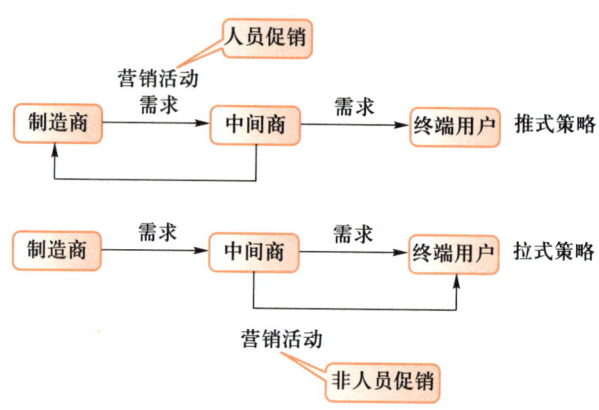

图4-14 推式策略与拉式策略的比较

2. 五种促销形式的特点比较

前述的人员推销、广告、公共关系、营业推广和网络促销五种促销形式的优缺点比较如表4-7所示。

表4-7 五种促销形式的优缺点比较

类型	优点	缺点
人员推销	与消费者直接接触；能了解消费者的真实需求与购买心态；能引起直接购买	队伍庞大；管理复杂；营销推广费用高
广告	形象生动；感染力强；主题凝练；信息传播覆盖范围广泛；单位成本低	对选定对象的针对性不强；干扰因素大；总费用高
公共关系	活动影响面与信息覆盖面大；容易为人们所接受；有助于树立良好的企业形象	不易直接引发购买行为
营业推广	对终端消费者直接利益刺激，吸引力较大	短期效用较明显，但消费者或用户容易产生疑虑
网络促销	及时、快速，可以在最短的时间覆盖尽可能多的人群；现在几乎每人都有可以上网的手机，网络促销信息更容易传递到目标消费人群	技术革新快，需要不断优化促销方式方法；对非网民不起作用

4.2.2 影响企业促销组合选择的因素

企业在选择各种促销方式进行组合时，应综合考虑商品的特点、促销目标、市场结构与状态、消费者构成与消费心理等诸多因素，进行科学选择、合理组合和灵活运用。

促销组合的制定和促销策略的选择主要受以下因素影响：

1. 促销目标

企业经营的最终目标是营利，不断满足消费者需求是其获得利润并保持盈利持久性的最有效途径。如表4-8所示，在不同的经营阶段，企业肩负的使命不同，促销组合目标也就有所不同。

表4-8 市场发展阶段与促销方式选择

阶段	营销目标	促销方式
市场导入期	企业和产品的知名度、市场覆盖率以及客户开发最重要	宜采取广告宣传为主，辅以营业推广和网络促销的方式扩大宣传，通过广泛试用，刺激购买
市场成长期	美誉度的建立、市场占有率的提升、销售收入增加是重点	广告仍是主要的宣传方式，同时结合人员推销、营业推广、公共关系和网络促销，巩固已有的消费群，积极拓展新用户
市场成熟期	维持市场声誉、市场占有率和销售收入，保持客户是重点	集中经费，采用以公共关系为主的促销组合，突出企业形象与信誉，巩固和维持已有的市场和消费群，并进行适当的市场扩展，同时辅以防御性的广告投放和网络促销
市场衰退期	减少库存、回收资金，为新产品开发上市争取时间	以营业推广为主，适量投放一些提示性的广告

2. 产品因素

产品的类别不同，购买存在较大的差异，不同类别的产品应该采用不同的促销策略。消费品（含生活日用品）主要是提供给个人或家庭日常生活消费所用，市场覆盖面广，需求量大，促销策略应该以广告宣传为主，结合其他促销形式采取综合促销策略；而在工业品市场，由于产品的技术性强、购买量大、购买的总标的价值大，购买决策程序化、专业化，购买者更为重视产品的质量、技术性能等因素，应该采取人员推销为主的促销策略。如图4-15所示。

图4-15 不同产品类别促销方式的选择

3. 促销费用预算

一般而言，企业在进行项目可行性分析时，会根据行业营销预算的基准水平，对本企业的营销预算制定一个比较精确的幅度范围予以控制。对于单个产品的营销预算，剔除营销中的非常规情况，如遭遇恶性狙击、突发性的市场行业危机等，一般按照总投入、总产出和产品的生命周期编制，即产品在市场导入期、成长期、成熟期与衰退期的投入比例大致为4∶3∶2∶1。

4. 市场结构状态

市场结构状态包括目标市场的范围、规模、集中性与分散性、竞争格局与态势等方面。范围小、规模较大、集中性强的市场适合采用人员推销的方式，范围广、规模较大、集中性不强的市场则适合采用广告、公共关系和营业推广等方式。

企业在选定促销组合策略时，应根据设定的促销目标、产品类别、产品生命周期、费用预算，以及市场的集中性、竞争程度等设计并选择合适的促销组合策略。

4.3 广告促销

"没有广告就没有市场，没有广告就没有名牌"，这已成为企业家的共识。利用广告策划制作，可以吸引受众，以尽可能少的投入获得尽可能大的产出。广告还有助于建立企业文化。20世纪80年代末期，当进口产品在中国市场大出风头时，不少中国产品都在广告中夸耀自己的"洋出身"，四川长虹却率先打出民族工业的旗帜——"以产业报国、民族昌盛为己任"。这是明明白白的企业文化，挡不住的民族凝聚力随即迸发出来。这种民族文化也迅速感染了中国人，引导了消费，使得长虹在很短的时间内成长为彩电市场第一品牌。

> **拓展方舟**
> **广告的力量**
>
> 利用广告增强企业的竞争力，不仅见于大的广告策划，也见于细微的广告文案设计。譬如，牙刷广告词："一毛不拔"；打字机广告词："不打不相识"；电风扇广告词："实不相瞒，××牌电风扇的名气是吹出来的"；摩丝广告词："青春做伴，从头开始"；鞋子广告词："千里之行，始于足下"；灭蚊器广告词："默默无'蚊'"；咖啡广告词："味道好极了！"等等。这些广告用语易懂，易背，易念，给人留下深刻的印象。这就是广告的力量。

4.3.1 广告定位

广告定位是美国广告专家大卫·奥格威所倡导的。他认为，广告活动的核心不在于怎样规划广告，而在于把广告产品放在什么位置。广告定位就是指从众多的商品中寻找商品有竞争力的特点，凸显其独特个性。例如，福特公司曾把它的汽车定位为"静悄悄的福特"，整个广告活动围绕"静悄悄"做文章，突出福特汽车的安静舒适、不受噪声干扰的特点。

广告定位的工作内容包括：

1. 确立广告目标

广告目标是指在一个特定时期对特定观众所要完成的特定传播任务。

拓展方舟
广告目标

一般来说，广告目标可分为三种类型：通知型广告、说服型广告、提醒型广告。

通知型广告主要用于一种新产品的入市阶段，目的在于树立品牌，推出新产品。例如，××洗发水打入市场的广告就是："还有半个月，一种全新型洗发水将与消费者见面"，然后依次递减天数，"还有10天……"，"还有一周……"，"还有一天……"，并在预定的那天打出全面介绍该种品牌洗发水的广告。

说服型广告的目的是培养消费者对某种品牌的需求，从而在同类商品中选择它。例如，达克宁药膏通过"不但治标，还能治本"来暗示其同类产品只能治标，不能治本，从而劝说消费者进行选择。

提醒型广告对进入旺销期的产品十分重要，该广告的目的是保护消费者对该种产品的记忆和连续购买。例如，××饮料的广告词就是："今天你喝了没有？"

2. 确定广告对象

广告对象是指广告信息的传播对象，即信息接收者。广告对象的策划目的是解决把"什么"向"谁"传达的问题。这是广告活动中极为重要的问题。没有广告对象，就是无的放矢。但一个广告不可能打动所有人，而应当找准具有共同消费需求的消费者群体。

3. 确定广告区域

针对广告区域的地方性、区域性、全国性、国际性的不同，选择不同的广告覆盖方法，如全面覆盖、渐进覆盖或轮番覆盖。

4. 确定广告概念

这里所指的广告概念，特指广告所强调的商品特点，信息传递方法、技巧和具体步骤等。

5. 确定广告媒体

选择广告媒体不一定收费愈高愈好，要根据商品和媒体的特性。

例如，以下的一则航空公司广告就很好地利用了电台媒体的听觉效果：

（强烈的噪声中）男："坐飞机这轰鸣声真难受！"

（噪声消失）女："坐这架可安静了！"

——"欢迎您乘坐××航空公司的飞机。"

4.3.2 广告媒体选择

1. 广告媒体的种类

知识点：广告媒体

（1）印刷品广告。印刷品广告包括报纸广告、杂志广告、电话簿广告、画册广告、火车时刻表广告等。以下介绍报纸广告和杂志广告。

① 报纸广告。报纸广告的优势是：覆盖面广，读者稳定，信息传递灵活迅速，新闻性、可读性、知识性、指导性和纪录性显著，白纸黑字便于保存，可以多次传播信息，制作成本低廉等。报纸广告的局限是：它以新闻为主，广告版面不可能居突出地位，广告有效时间短，日报只有一天甚至半天的生命力，多半过期作废。广告的设计、制作较为简单、粗糙等。

② 杂志广告。杂志广告是指利用杂志的封面、封底、内页、插页为媒体刊登的广告。杂志广告的优势是：有效阅读时间长，便于长期保存，内容专业性较强，有独特、固定的读者群，如妇女杂志、体育杂志、汽车杂志等，有利于有的放矢地刊登相对应的商品广告。杂志广告的局限性是：周期较长，不利于快速传播，由于截稿日期比报纸早，杂志广告的时间性、季节性不够鲜明。

（2）电子媒体广告，包括电视广告、广播广告、电影广告、电子显示屏广告等。这里介绍前两种。

① 电视广告。电视广告可以说是传统意义上所有广告媒体中的"大哥大"。电视广告的优势很明显：收视率高，音形兼备，视觉刺激强；其局限性主要是制作成本高，电视播放时间短、收费高，小型企业无力问津。

② 广播广告。广播广告传收同步，听众容易收听到最快最新的商品信息，而且每天重播频率高，收播对象层次广泛、速度快、空间大，广告制作费也低。其局限性是只有信息的听觉刺激，而没有视觉刺激，受网络媒介冲击较大。

（3）网络广告。1997年，ChinaByte网站上出现了中国第一条商业性网络广告，这标志着中国网络广告的诞生。如今，通过互联网开展广告活动，已经越来越被企业看重。依据广告在网络上的载体和发布方式来划分，当前流行的网络广告主要有视频广告、网页广告、搜索引擎广告、电子邮件广告、软件广告等众多类别。网络广告互动性、体验性强，具有独特优势。

（4）户外广告。主要包括：路牌广告、霓虹灯广告和灯箱广告、交通车厢广告、招贴广告、旗帜广告、气球广告等。车身广告如图4-16所示。

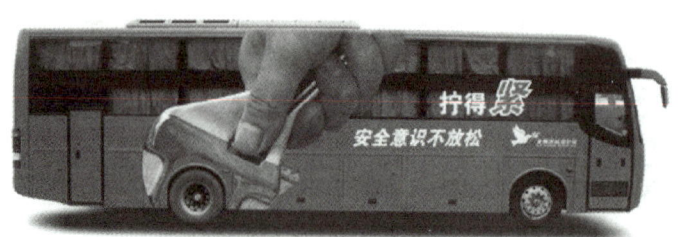

图4-16　车身广告

（5）邮寄广告。邮寄广告是广告主采用邮寄售货的方式，供应给消费者或用户广告中所推销的商品。它包括商品目录、商品说明书、宣传小册子、明信片、挂历广告、通知函、征订单、订货卡等。

（6）POP广告。POP是英文Point of Purchasing的大写字母缩写，POP广告即售点广告，是指售货点和购物场所的广告。世界各国广告业都把POP视为一切购物场所（如商场、百货公司、超级市场、零售店、专卖店、专业商店等）场内场外所做广告的总和。

（7）新媒体广告。所谓新媒体，是相对于传统媒体而言的，新媒体是一个不断变化的概念。狭义上，新媒体是一个相对的概念，是指在纸媒、广播、电视等传统媒体以后发展起来的新的媒体形态，包括网络媒体、移动媒体、数字电视。广义上，新媒体是一个宽泛的概念，指利用数字技术、网络技术，通过互联网、无线通信网、卫星等渠道，以计算机、手机、平板电脑、触摸屏、数字电视机等终端，向用户提供信息和服务的传播形态。新媒体广告的投放是专指在新媒体上所进行的广告投放。

（8）其他广告。其他广告指除以上几种广告以外的媒体广告，如馈赠广告、赞助广告、体育广告、包装纸广告、购物袋广告、手提包广告等。

2. 广告媒体选择

广告媒体选择，主要应考虑以下因素：

（1）产品因素。技术性复杂的机械产品，宜用样本广告。样本广告可以较详细地说明产品性能，或用实物表演，增加用户体验感。一般消费品可用视听广告媒体。

（2）消费者媒体习惯。如针对工程技术人员的广告，应选择专业杂志为媒体，推销玩具和化妆品等最好的媒体是电视。

（3）销售范围。广告宣传的范围要和商品推销的范围一致。

（4）广告媒体的知名度和影响力。它包括发行量、信誉、频率和散布地区等。

（5）广告主的经济承受能力。

同步案例

CITY CAFE的广告：《人生习题》

2020年，CITY CAFE推出名为"人生习题"的视频广告。

在看CITY CAFE的广告《人生习题》前，很难想象CITY CAFE和人生考试能扯上什么关系，但看完之后会发现广告构思真的很巧妙。

"每天一杯CITY CAFE陪你找答案"，这是整支广告最后的落点。想找到什么答案呢？职场人生答案。那么职场人生有什么样的问题呢？——何为大人？黑脸白脸，何为正解？表面和内心话，谁轻谁重？正是沿着这样的逻辑，CITY CAFE洞察了职场人生里的一些问题和困惑，而这些问题或许有答案，或许没有。这时，先喝杯CITY CAFE，努力过的人生迟早会有自己满意的回答。

资料来源：广告百货，作者：潘二蛋，有修改。

【案例思考】
1. CITY CAFE的《人生习题》属于什么类型的广告？
2. 该广告是如何吸引消费者的注意力的？

4.3.3　广告的创意制作

广告创意是广告设计制作者在酝酿广告时的构想。广告设计制作者根据广告主的要求，在做完详尽的市场调查后，经过精心思考和策划，最后完成一个商品、劳务、企业形象的综合广告方案。

1. 广告创意设计的构思

广告创意设计的构思要真、简、奇、美，攻心为上，杜绝"小和尚念经"式广告创意的构思。例如，可口可乐集团曾要求为其代理广告业务的麦伊广告公司重新换个广告主题，该广告公司立即把派驻全球各地机构富有创造力的主管全部召回纽约，经过反复激烈的讨论，最后才浓缩出一个主题，其创意是"喝一口，笑一笑"（Have a coke and a smile）。

2. 广告创意的媒体运用

广告创意不仅是文案设计，还包括广告宣传所使用的媒体设计。如何运用各种媒体的特点来为广告服务，同样需要创意功夫。例如，西铁城手表打入澳大利亚市场的广告创意是利用POP广告媒体巧妙地宣传产品的质量。它预告消费者，某日某时某刻该公司将用飞机在堪培拉广场空投西铁城手表，谁捡到就归谁。届时，飞机如期而至，数以万计的手表从天而降……戴着高空落下、走时准确又不要钞票的手表，效果之好可想而知。

创意广告的媒体选择也离不开现代科技。例如，哈根达斯推出一款手机AR应用程序，打开该程序并用手机摄像头对准其商标扫描，就会出现一位优雅的女士在拉小提琴，主题简单、悠闲。这个AR创意广告定位追求高品质生活的顾客，而这恰恰就是哈根达斯的主要目标群体。

3. 广告创意的语言艺术

广告是时尚和流行文化的一部分，广告创意的语言传达着目标群体价值观的认同感。巧妙运用语言艺术，才能更好地展现广告的魅力。例如，康佳中秋节营销创意广告从中国传统文化切入，推出"嫦娥用好货"系列创意，用"温度由你不由天，空调房里胜神仙""佳节大餐不缺席，只需一台洗碗机"等妙趣横生的广告词强调了电器产品的主要卖点，给人留下深刻的印象。

4.3.4 广告费用预算

广告费用预算可有以下几种不同的选择方案：

1. 销售百分比法

根据过去经验，按计划销售额的一定百分比确定广告费用。好处是简便易行；缺点是实际操作中过于呆板，不能适应市场变化。

2. 目标任务法

明确广告目标后，选定广告媒体，再计算出为实现这一广告目标应支出的广告费用。这种方法在实际操作中难度较大，因为广告目标很难以数字来精确计算。

3. 竞争对抗法

它是根据竞争对手的广告宣传情况来决定自己的广告费用支出的一种方法。

4. 量力而行法

企业在不能测定广告目标和广告效果的情况下，常常采用有多少费用就做多少广告、量力而行的办法。它比较符合企业的实际，但未必适应市场需要。

4.3.5 广告效果评估

广告效果评估就是指运用科学的方法来鉴定所作广告的效益。广告效益包括三方面：一是经济效益，指广告促进商品或服务销售的程度和企业的产值、利税等经济指标增长的程度；二是心理效益，指消费者对所作广告的心理认同程度和购买意向、购买频率；三是社会效益，指广告是否符合社会公德，是否有益于弘扬社会良好风尚。广告效果的测定方法有很多种，可按不同的标准进行分类。下面介绍的是以广告发布时间为界进行的分类。

1. 预审法

它是在广告制作完成以后、媒体发布之前所进行的广告效果测定和相应分析。具体可通过以下手段进行：

（1）模拟销售检验。就是通过人为的办法"选"一个销售环境，以此检验广告的促销功能。譬如"盲目销售检验"，就是把包装好的产品上的商标拿掉，摆在货柜上，每种商品后面有个说明卡片，上面分别有一则不同的广告，最后看哪种商品销量大，就说明哪种卡片上的广告促销功能大。

（2）消费者试用。就是把一组同类产品放在消费者面前，各个产品均配以不同的广告，然后检验消费者对广告的反应程度、对相应产品的购买意向和购买结果。

（3）邮寄检验。邮寄检验可以通过各种各样的印刷品形式进行，如小册子、信件、说明书和明信片等。把不同的广告缩印在明信片上，每张明信片都有一些免费小赠品，所有明信片的赠品都一样，然后把这些明信片寄给大量的、有一定代表性的消费者，根据有复信并已接受赠品者的比例大小，检查广告的有效程度。

（4）仪器检验。让消费者置身于各种仪器前，检测其对广告的反应程度。其中一种仪器是视力相机，它的功能是在阅读广告时记录其视力运动情况。测量表明一个人在阅读时，眼睛并不是顺着字行稳定移动的，不同人的阅读习惯也不同。通过视力相机获得的资料可以用来确定广告标题的位置，确定某一广告长度的合适与否以及其他广告文案设计问题。再如印象测量器也是一种常用的广告效果检测仪。把被检广告在被检测人员眼前暴露3~5秒钟，然后检验人员可以利用这种机械装置衡量出每个被检测人员能够回忆起多少广告内容。

2. 复审法

这是在广告发布以后，为了分析广告效果并调整广告策略而测量广告效果的方法。具体可通过以下手段进行：

（1）售后检验。这是最直接也是用处最多的一种方法，它把广告发布后企业产品的销售额和广告发布前的销售额进行比较，从而得出广告的促销功能。

（2）调查检验。在发布广告后，调查消费者，询问顾客，并向受访者提供一些奖励，鼓励他们对广告做出评论。可以把同一则广告发布在不同的媒体上，询问哪一种效果好；也可以同时准备两则广告都发布在报纸上，今天刊登一则广告，明天刊登另一则广告，然后询问哪一种广告效果较好，再决定取舍。

（3）回忆检验。一般来说，不给对方任何提醒或暗示，只是在受试者记忆的海洋中检查所作广告深入人心的程度。

4.4 人员推销

4.4.1 人员推销的含义

人员推销是指企业通过派出营销人员，在一定的营销环境里，运用各种推销知识、技巧和手段直接说服用户。实质是企业营销人员与一个或一个以上可能成为购买者的消费者或用户交流，作口头陈述，或产品演示，以促成商品交易，从而扩大销售。

人员推销

知识点：
人员推销

4.4.2 推销人员队伍的组建

推销人员队伍的组建有三种形式：

（1）建立自己的销售队伍，使用本企业的推销人员来推销产品。

（2）通过合同使用专业的推销人员或机构。

（3）雇用兼职的售点推销员。

4.4.3 推销人员的组织结构

推销人员的组织结构可分为：

（1）地区结构式，即每个（组）推销人员负责一定地区的推销业务。

（2）产品结构式，即每个（组）推销人员负责一种或几种产品的推销业务。

（3）顾客结构式，即根据顾客的行业、规模、分销渠道的不同而分别配备推销人员。

4.4.4 推销人员的考核

1. 推销人员的日常考核

要掌握和分析有关的情报资料。情报资料的最重要来源是销售报告。销售报告分为两类：一是推销人员的工作计划；二是访问报告记录。工作计划使管理部门能及时了解推销人员的未来活动安排，为企业衡量他们的计划与成就提供依据；访问报告记录则使管理部门可以及时掌握推销人员以往活动和顾客的状况，并提供对后续访问有用的情报，人员变动后还可以为客户关系的继续保持提供保障。

2. 推销人员的阶段性考核

推销人员的阶段性考核是推销人员管理中的重要一环，评价考核的原则是"公平、公正、公开"。因此，必须建立一套科学、合理、可行的评估指标体系。

对推销人员的评价考核指标内容主要包括：

（1）推销业绩。包括：绝对业绩（个人业绩总量）和相对业绩（个人业绩占总业绩的比率），销售量增长情况；毛利；每天平均访问次数及每次访问的平均时间；每次访问的平均费用；每百次访问收到订单的百分比；一定时期内新顾客的增加数及失去的顾客数目；销售费用占总成本的百分比；等等。

（2）销售态度。包括资料的准备、时间的管理与控制，推销礼仪以及推销流程作业的规范化等。

（3）推销能力。包括产品专业推销知识和技巧、推销沟通能力等。

3. 推销人员的评价考核方法

（1）业绩评定。如对推销计划的执行情况与新增加的客户数量的评定。

（2）业绩比较。包括纵向比较和横向比较，既与自己过去的业绩进行比较，也与现在同事的业绩进行比较。

（3）素质评估。它是对推销人员的气质、性格、仪表、风度、言谈、心理素质的评估。

4.4.5 推销人员的激励

推销人员的考核是激励的基础。激励分为经济激励和精神激励两类。经济激励主要体现在推销人员的经济收入上，如工资级别、奖金、提成甚至于企业股权；精神激励主要体现在荣誉方面，如表扬、职位晋升、授予荣誉称号等。激励还可分为正激励和负激励，奖励属于正面激励，惩罚属于负面激励。

小试牛刀
产品的校园推销大赛

建议在任课教师指导下，征求班级同学的意见，确定某种同学们普遍感兴趣的产品，然后指派代表负责联系一家相应的实体企业，开展该产品的校园推销大赛。

开展这个活动的好处：第一，能够锻炼学生的领导能力、谈判能力、团队合作意识和组织协调能力；第二，所有同学全部参与，并带动全校同学积极加入活动，有利于扩大班级影响力和增强所有同学的集体荣誉感；第三，可以有效地锻炼同学的实战技能；第四，可以增加同学们的实践经验，在毕业求职的简历上添上一笔。

活动要求如下：

1. 与企业联系，并获得企业冠名赞助；

2. 要书写完整的计划方案，这个方案要能够说服企业赞助，使得广大同学们积极加入；

3. 要取得校方的支持，并以学校或二级学院的名义颁发奖状、荣誉证书；

4. 整个活动的组织实施要细化，执行过程要有监督，要做到"公平、公正、合法、合理"。

4.5 营业推广

4.5.1 营业推广的特点

营业推广是指在销售过程或销售现场采取的促进销售额短期快速提高的促销活动，又称销售促进。营业推广具有以下的特点：

1. 针对性强，效果明显

营业推广的对象是指与产品直接相关的消费者、渠道中间商以及推销人员。通过一系列强有力的宣传推广，提供优惠条件，调动相关人员的积极性，达成销售促进的目的。

2. 方法灵活多样

营业推广的方式可根据商品性能、顾客心理和市场情况灵活设计，具有较强的适应性。它能吸引相关人员的注意，激发他们的欲望，并促使其产生购买行为，达到促销的效果。

3. 临时性和非正式性

人员推销和广告宣传是一种经常性、长期性的促销方式，而营业推广对顾客和推销人员则具有暂时和特殊的促进作用，是临时性的和非正式性的，是人员推销和广告促销方式的有效补充。所以，营业推广的运用应适时和谨慎。

4.5.2 营业推广的方式

营业推广的方式主要包括：消费者营业推广、中间商营业推广和推销人员营业推广（见图4-17）。这里着重介绍前两种。

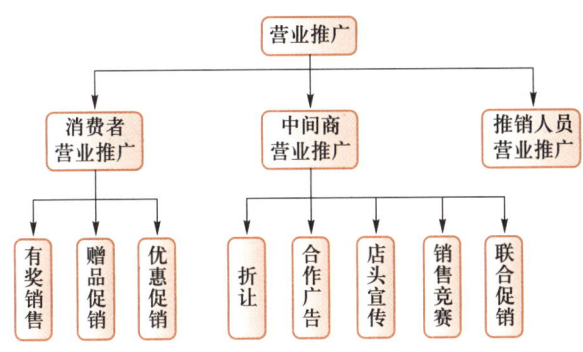

图4-17 营业推广活动方式

1. 消费者营业推广

（1）有奖销售。利用顾客的侥幸心理，随销售商品发放奖券，发到一定数量后开奖，中奖者可获取某种奖品或一定数量的奖品。

（2）赠品促销。包括赠送样品和有买有赠两种方式。赠送样品是在顾客购买之前，免费赠送一部分样品；有买有赠是在顾客购买某种商品时，赠送给顾客小包装赠品或另一种商品。两者的目的均在于刺激顾客购买。

（3）优惠促销。包括：节假日优惠；对特定对象的优惠，如航空公司对教师、学生寒暑假乘飞机的优惠等；厂店开张、周年纪念、节假日优惠；折价赠券；降价销售；会展促销；等等。

2. 中间商营业推广

（1）折让。具体包括：减价折让，即渠道中间商享有与进货量挂钩的进货优惠政策，如低折扣、价格返点、费用返点、物质奖励等；广告折让，即生产商给予渠道中间商一定的广告津贴，以刺激渠道中间商加强产品的广告宣传；陈列折让，即生产商为了支持渠道中间商扩展零售渠道，寻求有利终端陈列，以利于市场推广和销售，而给予渠道中间商的专项津贴。

（2）合作广告。通过在广告与促销宣传上的合作，实现渠道中间商对生产商产品市场推广的支持，促使他们更好地推销生产商的产品。

（3）店头宣传。店头宣传一般有两种：一种是厂家主导，由厂家根据自己品牌的宣传标准拿出店头宣传方案，中间商协助配合；另一种是商家主导，由商家牵头拿出店头宣传方案，厂家协助配合。两种方案都是生产商核定宣传价格并付费。这种促销方式目的是使产品在目标市场建立良好的终端形象。

（4）销售竞赛。是厂商为激发经销商的合作兴趣与支持，加大进货量和分销力度，提高产品的渠道覆盖率，缩短物流时间而采取的促销方式，如购买量竞赛、销售量竞赛、渠道覆盖与扩展竞赛等。

（5）联合促销。指厂商与经销商互惠互利，共同开展产品或服务推广的促销方式。这里指的销售商不局限于企业已有的渠道，还包括根据需要而拓展的新渠道。

4.5.3 营业推广的步骤

营业推广活动是由企业管理决策者和有关人员对相关因素进行调查、分析和研究后采取的一种促销活动。具体活动步骤如图4-18所示。

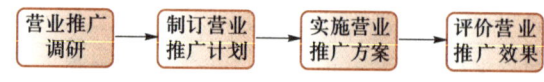

图4-18 营业推广活动流程图

1. 营业推广调研

营业推广对营销有巨大的帮助，但它的效果也因时、因地、因人、因物而异。企业要想获得营业推广成功，通过调研、分析影响营业推广成功的因素是极其必要的。同时，营业推广只是营销系统中的一部分，营业推广活动的实施必须服从企业的整体营销组合策略。

营业推广调研的内容包括：

（1）产品。产品被市场接受的程度及原因，如功效、性能、价格、包装、规格、尺寸、品牌及文化等。

（2）消费者。影响消费者产品选择的原因，营业推广对消费者购买的影响，消费者对各因素的敏感度，消费者喜欢的营业推广方式等。

（3）竞争产品的营业推广方式和效果。

（4）营业推广管理。这要求企业分析哪些是法律或行业监管所不允许的营业推广内容或方式；查询和调研公司产品和竞争产品营业推广的效果；分析以往营业推广成功与失败的原因。

2. 制订营业推广计划

（1）营业推广工具库建设。即完善各类营业推广工具，包括免费营业推广、优惠营业推广、竞赛营业推广和营业推广组合四大类。各类中又细分出众多的营业推广子类，如免费营业推广的实现形式有直接邮寄、逐户分送、定点分送及展示、联合派送、媒介搭车、包装内分送、凭卡/券兑换、售点领取等。在企业的营业推广工具库中必须建立各种营业推广的"效用—费用"数据库，即各种营业推广方案在哪些方面分别花多少费用，能产生怎样的效果等的数据资料。

（2）营业推广计划制订。营业推广计划制订包含五要素：推广目标、产品区域及范围、实施对象、具体条款内容、实施时间。

（3）营业推广方案内容。营业推广方案内容主要包括：营业推广目标、刺激规模、推广对象条件、推广时间、推广方式、推广时机、分送途径、活动费用预算。

3. 实施营业推广方案

企业实施的营业推广方案应该是经过试行和优化后确定是行之有效的。在具体实施过程中，应注意把握实施前的准备和实施活动的时间控制，以期达到最佳的推广效果。

4. 评价营业推广效果

评价营业推广效果是营业推广活动的重要内容，它对于总结过去的经验和指导未来的营业推广活动具有重大意义。主要评价方式有：

（1）阶段比较法。即把营业推广前期、中期、后期的销售进行比较，分析营业推广产生的效用。

（2）跟踪调查法。即对参加营业推广活动的顾客或经销商的反应和意见进行跟踪调查与访问。

同步案例
可口可乐公司的营业推广手段

可口可乐公司（Coca-Cola Company）成立于1892年，总部设在美国佐治亚州亚特兰大，是全球最大的饮料公司。

可口可乐营业推广主要分为以下6个方面：

①广告宣传；②赠送销售；③有奖销售；④赞助销售；⑤节日促销；⑥联合推广。

【案例思考】

请根据本单元所学知识，收集上述各方面的相关促销实例，并分析其促销方式及作用。

4.6 公共关系促销

案例
超市夏季公关活动策划方案

知识点：
公共关系

公共关系是随着市场竞争的日趋激烈、商品生产的极大丰富和市场经济建设的逐步完善而形成和发展起来的一门新兴学科。它对于加强企业的市场竞争能力具有重要的作用。

4.6.1 公共关系概述

公共关系又称为公众关系，是指企业在从事市场营销活动中正确处理与社会公众的关系，树立良好的企业形象，从而促进销售的一种活动。

1. 公共关系的作用

（1）信息收集、环境监测。包括：① 产品形象信息，是指消费者、社会公众和企业内部公众对企业产品的反应与评估，如性能、功效、价格、包装、宣传、营销、售后服务以及产品规格等。② 企业形象信息，是指社会公众对企业组织机构、产品、市场营销行为、企业人力资源、人员素质与能力、领导者风格、领导与管理水平以及经营业绩好坏的反应和评价。③ 企业内部公众信息。即企业内部员工的想法，对企业的看法或意见，员工的凝聚力、对企业的忠诚度等方面的信息。④ 以及其他一切会影响企业、员工、社会公众、投资者及顾客的信息。

（2）舆论宣传、氛围营造。举办公益活动，服务社会，引导舆论宣传，给企业树立良好的公众形象；用正面信息不断刺激公众，为企业赢得良好的正面形象；及时控制负面信息，进行改善与纠偏，化被动为主动，变不利为有利，快速恢复声誉。

（3）决策参考。将收集到的信息进行综合分析处理，建立公共关系信息搜索、处理和决策应用关系，为企业决策全局化与对危机事件的及时应对和处理提供决策依据。

（4）理顺关系，协调沟通。通过公共关系活动，理顺企业与政府、社会公众、内部员工、消费者与投资者等群体之间的关系，建立正常的沟通渠道与沟通机制，更好地协调工作。

2. 公共关系的主要内容

公共关系的主要任务是协调、处理组织与公众间的关系。它不是直接促销，但它通过一系列的活动影响公众的观念与行为，促使公众认同、理解并支持企业的经营思想与行动，最终形成较稳定的消费者或用户群，实现企业市场营销目标。公共关系的主要内容包括：

（1）正确处理企业与消费者的关系。消费者是企业生产经营最权威的裁判者。消费者对企业的态度与行为决定着企业的生存与发展。其次，公共关系工作必须以消费者为中心，积极主动地处理与消费者之间的各种关系。

（2）正确处理与新闻界的关系。企业的公共关系工作，在很大程度上是"制造新闻"，即将企业生产经营活动中的新闻发掘出来，予以宣传，所以企业与新闻界的关系是密不可分的。新闻媒体对于社会舆论的形成起着直接控制的作用，它们是社会的喉舌，所以无论是宣传企业的产品，还是弘扬企业精神、树立企业形象，都离不开新闻界的支持与帮助。企业应同新闻界保持紧密联系，以改善企业形象，建立良好信誉，并尽可能借助新闻媒体进行促销推广。

（3）正确处理企业、员工和股东间的关系。员工与股东是企业的内部公众。他们都是企业的主人，是企业价值的创造者。

（4）正确处理与相关企业间的关系。相关企业包括原材料供应商、产品经销商、同行业竞争者以及各种智力服务企业（如策划公司、管理咨询公司、市场调查公司、广告公司）等。企业应加强与供应商和经销商之间的信息沟通和情感交流，建立和保持友好合作关系，合理地分享利益，谋求共同发展。

4.6.2 公共关系活动方式

在企业市场营销活动中，常用的公共关系促销方式有：

1. "制造新闻"并通过新闻媒介快速传播

具体活动方式包括撰写新闻稿件（如新闻人物走访、社会热点透视、专题活动述评等）、举行记者招待会和信息发布会、邀请新闻界人士参观等。通过这些方式和一定的宣传促销费用，借助新闻媒介的权威性和广泛性影响，取得较为广泛有效的效果，是企业公共关系促销的重要方式。

2. 与社会公众开展经常性的联络活动

这是指与顾客、政府、新闻界、社区、股东等各类公众保持经常性的信息

公共关系的活动方式

沟通和情感交流，如赠送产品、服务说明书、样品、企业刊物，经常听取公众意见等。

3. 举办专题活动

具体有开业庆典、周年纪念、股东大会、对外开放参观、交易活动、各类竞赛活动以及各种特色主题活动等。其目的在于扩大企业的知名度与影响力，树立良好的企业形象。

4. 公关广告

包括介绍企业经营理念与宗旨的导向性广告、节庆日的喜庆致意性广告、提倡某种观念与行为的倡导性广告和对某类事件或情况进行解释的说明性广告等。

5. 参加各种社会公益活动

包括支持社区的文化建设、支持地方教育文化的发展、推动社会慈善事业、注意安全生产与环境保护、赞助社会公益活动等。

4.6.3 公共关系活动基本程序

公共关系活动的基本程序如图4-19所示。

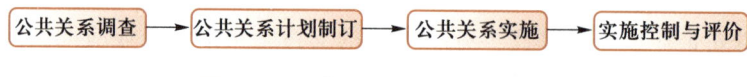

图4-19 公共关系活动的基本程序

1. 公共关系调查

公共关系调查是展开公共关系工作的基础和起点。通过调查，了解社会公众、企业内部公众、消费者和用户、竞争者以及合作者对企业产品、品牌、形象的评价和反应，为企业提供系统的环境检测服务。

2. 公共关系计划制订

公共关系是企业长期性和战略性的促销工作，公共关系计划以公共关系调查为前提。合理的工作计划、可行的工作方案是公共关系工作顺利、高效开展的重要保证。公共关系计划制订的内容主要包括：

（1）确定目标。

（2）明确公共关系主体。

（3）确定目标公众。

（4）设计公共关系项目方案。

（5）选择公关策略的实施时机。

（6）公关宣传整合。

（7）经费预算。

3. 公共关系实施

（1）为保证公共关系实施的效果，首先必须制定周密的实施方案：

① 制定特别行动和沟通方案。公共关系总是围绕特定的目标公众而展开的，必须对每一类目标公众制定特别行动方案。同时，在信息的选择、编排组配和媒介的选择上要具有针对性。

② 分配责任与任务。责任明确，公共活动的实施才有保障，同时便于检查、监督和控制。

③ 时间与进度安排。

④ 预算经费分配。

（2）其次是公共关系计划与实施方案培训。培训公共关系的主旨、计划和实施方案，重点在于每个人的职责、各岗位间的工作衔接。同时，通过培训进一步检验公共关系计划和实施方案，补充和修改其中不完善的部分。

4. 实施控制与评价

事前检查，实施管理与控制；事后评价、总结并制定和实施弥补方案。

4.6.4 危机公关

危机是突然发生的危及组织生存和发展的严重恶性事件，各种社会组织都可能因为主观或客观因素的变故，而发生防不胜防的突发危机。

1. 危机的特征

（1）突发性，难以预料。

（2）破坏力强，危害造成的损失往往巨大，如2020年席卷全球的新冠肺炎疫情。

（3）来势迅猛，冲击力强大。

（4）舆论关注。危机一旦出现，企业马上会成为媒介关注的焦点与公众舆论的中心。

2. 企业危机关系的分类

（1）企业内部公共关系危机，包括员工危机、股东危机等。

（2）企业外部公共关系危机，包括政府、社会公众、消费者与用户的危机。

（3）环境危机，包括竞争环境、合作环境的危机。

3. 几种典型的企业公关危机

（1）经营危机。即产品、价格、渠道、宣传促销策略出现严重失误。

（2）信誉危机。不讲诚信、缺乏商誉给企业带来的信誉危机，往往给企业造成毁灭性打击。

（3）形象危机。即由于形象设计、品牌名称等与文化相冲突而引发的危机。

（4）行业危机。行业遭遇突发的政策管制或自然灾害，对行业造成打击。

4. 危机应对技巧

（1）发言官1~2名，以浅显文字，诚实地公告事件发展情况；

（2）主动、充分地告知政府官员；

（3）与媒介和社会公众保持诚信，及时互动；

（4）从大众利益的角度提供信息；

（5）不要心存侥幸，要做最坏的打算，从最糟的结局开始；

（6）寻找第三方的有力支持；

（7）关心相关者，如内部公众和合作伙伴等；

（8）积极协助和配合媒介，以开放的态度面对。

同步案例
百事可乐的新冠病毒危机公关

2020年6月21日下午，北京市政府新闻办召开疫情防控新闻发布会通报称，6月20日，北京市新增新冠肺炎确诊病例22例。其中，大兴区磁魏路百事可乐分厂已有8名员工确诊。

百事可乐是一家家喻户晓的食品品牌，其产品在全球200多个国家和地区销售。2019年百事公司的净收入超过670亿美元。百事系列产品中有23个品牌的年销售额都在10亿美元以上，包括百事可乐、佳得乐、乐事等。

在疫情尚未被平息的特殊时期，广为年轻人喜爱的乐事薯片的生产工厂员工被爆出感染新冠病毒，无疑是一个平地惊雷。该厂作为百事公司七大食品工厂之一，出现了如此严重的食品安全危机。

但百事中国公司这一场危机公关的操作，可以说是非常及时到位。

第一时间会同有关部门（尤其是疫情防控权威部门）召开新闻发布会，百事公司大中华区集团事务部企宣总监对北京分厂确诊情况作了如下介绍，通报此次事件的进展和处置方式。

一是迅速停产停工，启动应急预案。6月15日，首例病例确诊。当日早八点，立即停止生产，做全厂消杀，封闭所有库存，禁止外运。成立应急处置前方指挥部，统筹协调相关工作。

二是全面开展人员核酸检测。6月15日全部员工居家隔离，6月16日进行全员核酸检测，6月20日转运480人到集中隔离点隔离，这480人核酸检测结果均为阴性。同日，对所有员工共同居住人员全部落实居家隔离观察。

三是配合政府扩大流调范围。百事公司深入分析病例流调报告，加大密接人员摸排力度。截至6月20日18时，已追查到密切接触者87名，全部落实集中隔离措施。

四是做好环境检测与消杀。6月16日，区疾控中心对工厂内外环境进行涂抹取样，结果均阴性。6月15日和20日，百事对食堂、更衣室、车间洗手区、厕所、流水线工作区等每日两次进行全面环境消杀。

五是严格遵守疫情防控政策，保障食品生产安全，全面保障消费者权益。

【案例思考】

结合案例讨论：企业应该如何进行危机公关？百事公司此次危机公关有哪些值得学习的地方？

4.7 网络促销

网络促销是以互联网为依托，将促销信息传递至消费者持有的智能网络终端设备，以激发其购买欲，从而达到扩大销售的目的。这就决定了网络促销具有全时性、全球性的特征，突破了时间和空间的限制，可以全天候地以"7—24"的模式发挥作用。同时，网络媒介容量大，可以投放任何想要投放的信息，具有相当强的针对性，更容易满足人们信息个性化的需求，形成点对点的传播模式。

知识点：
网络促销

4.7.1 网络促销信息的发布渠道、工具和形式

1. 在自建网站上发布

目前，稍具规模的企业都拥有自己的网站，以彰显自身实力。在自建网站上发布促销信息的好处是，所有的一切都能由企业自主掌控，不用额外花费。但缺点也非常明显，这类网站往往浏览量低，促销效果不佳。

2. 在门户网站上发布

门户网站有全国性的，也有区域性的。企业可以将相关促销信息在门户网站上发布，只要方法得当，就会取得较好的效果。这种做法的优点是信息的关注度较高，缺点是费用较为昂贵。

3. 微博发布

重视网络促销的企业基本上都有自己的官方微博，通过官方微博发布信息便捷快速，只要官方微博的关注度较高，促销信息的关注度当然就会较高。因此，企业在平时就要注意官方微博的推广和维护，做好运营工作。

4. 微信发布

微信是发展迅猛，普及度高的新媒体平台。目前，其活跃账户数量已达12亿，快速成长为一个"国民应用"。微信已经成为众多商家发布信息最重要的平台。

5. 即时聊天工具发布

目前大家常用的即时聊天工具主要是微信和QQ。商家可以通过微信群、QQ群发布促销信息，这样针对性更强。

6. 发帖和跟帖

在大型论坛以及门户网站的相关论坛上通过发帖和跟帖引起大家的关注，也是促销的一种好方法。

7. 手机终端

在手机智能化的时代，零售企业可以将自己的网店（或网站）做成客户端供客户下载使用，相关促销信息自然会传递到客户手里。

8. 短信群发

可以通过移动通信公司群发短信，这是一种非常廉价的点对点营销方式。

9. 搜索引擎排名

在一个信息爆炸、市场竞争又异常激烈的时代，企业让顾客找到自己并不是一件非常容易的事情，这时搜索引擎排名就非常重要。企业可以付费推广，也可以通过搜索引擎优化（SEO）等技术手段将排名提前。

10. O2O（Online to Offline）推广

这是企业将线上业务和线下业务一体化综合处理的模式，顾客可以通过网站，也可以通过扫描二维码，实现商品信息查询、交易和支付，这些可以在门店完成，也可以在网上完成。顾客可以先在线下单支付，再去零售门店将商品取走。

11. 大型购物网站促销

电子商务代表着零售行业的未来，线下企业可以在淘宝、京东、拼多多这样的大型网络零售平台上建设自己的网络旗舰店，也可以自建网店。目前，电子商务的重要性尽人皆知，在电商平台上适时地采用恰当的促销方式做宣传非常有必要。

12. 网游推广

企业可以以产品的形象为蓝本，设计成网络游戏形象，将游戏放在网上任人下载，在潜移默化中使人记住产品，爱上产品，并成为产品的忠诚客户。

13. E-mail推广

零售企业可以通过向客户发送E-mail，将促销信息精准地投递。而且由于大多数人的手机可以上网，电子邮件发送后，在手机上可以即时显示，时效性很强。

4.7.2 网络促销具体手段

（1）打折销售。

（2）电子优惠券分发。

（3）赠品派送。

（4）抽奖或其他奖励促销。

（5）会员积分促销。

（6）联合或跨界促销。

（7）节假日促销。

（8）纪念日促销。

（9）限时限量促销。

（10）反季节促销。

拓展方舟

请大家在课余时间逛逛以下网站，以了解最新企业界信息：

- 第一财经
- 21经济网
- 商业评论网
- 经济参考网
- 哈佛商业评论
- 中国经济新闻网
- 中国经营网
- 中国消费网
- 经济观察网
- 中国经济网

以上这些网站各有特点，例如：哈佛商业评论是全球知名的财经媒介；中国经营网、经济观察网、21经济网是国内较著名的专业财经网；第一财经则以电视节目作依托且深受大众喜爱，权威性较高；经济参考网隶属于新华社，新闻资源极其丰富。

当然，以上推荐的网站并非全部，在网上浏览的时候可能还会发现更有趣、更能学到相关知识的网站。只要用心，网络世界能让人思维开阔，眼界上升，看问题的角度也会随之发生改变，从而会变成一个更成熟、更理智、更有发展潜力和思辨魅力的人。

稳扎稳打

（一）单选题

1. 某种产品在销售期间，广告费用和其他营销费用开支最大，而企业利润很低，甚至出现亏损，该产品最有可能处于（　　）。
   A. 投入期　　　　　　　　B. 成长期
   C. 成熟期　　　　　　　　D. 衰退期

2. 服装、首饰等属于消费者可以反复购买的商品，该类商品是（　　）。

A. 便利品 B. 选购品
C. 耐用消费品 D. 快销品

3. 下列产品可采用无品牌策略的是（　　）。
   A. 方便面 B. 农民自产蔬菜
   C. 瓶装酱油 D. 瓶装牛奶

4. 吉利汽车公司收购了沃尔沃，对吉利来说，该产品组合策略是（　　）。
   A. 产品线向上延伸 B. 产品线向下延伸
   C. 产品线双向延伸 D. 产品线缩减

5. "三叉星圆环"是奔驰汽车的（　　）。
   A. 品牌图案 B. 品牌名称
   C. 品牌象征 D. 品牌标志

6. 下列营业推广方式中，不适合推销人员的是（　　）。
   A. 销售竞赛 B. 超额提成
   C. 年终分红 D. 现场示范

7. 某品牌洗发水在全国省会城市销售时，同时选择很多家超市进行销售，这种渠道属于（　　）。
   A. 长渠道 B. 宽渠道
   C. 短渠道 D. 窄渠道

8. 当消费者人数众多且分布比较分散时，适合采用（　　）。
   A. 直接渠道 B. 短渠道
   C. 窄渠道 D. 宽渠道

9. 四川诚立公司预计2020年的销售额为1 000万元，现以销售额的12%作为的促销费用，预算促销费用为120万元。企业使促销费用与销售额之间保持一定比例的促销预算方法是（　　）。
   A. 量力支出法 B. 销售比例法
   C. 竞争对等法 D. 目标任务法

10. 童年玩具公司的电动玩具狗年摊固定成本为20万元，每件电动玩具狗的单位变动成本为30元，如果年销售量可望达到5 000件，电动玩具狗保本价格是（　　）。
    A. 30元 B. 40元
    C. 70元 D. 80元

（二）多选题

1. 产品生命周期的投入期可采用的营销策略有（　　）。
   A. 高价高促销 B. 低价高促销
   C. 高价低促销 D. 低价低促销

2. 心理定价策略包括（　　　　）。
   A. 整数定价　　　　　　　　B. 尾数定价
   C. 声望定价　　　　　　　　D. 撇脂定价
3. 以下分销渠道中，不拥有商品所有权的有（　　　　）。
   A. 批发商　　　　　　　　　B. 企业代理商
   C. 零售商　　　　　　　　　D. 经纪商
4. 企业的产品组合因素有（　　　　）。
   A. 产品项目　　　　　　　　B. 产品线宽度
   C. 产品线深度　　　　　　　D. 相容度
5. 按照广告媒体的特征划分，广告的类型有（　　　　）。
   A. 报纸广告　　　　　　　　B. 杂志广告
   C. 电视广告　　　　　　　　D. 广播广告
6. 下列属于营业推广的有（　　　　）。
   A. 人员推销　　　　　　　　B. 现场示范
   C. 赠送样品　　　　　　　　D. 赠送折价券
7. 下列属于分销渠道职能的有（　　　　）。
   A. 收集与传递商品信息　　　B. 提高商品质量
   C. 储藏和运输商品　　　　　D. 充当桥梁与纽带
8. 国内外的零售商根据其经营特征有（　　　　）。
   A. 连锁店　　　　　　　　　B. 购物中心
   C. 便利店　　　　　　　　　D. 家居建材商店
9. 企业在开展公共关系时，必须遵循的原则有（　　　　）。
   A. 以事实为基础，真实性原则
   B. 企业利益高于公众的长远利益和根本利益的企业优先原则
   C. 企业全体员工共同关注和参与公共关系工作的全员公关原则
   D. 企业暂时放弃信誉、形象的企业自保原则
10. 佳乐家具公司主动提高实木家具的价格原因有（　　　　）。
    A. 家具原材料木材成本提高　B. 家具产品供不应求
    C. 通货膨胀　　　　　　　　D. 人工成本增加

（三）判断题

1. 生产消费品中的便利品的企业通常采取密集分销策略。　　　　（　　）
2. 企业在向市场推出新产品时，可以使用告知广告。　　　　　　（　　）
3. 过于频繁的营业推广会引起顾客的疑虑和反感，不利于提升品牌形象。
   　　　　　　　　　　　　　　　　　　　　　　　　　　　　（　　）
4. 海鲜产品可以用短渠道流通。　　　　　　　　　　　　　　　（　　）

5. 一般情况下，奢侈品采用的定价方法为需求导向定价法。（ ）
6. 人员推销的特点是覆盖面广，成本低。（ ）
7. 产品成本是影响产品价格的基本因素。（ ）
8. 品牌获得法律保护的条件是经过注册获得商标专利权。（ ）
9. 盈亏平衡定价法的关键是要正确预测市场销售量。（ ）
10. 产量大、销售面广、顾客分散的产品适合选择直接渠道。（ ）

（四）简答题

1. 简述产品整体概念及其五个层次。
2. 作为一名营销人员，在价格制定及实施过程中应考虑的因素有哪些？
3. 分销渠道有哪些类型？
4. 试分析，当今市场环境下传统媒体的营销局限有哪些？

融会贯通

饮料界"黑马"——元气森林

燥热的夏天已来临，冰爽、好喝的饮料受到人们，尤其是年轻人的追捧。不过作为"快乐肥宅水"的可乐、高热量的网红奶茶会让人们在畅饮的同时有所顾忌。近两年，以"0糖0脂0卡"著称的元气森林爆火，受到年轻人的青睐，成为饮料界新锐黑马。

短短四年，元气森林不仅获得近40亿元估值，在可口可乐、康师傅、统一等巨头林立的红海饮料市场争得一席地位，销量更是一骑绝尘，成为年销售额10亿元级别的单品。元气森林到底是如何做到的？

1. 以"健康"为标签，切入无糖饮料赛道；抢占增量市场，迅速打开品牌局面

在大健康饮品的风潮下，无糖、低糖成为大势所趋。以无糖碳酸饮料为例，

2019年实现了68%的增长，占有的饮料市场份额达到6.2%。快速增长的市场份额给许多健康饮品提供了切入赛道的机会。当"享受无糖、追求健康"的理念成为人们的消费趋势，"减糖、无糖"的饮品就渐渐成为大家的首选。而元气森林主打的"0糖0脂0卡"的卖点可以说是稳稳地戳中了消费者"想养身，怕肥胖"的心。

2. 创新"赤藓糖醇"产品卖点，差异化有效区隔竞品

乘着健康无糖饮料崛起的东风，元气森林拿到了入场券。其实，早在几十年前，饮料巨头们就已经嗅到了无糖饮料的商机，从三得利乌龙茶到统一"茶里王"已均有布局，但市场表现一直不温不火。为何2016年才进入赛道的元气森林会脱颖而出？原因就在于它率先使用了"赤藓糖醇"这种无糖甜味剂，这种原料喝完之后自带一点轻微凉感，同时甜味非常自然。这使元气森林成为当前市场上口味"甜得最自然/最甜"的无糖饮料。这是它成功的关键。

3. "颜值即正义"的时代以视觉符号抢占消费者注意力

在当今"颜值即正义，但也要有乐趣"的营销环境里，年轻人既注重内心的愉悦感，也关注外表美。品牌只有将"美"与"乐"结合起来才能真正引发他们的共鸣。因此，元气森林简约时尚的设计确实能在消费者走近货架时吸引足够的目光。元气森林直接截取两大爆品"元气水""燃茶"品牌名称中的"元""气""燃"三个字，将其进行偏日系化风格的符号设计，形成了元气森林自身的品牌符号，毛笔书写的字体很有辨识度。恰好契合了18~35岁人群这一核心消费群体"崇尚个性、颜值至上"的审美趣味，以及追求品质生活和极致体验的消费需求，更贴合了年轻人崇尚潮流的个性，为消费者带来美味的体验。这就意味着在打开货架时，元气森林已经获得了进入消费者选购名单的优先顺序。

4. 搭乘便利店渠道东风，线下多元化场景销售+线上推广谋求增量

作为新晋品牌，劣势就是元气森林的传统资本不够，譬如在传统的经销商、卖场上明显实力不足。但元气森林的优势就在对年轻人的理解上，这使其产品研发和线上推广的能力具有先天的优势。元气森林的产品并没有在传统渠道上与传统的营销巨头们进行正面对决，而是专注于便利店这个精细化的"渠道+网红爆品"的打造。

5. 多元化立体营销，多维度探索品牌新路径

在产品的营销上，元气森林可谓高举高打，创新力十足。传统玩法、新媒体营销、直播带货样样精通。社交化媒体是新生代消费者获取资讯的主渠道，元气森林在营销方式的选择上也有着十分明显的社交化倾向。先是通过热门综艺上出现与元气森林等产品的燃茶，再到小红书、微博等社交平台上各大博主、KOL的亲测推荐，带动了销量爆发式的增长。为了扩大品牌知名度，元气森林

还在央视节目中打广告，以央媒背书让品牌知名度大增。

（资料来源：品牌案例精选，作者：王琦，有删改。）

【问题与思考】
1. 元气森林所使用的促销方式有哪些？
2. 元气森林的促销活动为何能取得成功？

实战演练

实训4.1　国产手机新品策划

实训目标

通过实训，掌握产品的整体概念、产品组合、产品市场生命周期、新产品开发、品牌与包装等策略的基本原理，提高产品组合策略的能力；能够认识与判别产品生命周期，并能够灵活运用产品生命周期理论开展营销工作，同时提高开发新产品及品牌与包装的策划能力。

背景资料

近些年，中国智能手机的发展速度很快，但国内手机行业的发展还面临很多问题。随着产业结构的变化，元器件成本上涨、渠道成本提升、市场竞争更激烈，市场缺乏多样性，产品同式化严重等问题一直困扰着国产手机行业。核心技术特别是芯片技术的缺乏，堪称中国手机行业的"阿喀琉斯之踵"，在芯片领域中国还有很长的路要走，真正的核心技术必须一步一个脚印踏实地研发创新来获得。此外，缺乏创意和创新也是国内手机行业的普遍现象。

实训要求

每个小组假定都为一家目前国内的手机生产厂商，从产品整体概念的角度分析并回答：国产手机如何摆脱技术困境？国产手机要走出困境，产品组合该如何设计？

实训步骤
1. 仔细阅读相关理论和背景资料。
2. 小组讨论背景资料，进行任务划分、归类，确定各项任务的工作量。
3. 根据任务性质和工作量大小确定团队分工。
4. 通过团队的分工协作，进行讨论交流，形成新品策划报告。
5. 以团队形式进行展示。

实训成果
1. 企业新品策划报告。
2. 演示PPT。

实训4.2 "我来评说价格战"比赛

实训目标

通过企业价格制定的比赛训练,掌握基本的定价方法,能够进行产品定价,提升产品定价基本策略的综合分析能力。

背景资料

武汉市某大卖场5月3日开展"买赠"活动,买蓝月亮洗衣液新产品满68元送500克"茶清"洗洁精1瓶。蓝月亮洗衣液新产品之一"蓝月亮亮白薰草液"在5月3日之前7日内,在该卖场实际成交价格为47.59元,但在该次促销活动期间标示的销售价格为48.8元,买赠促销活动价格高于该次经营活动前7日内在该交易场所成交的有交易票据的最低交易价格,构成价格欺诈。湖北省物价局已依法对其处以10万元的罚款。

实训要求

结合背景资料,每个小组选取一个企业定价的案例,从定价应考虑的因素、定价方法及定价策略进行分析,讨论企业产品的定价方案。

实训步骤

1. 仔细阅读相关理论和背景资料。
2. 小组讨论背景资料,进行任务划分、归类,确定各项任务的工作量。
3. 根据任务性质和工作量大小确定团队分工。
4. 通过团队的分工协作,进行讨论交流,形成企业产品定价分析报告。
5. 以团队形式进行展示。

实训成果

1. 产品定价分析报告。
2. 演示与汇报的PPT。

实训4.3 规划分销渠道

实训目标

通过为企业规划分销渠道的训练,学生应该能够为不同的企业和产品设计合适的分销渠道,能够对分销渠道的选择、评估、优化提出相应的方案,并且能够针对商品分销中出现的问题提出对策。

背景资料

为一家大型的计算机公司设计其在中国市场的分销渠道体系。该计算机公司是中国市场领先的计算机公司,其产品品种丰富、客户类型广泛、经营服务能力强。

企业基本资料由学生分组进行收集、整理。

实训要求

学生分成五组,每组选择某一家计算机企业,收集、整理该企业的基本资料，分析并设计该企业的分销渠道。

实训步骤

1. 学生进行分组，每组3~5人。
2. 每个小组成员都通过头脑风暴、网络查询等方式，收集与计算机产品分销渠道设计相关的资料。
3. 分析、讨论该企业的目标顾客、可能的分销方式，确定该公司渠道目标。
4. 整理分销方式并归类，制定公司渠道管理体系。
5. 以小组为单位编制一份分销渠道设计方案。
6. 进行交流展示。
7. 教师讲评。

实训成果

每个同学在本次实训后应独立撰写实训报告。主要内容如下：

1. 实训名称、实训日期、班级、姓名、实训组别、同组其他同学姓名。
2. 实训目的。学生应简明概述本实训通过何种方法，训练了哪些技能，达到了什么目的。
3. 实训心得。总结、分析实训中的收获及存在的问题，提出改进与完善建议。

实训4.4　美的冰箱"玩转双11"促销方案

实训目标

掌握促销组合策略工具，能运用该工具解决具体的促销问题；有能力根据现实的主题和目标设计促销方案，不断提升执行力，能够独立地率领团队执行促销方案，并能灵活地根据情况做相应的调整，具备对每一次方案执行完毕之后的评价能力。

背景资料

现在，品牌想轻易获得年轻消费者的关注和喜爱已经不那么容易了，如何抓住年轻人的消费特点和情感需求？这需要企业真正地静下心去思考消费者需要什么，这才是成功的关键。

美的冰箱欲借"双11"重点推出美的智能净味系列冰箱的王牌产品，其特点有：外观轻奢、精致；生态保湿膜技术，让冰箱内部保持高湿度状态，利于保鲜；双变频技术，让食材保鲜更持久。更值得一提的是，它内置铂金净味装置，能吸附冰箱中的异味，让冰箱内保持清新自然。这款兼具科技感、智能化的产品打出的不串味、大储存、智能保鲜等功能点，正好契合现代消费者对新型冰箱的期许，解决他们的日常使用痛点。美的冰箱希望通过这次的"双11"营销为品牌注入更多新鲜的元素，带给消费者更多不一样的惊喜。

企业基本资料由学生分组收集整理。

实训要求

学生分组，根据背景资料中给定的美的冰箱的促销产品现状，结合所学内容，了解促销的主要方式，并对每种促销方式进行分析，继而为美的冰箱制订促销计划，为其做一个具体的促销方案。

实训步骤

1. 由教师将同学分组（也可以自由组合），每个小组确定一个组长，小组讨论、布置小组成员任务等均由组长来安排。

2. 小组成员讨论案例，并查阅相关的其他资料。

3. 第一轮讨论结束，小组组长进行分工。为苏宁云商制定年度促销计划，并选定一个日期，为其制定一个具体的促销方案。制定促销方案时，小组组长可以先组织小组成员讨论，然后进行详细分工，让小组成员分别承担人员推销、广告、公共关系、营业推广、网络促销等各种工具促销方案的撰写。最后大家一起商定，形成一个统一的计划和方案。

4. 把相关促销方案以PPT的方式演示。

5. 接受其他同学的提问。

6. 修改并定稿。

实训成果

每个同学在本次实训后应能独立撰写促销计划和促销方案。主要内容如下：

1. 实训名称、实训日期、班级、姓名、学号、实训组别、同组其他同学姓名。

2. 实训目的。学生应简明概述本实训通过何种方法，训练了哪些技能，达到了什么目的。

3. 实训心得。总结、分析实训中的收获及存在的问题，提出改进与完善建议。

学以致用

四川徽记食品股份有限公司是中国休闲食品行业成长型企业的代表，也是中国营养健康食品十佳倡导品牌。公司历经十余年的变革发展，累积了丰富的市场营销、品牌推广、团队建设经验，成功塑造了"徽记""好巴食""有你一面"三大品牌。目前公司旗下拥有"徽记"坚果炒货、"好巴食"豆制品、粗粮膨化食品和"徽记果园"高端坚果等系列产品，并大力推广健康休闲食品新理念。

【动脑筋，想问题】

1. 登录该公司的官方网站，了解其品牌、产品以及产品组合的基本状况。试分析其产品组合的长度、宽度、深度和相关性。

2. 调查徽记食品3~5个单品的价格，和主要竞争品对比一下，你认为徽记食品的价格有优势还是劣势？具体体现在哪些地方？

3. 你通常都通过哪些途径买休闲食品？通过该公司网站，了解并评价徽记食品的网络销售渠道。

4. 请你为徽记食品天猫旗舰店设计一则促销广告。

模块五

兼权尚计，事半功倍：市场营销管理

学习目标

知识目标

- 熟悉市场营销组织的基本类型
- 明确市场营销组织设置的原则
- 掌握市场营销计划的编制方法
- 熟悉市场营销控制的主要方法

技能目标

- 能根据实际条件设计恰当的营销组织结构
- 能够运用所学知识编制企业年度市场营销计划
- 学会运用各种控制手段对企业的营销活动进行有效控制

素养目标

- 能够认识市场营销组织与管理工作，并对企业的营销活动提出建议
- 养成主动观察、积极思考、独立分析问题和解决问题的习惯
- 初步具备监测市场营销计划运行的能力

【思维导图】

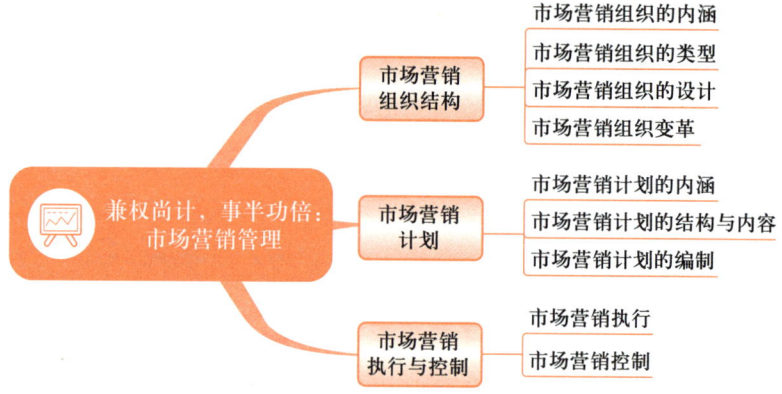

导入案例
小有成就

冬去春来,李飞迎来了他在天晨公司的第二个年头。现在的他要独当一面,为公司业务在这个城市的市场表现负责了。这一周,他要向公司提交完整的年度营销计划书。这一次,他又会如何表现呢?

【问题思考】
如何制订年度营销计划书?哪些问题是必须考虑和规划的?如何保障年度营销计划的有效执行?

规范管理,巩固市场

市场营销管理是一个包含营销计划、营销组织、营销实施与控制的完整管理系统,需要市场营销部门与其他各部门之间的有效协调与配合。营销成功不仅要倡导规范、严谨、标准化的管理,更需要一线员工发自内心的愉悦的个性化服务。这样的服务,才是最顶尖的服务;这样的管理,也才是最有效的管理。

单元一　市场营销组织结构

市场营销组织

1.1　市场营销组织的内涵

营销计划要靠组织去实施。没有一个有效且符合市场导向要求的组织,再好的计划也只能是纸上谈兵。

1.1.1 市场营销组织的含义

市场营销组织是管理者为了实现特定时期的任务与经营目标，而对从事营销活动的所有人员进行平衡协调的综合体。市场营销组织是保证企业实现经营目标的核心职能组织，组织形式服从并服务于企业任务和经营目标，而且随着企业任务与经营目标的变化而不断变化。

知识点：
市场营销组织的含义

市场营销组织的目标主要表现在以下几个方面：

（1）对市场需求做出快速反应。市场营销环境的变化是绝对的，只有对环境变化做出快速反应才能取得市场经营的主动权。

（2）使市场营销效率最大化。企业内部存在许多专业化部门，为了避免这些部门间的矛盾和冲突，市场营销组织要充分发挥其协调和控制的职能，确定各自的权力和责任。

（3）代表并维护消费者利益。企业一旦奉行市场营销观念，就要把消费者利益放在第一位。企业必须在管理的最高层面上设置市场营销组织，以确保消费者的利益不受到损害。

市场营销组织的目标归根结底是帮助企业实现整个市场营销任务。事实上，组织本身并不是目的，协调、指导人们获得最佳市场营销成果才是最重要的。

1.1.2 市场营销组织的演变

在市场经济发达的西方国家，企业的市场营销组织随着经营思想的发展和企业自身的成长，大体经历了以下五个阶段：

1. 简单销售部门

20世纪20年代前，西方企业主并不重视市场营销，也没有营销部门这个概念，销售职能多由企业主本人或雇用一两个推销人员承担；20世纪20年代后期，渐渐出现了简单销售部门，它是由销售主管带领几位推销人员进行工作，兼顾其他营销职能。简单销售部门的组织结构如图5-1所示。

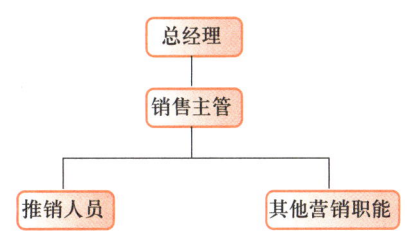

图5-1 简单销售部门的组织结构

2. 兼有附属功能的销售部门

随着企业规模扩大、业务增多，企业除了需要雇用销售人员外，还需要聘请富有经验的营销主管来处理除销售以外的其他营销业务，包括广告宣传、市场调研、销售服务等新增加的营销功能，营销组织结构也调整为这种类型，如图5-2所示。

3. 独立营销部门

市场竞争日趋激烈，营销部门及其任务的重要性不断增强。企业的总经理意识到，设立一个相对独立的营销部门将更有利于企业营销工作的开展，这个营销部门应和销售部门同等地位，两者之间相互独立、相互平行、相互合作，同时对总经理或常务副总经理负责。独立营销部门的组织结构如图5-3所示。

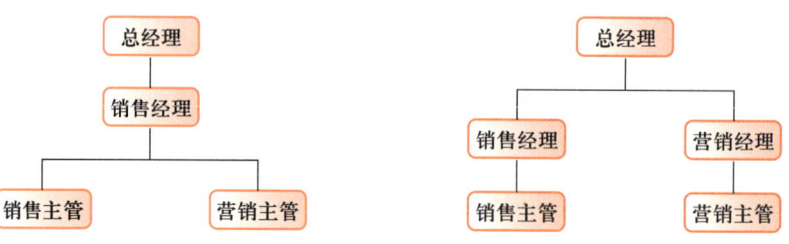

图 5-2　兼有附属功能的销售部门的组织结构　　图 5-3　独立营销部门的组织结构

4. 现代市场营销部门

销售部门和营销部门虽然根本目标是一致的，但在实际运作中，仍有着种种难以调和的矛盾，双方都希望扩大自己在企业中的重要性。一般来讲，销售部门经理着眼于眼前利益，擅长完成眼前的实际任务；而营销部门经理则着眼于企业长远利益，擅长把握市场的总体变化，策划长期的营销策略。这时，总经理不得不派一个常务副总经理专职处理、协调两个部门的工作（见图5-4）。现代营销观念的确立，最终导致推销、营销合并为一个职能部门，由营销副总经理直接领导，兼顾两个部门的所有事务，最终形成了现代市场营销部门，其组织结构如图5-4所示。

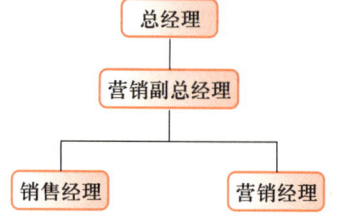

图 5-4　现代市场营销部门的组织结构

5. 现代市场营销公司

如果仅仅摆正了市场营销部门的位置，建立了出色的市场营销部门，但是企业全体员工没有树立以客户为中心的思想，其他各部门不积极配合，把市场营销和开拓市场单纯看作市场营销部门的事情，市场营销职能就不可能有效地执行。只有全体员工都树立了以顾客为中心的现代市场营销观念，把满足顾客需要，开拓和巩固市场看成每个人、每个部门的分内事务，积极自觉地配合营销部门做好工作，市场营销活动才能取得成功。这样的公司才能成为现代市场营销公司。

知识点：
市场营销组织类型

1.2　市场营销组织的类型

为了实现企业目标，企业领导必须选择合适的**市场营销组织**。现代企业的市场营销部门有各种组织形式，下面介绍几种主要的营销组织类型。

1.2.1 职能型营销组织

企业按照市场营销各职能设置组织部门。这是最常见、最古老的营销组织形式，如图5-5所示。

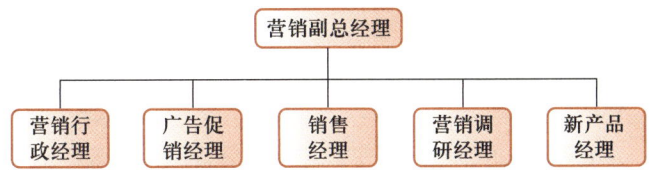

图5-5 职能型营销组织结构

职能型营销组织的优点是结构简单，管理方便。它主要适用于产品种类不多，对相关专门知识要求不高，或经营地区情况差别不大的企业。随着公司产品品种的增多和市场的扩大，这种组织形式越来越暴露出效益低下的弱点。一方面，由于没有人对该产品或市场负全部责任，所以没有按每种产品和每个市场制订的完整计划，使某些产品或市场容易被忽视。另一方面，各个职能部门常为获得更多预算或取得较其他部门更高的地位而竞争，使营销经理常常面临协调难题。

1.2.2 地区型营销组织

一个从事全国范围销售的公司，通常都按地理区域安排销售队伍。这种形式适用于销售区域大而经营品种单一的企业。其结构如图5-6所示。

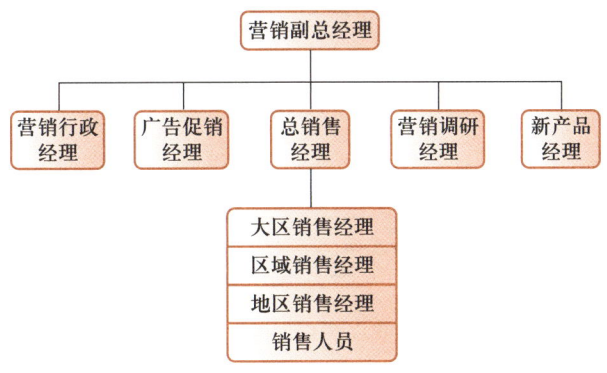

图5-6 地区型营销组织结构

在这种组织内部，为了避免职能部门重复，市场调研、广告、行政管理等仍归属于原职能部门，且与地区部门并列。其优点在于可充分发挥每个地区的部门熟悉该地区情况的优势。其不足之处在于，当产品种类较多时，很难按不同产品的使用对象来综合考虑,各地区的活动也难以协调。

1.2.3 产品(品牌)型营销组织

生产多种产品和品牌的公司,往往按产品或品牌建立管理组织,这种产品管理组织并没有取代职能型营销组织,只不过是增加一个管理层而已,如图5-7所示。

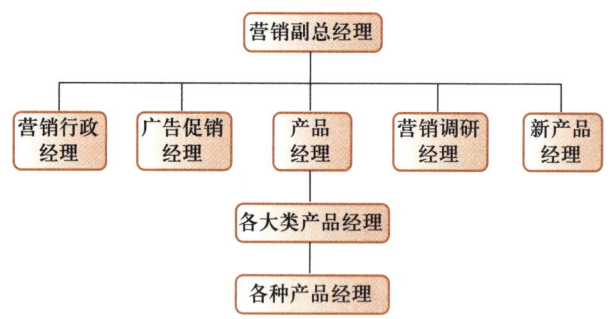

图5-7 产品(品牌)型营销组织结构

这种组织形式的优点是:各类产品责任明确,产品互不关联,彼此相互干扰不大;组织形式灵活,增加新产品时,增加一个产品部即可。缺点是:缺乏地区概念,各产品部不可能对每个地区都兼顾并做出适当反应。

1.2.4 顾客(市场)型营销组织

企业把顾客按其特有的购买习惯和产品偏好,进行细分并区别对待,就此设立顾客(市场)型营销组织结构,如图5-8所示。

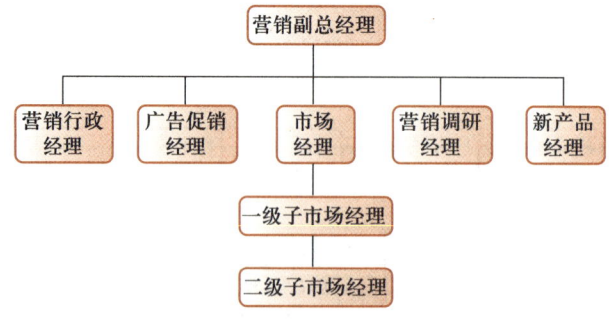

图5-8 顾客(市场)型营销组织结构

1.2.5 矩阵型营销组织

这是一种产品型和市场型相结合的组织形式,常见于生产多种产品并向多个市场销售的公司。因为这种公司解决机构设置的方法有三种:一是采用产品管理组织制度,这需要产品经理熟悉广为分散的不同市场;二是采用市场管理组织制度，这就需要市场经理熟悉销往各自市场的五花八门的产品；三是同时设置产品经理和市场经理，形成矩阵型组织结构。

1.3 市场营销组织的设计

设计和发展市场营销组织是每一位市场营销经理的根本任务之一。

1.3.1 市场营销组织设置的原则

市场营销组织设置的一般原则包括：

1. 整体协调和主导性原则

市场营销机构的设置，能够有利于企业与外部环境，尤其是与市场、顾客之间关系的协调；能够与企业的其他机构相互协调；市场营销组织内部的人员结构、职位层次设置也要相互协调。

2. 精简适度原则

管理跨度，又称管理宽度或管理幅度，指领导者能够有效地直接指挥的部门或员工的数量，这是一个横向的概念。管理层次又称管理梯度，指一个组织属下等级的数目，这是一个纵向的概念。

在管理职能、范围不变的条件下，一般来说，管理跨度与管理层次是反比例关系。管理的跨度越大，层次越少；反之，跨度越小，则层次越多。

市场营销组织机构的设置，应在管理跨度和管理层次适度的前提下尽量精简。

3. 有效性原则

市场营销机构要根据有效性原则达到工作的高效率，必须具备一些基本条件：要有与完成自身任务相一致的权利；要有畅通的内外部信息渠道；善于用人，各司其职。

小试牛刀
宝洁公司的市场营销组织

美国宝洁公司是世界上著名的日用消费品制造商和经销商。宝洁公司于1988年创建了在中国的第一家合资企业——广州宝洁有限公司，专门生产洗涤护肤用品；1990年合资各方为满足日益增长的市场需要又创办了广州宝洁纸品有限公司；1992年再次合资创建广州宝洁洗涤用品有限公司，然后陆续在北京、天津、上海、成都建立了分公司，并先后在华东、华南、西北、华北等地建立分销机构，不断向市场推出多种品牌的产品，提供一流的产品和服务，销售覆盖面遍及全中国。

【任务清单】

1. 将学生组合成课题调研小组，在对以上资料进行补充、完善的基础上对本地市场宝洁公司的任一类产品进行调查，并从营销组织管理的角度分析其成功的原因。

2. 实行多品牌战略的宝洁公司，其营销组织是一种什么样的结构？这种结构对其市场营销目标的实现有什么现实意义？

3. 找一家你最熟悉的企业，分析该企业的市场营销组织形式。你认为它应该改进吗？为什么？如果应该改进的话，该如何改进？

1.3.2 市场营销组织设置的程序

设计和评价市场营销组织的一般程序主要有以下六个步骤：

1. 分析组织环境

任何一个市场营销组织都是在不断变化的社会经济环境中运行的，要受这些环境因素的制约。

（1）市场状况。市场状况首先是指市场的稳定程度。市场越不稳定，市场营销组织也就越需要改变，即必须随着市场变化及时调整内部结构和资源配置方式。

（2）竞争者状况。市场营销组织必须从两个基本方面来分析竞争者：一是竞争者是谁，他们在干些什么；二是如何对竞争者行为做出反应。为此，企业就要对其市场营销组织结构不断地加以改变和调整。

此外，影响市场营销组织的环境因素还有许多，如能源问题、技术进步等。

2. 确定组织内部活动

市场营销组织内部的活动主要有两种类型：

（1）职能性活动。它涉及市场营销组织的各个部门，范围相当宽泛。企业在制定战略时要确立各个职能在市场营销组织中的地位，以便开展有效的竞争。

（2）管理性活动。它涉及管理任务中的计划、协调和控制等方面。

企业通常是在分析市场机会的基础上制定市场营销战略的，然后再确定相应的市场营销活动和组织的专业化类型。

3. 建立组织职位

企业在确定了市场营销组织活动之后，还要建立组织职位，使这些组织活动有所归附。为此需考虑三个要素，即职位类型、职位层次和职位数量，以弄清楚各个职位的权力、责任及其在组织中的相互关系。

（1）职位类型。每个职位的设立都必须与市场营销组织的需求及内部条件相吻合。通常，对职位类型的划分有三种方法：① 把职位划分为直线型和参谋型。② 把职位划分为专业型和协调型。③ 把职位划分成临时型和永久型。

（2）职位层次。职位层次是指每个职位在组织中地位的高低。这主要取决于职位所体现的市场营销活动与职能在企业整个市场营销战略中的重要程度。

（3）职位数量。职位数量是指企业建立组织职位的合理数量。它同职位层次密切相关。一般地，职位层次越高，辅助性职位数量也就越多。

职位的权力和责任的规定主要体现在工作说明书上。工作说明书包括工作的名称、主要职能、职责、职权和此职位与组织中其他职位的关系以及与外界人员的关系等。

同步案例

李伟是××制药企业的老总，这些天来他一直被公司的销售发展问题困扰。刚才他主持召开了一个会议，营销部的经理们各抒己见，提了很多建议和想法。

这些年来，××制药企业的发展并非一帆风顺。产品刚投放市场时，采取了快速渗透战略，强调以学术推广、终端促销、创建品牌效应来带动产品销售，这也是当时国外大药厂普遍采取的方式。为此，××制药企业组建了地区型的销售组织，全国分为8个区共34个办事处，颇有"忽如一夜春风来，千树万树梨花开"的味道，在业界引起一番轰动。但是，公司股东们对××制药企业的业绩却极为不满。他们认为公司市场开发速度太慢，销售费用太大，财务亏损严重。迫于公司股东的压力，以及结合国内药品销售的特色，公司在经过多方论证后开始转变营销体制，采用底价承包制，不再设置区域经理，各办事处经理直接与公司发生关系，以底价从公司拿货，全权负责当地的销售。

这种销售体制打破了以往吃大锅饭的局面，体现了能者多得、优胜劣汰，最终实现了公司和销售人员的双赢。公司各种产品的销量迅速增长，以往令人头痛的回款问题大大减小。公司的下一个目标是成为国内销售额排名前30位的制药企业。

该怎样实现公司目标？会议上销售总经理王强强调："现在各地都在招标，争取中标已成为药品在各地医院存续的关键，也成为开发新医院的主要方式。而我公司的产品与国内同类产品相比，在报价上过高，所以中标率低，我认为我们应该重新考虑一下各产品的投标指导价。"

市场部总监张宁则认为，"要想成为国内一流企业，创品牌、树立企业形象是十分重要的，这几年我们实行底价承包制，在公司原始积累阶段这种体制无疑是有效的。但是从长远来看，不利于公司创建和维护品牌形象。"

李伟仔细考虑着这些经理们的意见，每个人说得似乎都有道理，看来最关键的是要首先解决以下疑问，即：从整个公司角度来看，底价承包制是否是一个很好的体制？今后公司是继续沿用这一方式还是重新回到学术推广的老路上？

事实上，单一体制已无法适应公司发展的需求。应该是"多种体制并存，相互补充，扬长避短"。那么首先要做的就是构建新的营销组织结构。

李伟的基本想法如下：把原销售总公司分为2个公司，即药品公司和新药公司。药品公司经营公司现有品种以及陆续上市的一些普药，仍以底价承包方式给办事处。同时，对于办事处无法覆盖的区域，由药品公司总部派人去设联络处或招商，弥补公司经营空白点。新药公司经营公司将来上市的新药，以学术推广方式为主，招商为辅，在各主要城市设办事处，高薪招聘优秀销售人员，承担树立企业形象和创建产品品牌的任务。待产品较为成熟后，转给药品公司，利用其网络迅速向全国范围渗透。

【案例思考】
1. 企业营销组织结构是否是一成不变的？
2. 如果你是该制药企业的老总，你将如何解决该公司的问题？

4. 设计组织结构

组织结构的设计和职位类型密切相关。因此，设计组织结构的首要问题是使各个职位与所要建立的组织结构相适应。

从这个意义上来讲，对组织结构的分析要注重外部环境因素（包括市场和竞争状况），它强调组织的有效性。通常，组织的效率表现为以较少的人员和上下隶属关系以及专业化较高的程度去实现组织的目标。这取决于两个因素：

（1）分权化程度。即权力分散到什么程度才能使上下级之间更好地沟通。

（2）管理宽度。即每一个上级所能控制的下级人数。人们普遍认为，假设每一个职员都是称职的，那么，分权化程度越高，管理宽度越大，则组织效率也就越高。

此外，市场营销组织总是随着市场和企业目标的变化而变化，所以，设计组织结构要立足于将来，为将来组织结构的调整留下更多的余地。

5. 配备组织人员

在分析市场营销组织人员的配备时，必须考虑两种组织情况，即新组织和再造组织。相比较而言，再造组织的人员配备要比新组织的人员配备更加复杂和困难。

但是，不论哪种情况，企业配备组织人员时必须为每个职位制定详细的工作说明书，从受教育程度、工作经验、个性特征及身体状况等方面进行全面考察。对再造组织来讲，还必须重新考核现有员工的水平，以确定他们在再造组织中的职位。

6. 组织评价与调整

组织所处的环境是不断变化的，因此从市场营销组织建立之时，市场营销经理就要经常检查、监督组织的运行状况，并及时加以调整，使之不断得到发展。市场营销组织需要调整的原因主要有以下几点：

（1）外部环境的变化。

（2）组织主管人员的变动。

（3）证明现存组织结构的缺陷。

（4）解决组织内部主管人员之间的矛盾。

知识点：
市场营销组织的评价与调整

综上所述，企业市场营销组织的设计和发展大体要遵循以上步骤。这几个步骤相互联系、相互作用，形成一个动态有序的过程。为了保持市场营销组织的生机和活力，市场营销经理就要根据这一过程进行有效决策。

1.4 市场营销组织变革

1.4.1 市场营销组织变革的现实意义

任何组织都不会是一成不变的，也不会是完美无缺的。随着企业营销战略外部环境和内部条件的变化，必须进行组织变革，以达到组织的自我发展和自我完善。

==市场营销组织变革是企业在市场营销活动中适应外部环境变化而进行的、以改善和提高组织效能为根本目的的营销管理活动。==

1.4.2 市场营销组织变革的目的

市场营销组织变革的目的可以归结为以下几个方面：

（1）完善组织结构。

（2）优化组织管理功能。

（3）构建组织的和谐氛围。

（4）提高组织效能。

1.4.3 市场营销组织变革的动因

推动市场营销组织变革的因素可以分为外部环境因素和内部环境因素。

外部环境因素包括：宏观社会经济环境的变化、科技进步、资源变化、竞争观念的改变。

内部环境因素包括：企业战略调整的需要、自身成长的需要、保障信息畅通的需要、克服组织低效率的需要、管理条件变化的需要、人员条件变化的需要、技术条件变化的需要等。

外部环境的变化是企业市场营销组织变革的最大诱因。

1.4.4 市场营销组织变革的内容

处在转型期的中小型企业市场营销组织变革主要包括三方面的内容：

1. 营销体系变革

企业规模升级后，营销组织体系也应该与时俱进地跟上市场发展的形势与步伐。

2. 营销制度变革

营销组织的变革和日益庞大，迫使企业必须完善相应的营销制度，从"人治"向"法治"过渡，实现企业的规范化管理。具体内容包括：

（1）强化岗位职责，明确工作范围，部门分工更加详细和具体。

（2）营销工作规范化、数字化、流程化，"以业绩论成败，以市场论英雄"，体现营销的制度化和数据化。

（3）分配制度变革。企业的市场竞争环境、发展阶段变了，企业的分配制度也要随之改变，其分配方式和激励制度应该更加合理和科学，更能迎合市场变化。

3. 营销模式变革

企业的营销模式更要具有全局观，更能体现市场特点。比如，加强成本核算及盈利意识，注重企业运营能力的提升；由传统线下营销转向电子商务与网络营销或线上线下相结合的模式等。

组织变革是一个破旧立新的过程，必然会遇到各种抵制和阻力。营销组织的变革，关键在于坚持。中小型企业的营销组织变革，应该遵循稳健的改革作风，不冒进，不浮夸，量力而行，在实际、实用、实效的三原则下，认真反省自己，从而取得更好的改革成果。

同步案例
海尔的"人单合一"管理模式

"人单合一"是海尔集团董事局主席、首席执行官张瑞敏提出并命名的一种商业模式，自推出以来，在全球管理界引起强烈反响，并荣获"21世纪中国最佳商业模式创新奖"。

"人单合一"中："人"指员工；"单"指用户价值；"合一"指员工的价值实现与所创造的用户价值合一。人单合一，即每个员工都应直接面对用户，创造用户价值，并在为用户创造价值的过程中实现自己的价值分享。员工不是从属于岗位，而是因用户而存在，有"单"才有"人"。在海尔集团的实践探索中，"人"的含义有了进一步延伸。首先，"人"是开放的，不局限于企业内部，任何人都可以凭实力竞争上岗；其次，员工也不再是被动执行者，而是拥有现场决策权、用人权和分配权的创业者和动态合伙人。"单"的含义可以进一步延伸为：首先，"单"是抢来的，而不是上级分配的；其次，"单"是引领的、动态优化的，而不是狭义的、封闭固化的。"合一"即通过"人单酬"来实现闭环，每个人的报酬来自用户评价，由用户付薪，而不是上级评价、企业付薪。

在管理思想层面，人单合一模式开创性地把以人为本的管理思想向纵深发展，更加突出个人和自主经营团队的主体地位，实现企业、员工、顾客的互利共赢。在管理实践层面，人单合一模式彻底抛弃了传统管理模式下的科层制，让员工从原来被动的命令执行者转变为平台上的自驱动创新者。

人单合一的本质是"我的用户我创造，我的增值我分享"。也就是说，员工有权根据市场的变化自主决策，有权根据为用户创造的价值自己决定收入。这种双赢模式使每个人都成为自己的CEO，并组成直面市场的"自组织"，每个员工通过为用户创造价值来实现自身价值。人单合一模式颠覆了企业、员工和用户三者之间的关系。在传统模式下，用户听员工的，员工听企业的；人单合一模式下，企业听员工的，员工听用户的。

【案例思考】
查阅资料，了解更多关于人单合一管理模式的知识和动态。海尔的人单合一管理模式给你什么启示？

单元二
市场营销计划

市场营销计划、实施、组织与控制是市场营销管理的重要内容。只有对市场营销活动进行精心计划、合理组织、认真实施、动态控制，才能保证企业市场营销工作的顺利进展，从而在竞争中占据主动地位。

2.1 市场营销计划的内涵

市场营销计划是在对企业市场营销环境进行调研分析的基础上，制定企业及各业务单位的营销目标并对实现这一目标所应采取的策略、措施和步骤进行明确规定和详细说明。

知识点：
市场营销计划的含义

2.1.1 市场营销计划的性质与作用

市场营销计划

市场营销计划是企业的战术计划。市场营销战略对企业而言是"做正确的事",而市场营销计划则是"正确地做事"。市场营销计划涉及两个最基本的问题:一是企业的营销目标是什么;二是怎样才能实现这一营销目标。企业在进行营销活动之前,必须计划营销活动目标及其实施手段。离开营销计划的活动是盲目的、脱离实际的。即便完成了也将是混乱和低效率的。

市场营销计划的作用体现在以下几个方面:
(1) 促使企业内部各部门和全体员工明确工作方向,并保持相互协调一致;
(2) 使企业集中精力,及时利用机会,减轻风险;
(3) 使营销活动按照指定内容实施,避免不必要的浪费,节约营销成本;
(4) 有利于企业加强对营销活动的有效控制。

2.1.2 市场营销计划的分类

1. 按计划时间的长短划分

按计划时间的长短划分,市场营销计划可分为长期计划、中期计划和短期计划。

2. 按计划涉及的范围划分

按计划涉及的范围划分,市场营销计划可分为总体营销计划和专项营销计划。

3. 按计划的程度划分

按计划的程度划分,市场营销计划可分为战略计划、策略计划和作业计划。
(1) 战略计划是对企业在未来市场占有的地位及采取的措施所作的策划。
(2) 策略计划是对营销活动某一方面所做的策划。
(3) 作业计划是各项营销活动的具体执行性计划,如一项促销活动,需要对活动的目的、时间、地点、方式、费用预算等进行策划。

2.2 市场营销计划的结构与内容

各个企业制订的市场营销计划都有其独特的形式。这是不同的计划制订者的思维习惯和文字风格使然。但是,各种计划中都有一些共同的组成部分,并且在内容编排上要遵循一定的逻辑顺序。

2.2.1 市场营销计划书的格式构成

市场营销计划书常见的结构和格式包括四个部分:

1. 封面

封面虽然不要求特别精美,但需要规范设计,上面需要标明:企业名称、计划名称、计划时期、编制者姓名及所属单位。

2. 目录

通过目录，人们可以对营销计划书有个概括的了解。在目录中应包括章节名称。如果营销计划书的内容较多，还需要标明章节目的名称。

3. 正文

正文部分是市场营销计划书的核心所在。在这里，首先应阐明营销计划的背景或现状。然后对市场进行分析，包括环境分析、市场分析、竞争者分析及SWOT分析。在全面分析营销状况的基础上，提出企业的营销目标和营销组合方案及具体实施措施，即产品计划、价格计划、分销计划和促销计划，并做出有关的营销预算及营销计划的实施和控制安排等。

4. 附件

一些很具体的方案、较大的表格及需要附加说明的材料都可以作为市场营销计划书的附件，独立成为一个指导文件，以便于阅读和操作。

2.2.2　市场营销计划的内容

市场营销计划编制的具体内容如图5-9所示。

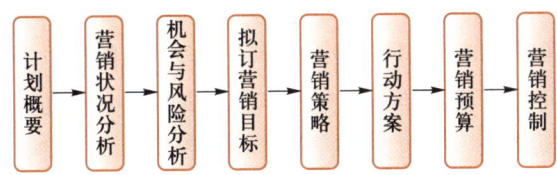

图5-9　市场营销计划编制的具体内容

知识点：
市场营销计划的内容

1. 计划概要

计划概要是对主要营销目标和措施的简短摘要，目的是使高层主管迅速了解该计划的主要内容，抓住计划的要点。例如，某零售商店年度营销计划的内容概要是：本年度计划销售额为5 000万元，利润目标为500万元，比上年增加10%。这个目标经过改进服务、灵活定价、加强广告和促销努力，是能够实现的。为了达到这个目标，今年的营销预算要达到100万元，占计划销售额的2%，比上年提高10%。

2. 营销状况分析

这部分主要提供与市场、产品、竞争、分销以及宏观环境因素有关的背景资料。如市场情况，应说明市场的规模、过去几年的增长情况、顾客需求和购买行为方面的趋势；产品情况，应说明近年来各主要产品品种的销量、价格、获利水平等；竞争形势，应说明谁是主要竞争对手，每个竞争对手在产品品质、特色、定价、促销、分销等方面采取了哪些策略，以及它们各自的市场占有率及变化趋势；分销情况，应说明各主要经销商近年来在销售额、经营能力和地位方面的变化；宏观环境状况，主要对宏观环境及其主要发展趋势做出简要介绍，从中判断对相关产品的影响。

3. 机会与风险分析

首先要对计划期内企业营销所面临的主要机会和风险进行分析；然后再对企业营销资源的优势和劣势进行系统分析。在机会与风险、优势与劣势分析的基础上，企业就可以确定在该计划中所必须注意的问题。

4. 拟订营销目标

拟订营销目标就是在市场分析的基础上对营销目标做出决策，是企业营销计划的核心内容。计划目标通常分为两类：财务目标和市场营销目标。财务目标主要由即期利润指标和长期投资收益率指标组成。市场营销目标包括销售额、市场占有率、分销网覆盖面、单价水平等。所有目标都应以定量的形式表达，并具有可行性和一致性。

5. 营销策略

拟订企业将采用的营销策略，包括目标市场选择和市场定位、营销组合策略等。明确企业营销的目标市场是什么市场，如何进行市场定位，确定何种市场形象；企业拟采用什么样的产品、渠道、定价和促销策略。

6. 行动方案

对各种营销策略的实施制定详细的行动方案，即阐述以下问题：计划做什么？何时开始？何时完成？谁来做？成本是多少？整个行动计划可以列表加以说明，表中具体说明每一时期应执行和完成的活动时间安排、任务要求和费用开支等，使整个营销战略落实于行动，并能循序渐进地贯彻执行。

7. 营销预算

营销预算即开列一张实质性的预计利润表。在收益的一方要说明预计的销售量及平均实现价格，预计出销售收入总额；在支出的一方说明生产成本、实体分销成本和营销费用，以及再细分的明细支出，预计出支出总额。最后得出预计利润，即收入和支出的差额。企业的业务单位编制出营销预算后，送上级主管审批。经批准后，该预算就是材料采购、生产调度、劳动人事以及各项营销活动的依据。

8. 营销控制

对营销计划执行进行检查和控制，用以监督计划的进程。监督检查的具体做法是将计划规定的营销目标和预算按月或季分别制定，营销主管每期都要审查营销各部门的业务实绩，检查是否实现了预期的营销目标。凡未实现预期目标的部门，应分析问题原因，并提出改进措施，以争取实现预期目标，使企业营销计划的目标任务都能落实。

2.3 市场营销计划的编制

2.3.1 市场营销计划的编制原则

市场营销计划是现代企业整体计划的一个核心。只有市场营销计划制订得合理，才能保证企业营销目标的实现。为了保证市场营销计划的科学性，并做到切实可行，企业在编制营销计划时要遵循以下原则：

案例
重整后的天然五谷能否涅槃重生？

（1）以消费需求为中心，以企业的总体经营目标为基本出发点；

（2）充分考虑企业的内外部环境，在综合平衡的基础上，做到切实可行、灵活调整；

（3）计划的行动方案要明确、具体。

2.3.2 市场营销计划的编制程序

市场营销计划的编制程序如图 5-10 所示。

图 5-10　市场营销计划的编制程序

（1）分析现状，做到知己知彼，为编制计划做好充分准备。

（2）确定目标，为具体活动程序指明方向。

（3）编制计划草案，交由有关部门讨论。

（4）如果讨论后有异议，要在规定时间内修订计划草案。

（5）编制正式计划，组织企业内部执行。

2.3.3 市场营销计划的编制方法

编制市场营销计划有两种方法：传统计划法和滚动计划法。

1. 传统计划法

传统计划法，即各期计划是独立的，一般在上一计划执行期为下一计划执行期编制计划，如在 2020 年第四季度编制 2021 年的年度计划。

2. 滚动计划法

滚动计划法，即根据计划的执行情况和环境变化，对计划进行不断调整，使其向前延伸的一种方法。

滚动计划法是一种定期修订未来计划的方法，就是在制订计划时，逐年逐月往后滚动，连续编制，包括预定计划和发展计划。这种方法有利于计划的连续性，也有利于发挥计划的指导作用，可以把计划的严肃性和灵活性很好地结合起来。滚动计划法如图 5-11 所示。

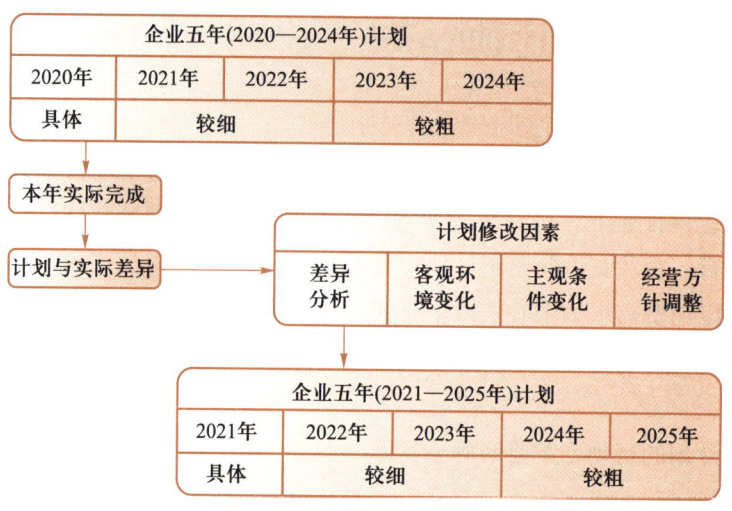

图 5-11　滚动计划法

滚动式营销计划需要从部门和制度上加以保障，要有专门的职能部门对营销计划的执行状况进行评估，并对各区域的营销计划进行综合平衡，这样才能使营销计划保持整体的动态发展。

滚动式营销计划执行的核心：先由大到小，再由小到大。也就是先从年度计划、季度计划、月度计划调整到周度计划，再从周度计划、月度计划、季度计划到年度计划。前一个阶段是对营销计划的整体性进行掌控，后一个阶段是通过富有层次的滚动执行和调整，来达到对整个营销计划在适应性上的保障。

单元三 市场营销执行与控制

3.1　市场营销执行

市场营销执行

市场营销执行，就是调动企业的全部资源，进行优化配置并投入到营销活动中去，将营销计划转变为具体行动，并保证这一行动的完成，以实现营销计划所制定的目标。美国的一项研究表明，90%被调查的计划人员认为，他们制定的战略和战术之所以没有成功，是因为没有得到有效的执行。市场营销执行是一个艰巨而复杂的过程，管理人员常常难以诊断市场营销工作执行中的问题。市场营销失败的原因可能是战略、战术本身有问题，也可能是战术没有得到有效的执行。

3.1.1 市场营销执行中的问题与原因

1. 计划脱离实际

企业营销战略和营销计划的制定过于专门化，而实施则要依靠更多的营销管理和执行人员。制定者和实施者之间常常缺乏必要的沟通和协调，导致下列问题出现：

（1）制定者只考虑总体战略而忽视实施中的细节，结果使营销计划过于笼统和流于形式。

（2）制定者由于不了解实施过程中的具体问题，所以计划常常脱离实际。

（3）制定者和实施者之间没有必要的沟通与协调，致使实施者在实施过程中经常遇到困难，因为实施者不能完全理解需要他们实施的营销战略和营销计划。

（4）脱离实际的战略导致制定者和实施者相互对立和不信任。

2. 长期目标和短期目标的取舍不当

营销战略通常着眼于企业的长期目标，涉及今后三至五年的经营活动。但具体实施这些战略的营销人员通常是根据他们的短期工作绩效，如销售量、市场占有率或利润率等指标来进行评估和奖励的。因此，营销管理人员会选择短期行为。所以，公司必须采取适当措施，克服这种长期目标和短期目标之间的矛盾，保证两者之间的协调。

3. 因循守旧的惰性

企业当前的经营活动往往是为了实现既定的战略目标，而新的战略目标如果不符合企业的传统和习惯就会遭到抵制。新旧战略的差异越大，实施新战略可能遇到的阻力也就越大。要想实施与旧战略截然不同的新战略，常常需要打破企业传统的组织结构。

4. 缺乏具体、明确的实施方案

许多企业面临的困境，只是因为缺乏一个能够使企业内部各有关部门协调一致作战的具体实施方案。营销管理者应当制定详尽的实施方案，规定和协调各部门的活动，编制详细、周密的项目时间表，明确各部门经理应负担的责任。

3.1.2 市场营销执行过程

1. 制定行动方案

营销计划行动方案是营销活动实施的指导，方案中应明确市场营销计划中的关键性环境、措施和任务，并将任务和责任分配到个人或团队。方案还应包含具体的时间表，即每个行动的确切时间。

2. 调整组织结构

在计划实施过程中，组织结构起着决定性的作用。它把任务分配给具体的部门和人员，规定明确的职权界限和信息沟通路线，协调企业内部的各项决策

和行动。组织结构应当与计划的任务相一致，同企业自身的特点、环境相适应。也就是说，必须根据企业战略和市场营销计划的需要，适时改变、完善组织结构。

市场营销执行过程如图5-12所示。

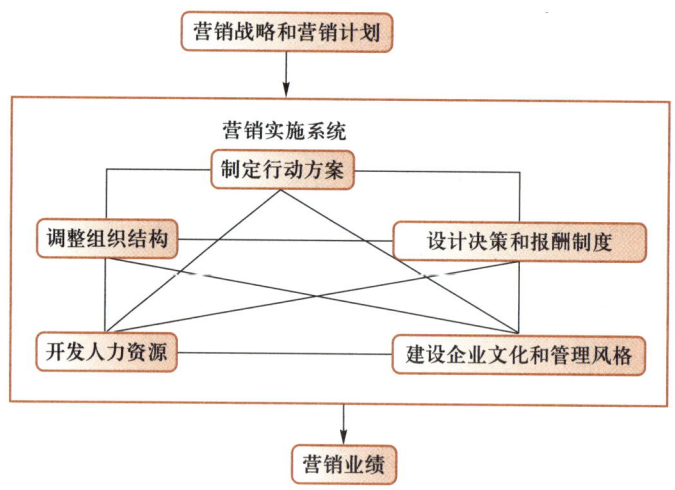

图5-12 市场营销执行过程

3. 设计决策和报酬制度

为了实施市场营销战略，还必须设计相应的决策和报酬制度。这些制度直接关系到战略实施的成败。就企业对管理人员工作的评估和报酬制度而言，如果以短期的经营利润为标准，则管理人员的行为必定趋于短期化，他们就不会有为了实现长期战略目标而努力的积极性。

4. 开发人力资源

市场营销战略最终是由企业内部的工作人员来执行的，所以人力资源的开发至关重要。这涉及人员的选拔、安置、培训、激励、考核等问题。在考核、选拔管理人员时，要注意将适当的工作分配给适当的人，做到人尽其才；为了激励员工的积极性，必须建立完善的工资、福利和奖惩制度。此外，企业还必须确定行政管理人员、业务管理人员和一线工作人员之间的比例。

5. 建设企业文化和管理风格

企业文化是指一个企业内部全体人员共同持有和遵循的价值标准、基本信念和行为准则。企业文化对企业经营思想和领导风格，对职工的工作态度和作风，均起着决定性的作用。企业文化包括企业环境、价值观念、模范人物、仪式、文化网五个要素。由于企业文化体现了集体责任感和集体荣誉感，甚至关系到职工人生观和他们所追求的最高目标，能够起到把全体员工团结在一起的黏合剂作用。因此，塑造和强化企业文化是执行企业战略不容忽视的一环。

与企业文化相关联的是企业的管理风格。不同的战略任务要求不同的管理风格，企业文化和管理风格一旦形成，就具有相对稳定性和连续性，不易改变。

3.1.3　市场营销执行技巧

市场营销执行问题常常出现在企业的三个层次：①市场营销职能，即基本的市场营销职能能否顺利实施，如企业怎样才能从某广告公司处获得更有创意的广告；②市场营销方案，即把所有的市场营销职能协调地组合在一起，构成整体行动，这一层次出现的问题常常发生在一项新产品引入另一个新市场时；③市场营销政策，如企业需要所有雇员对待所有的顾客都用最好的态度和最好的服务。

为了有效地执行市场营销方案，企业的每个层次都必须善于运用以下四种技能：

1. 配置技能

它是指市场营销经理在职能、政策和方案三个层次上配置时间、资金和人员的能力。

2. 调控技能

调控技能包括建立和管理一个对市场营销活动效果进行追踪的控制系统。

3. 组织技能

常用于发展有效工作的组织中，理解正式和非正式市场营销组织对于开展有效市场营销活动是非常重要的。

4. 互动技能

互动技能是指市场营销经理影响他人把事情办好的能力。市场营销人员不仅必须有能力推动本企业的人员有效地执行理想的战略，而且必须推动企业外的人或企业（如市场调查公司、广告公司、经销商、批发商、代理商等）来实施理想的战略，即使他们的目标与本企业的目标有所不同。

3.2　市场营销控制

市场营销控制是市场营销管理的重要步骤。在市场营销计划的实施过程中，常常会出现许多意外情况，所以必须严格控制各项营销活动，以确保企业目标的实现。

市场营销控制

3.2.1　市场营销控制的含义

市场营销控制是指衡量和评估营销策略与计划的成果，以及采取纠正措施以确定营销目标的完成。市场营销经理经常检查市场营销计划的执行情况，查看计划与实绩是否一致，如果不一致或没有完成计划，就要找出原因所在，并采取适当措施和正确行动，以保证市场营销计划的完成。市场营销控制有四种主要类型，即年度计划控制、盈利能力控制、效率控制和战略控制。

同步案例
娃哈哈集团市场营销过程控制

研究娃哈哈，可以研究其战略，也可以研究其产品的创新，但最值得研究的还应该是娃哈哈在市场营销中对控制的理解。与许多企业庞大的营销队伍相比，娃哈哈的营销队伍人数不多，并且不打算进一步扩大。如此少的人，却要将毛利并不高的产品销遍全中国，可见与其合作的各级经销商及零售终端是其营销链上的关键。应对经销商不是一件简单的事情，他今天可以帮你打击竞争对手，明天也可以帮着竞争对手打你。对此娃哈哈采取了让利首先要让给经销商，设立区域独家经销商制度等策略，有效地控制了各级经销商及零售终端。

【案例思考】
搜集更多资料，评析娃哈哈集团成功控制营销过程的关键措施。

3.2.2 市场营销控制的步骤

市场营销控制是营销管理的主要职能之一，是营销管理过程中不可缺少的一个环节。市场营销控制具有动态性和系统性，包含四个具体步骤，如图5-13所示。

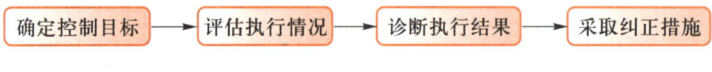

图5-13　市场营销控制的步骤

1. 确定控制目标

在市场营销控制过程中，营销目标被分解为若干更短时期的控制目标。比如，在市场营销计划中，营销目标是年度市场销售额，控制目标就可以定为每月或每季度销售额。只要每月或每季度的控制目标都能如期实现，全年的营销目标自然就会实现。

2. 评估执行情况

评估执行情况即监测市场营销活动的实绩，评估各控制目标的执行情况。这一步与第一步关系密切，因为只有控制目标的数量化、可测化，才能执行有效的监测活动。

3. 诊断执行结果

对执行情况差的项目，要从内、外两方面深刻分析其原因。外部原因包括宏观经济环境变化或市场竞争状况变化等，内部原因包括计划目标过高或实际努力不够等。

4. 采取纠正措施

采取纠正措施可以从两个方面考虑：① 营销目标合理与否。若营销目标实施不理想是外部原因或目标过高所致，企业应及时调整营销目标和控制目标。② 营销部门的努力程度。若营销部门努力不够，就应采取适当奖惩措施，刺激有关人员提高工作热情与工作效率。

> **拓展方舟**
> 营销计划执行过程的评估
>
> 1. 目标评估
>
> 对营销计划执行过程的综合目标、硬性目标和软性目标的完成程度进行评估，随时掌握营销计划的实施进度。
>
> 2. 过程评估
>
> 对营销人员的工作方式和效率进行评估，了解营销工作中存在的问题，为营销人员提供销售指导。
>
> 3. 投入产出评估
>
> 对营销计划执行的效率进行评估，同时衡量营销计划给企业带来的效益，并且对这种效益所体现的价值程度进行评估。
>
> 4. 推广效果评估
>
> 对实际执行过程中营销人员在营销战术的创造性方面进行评估，衡量现行推广方式对营销计划所起的作用，并且评估推广方式的价值，有无可能在更大范围内进行推广。
>
> 5. 执行政策评估
>
> 对营销人员执行营销计划的到位程度进行评估，一方面了解营销人员对营销计划的认同程度；另一方面了解营销人员对营销计划的重点有无把握，同时评估政策是否有助于营销活动的开展。
>
> 6. 竞争对手评估
>
> 对竞争对手的营销工作进行评估，重点是树立标杆，对营销计划的各个环节与竞争对手进行评估，找到真正的差异或差距，进一步提高营销计划的针对性。

3.2.3 市场营销控制的内容与方法

市场营销控制主要包括年度计划控制、盈利控制、效率控制和战略控制。四种控制之间的区别比较如表5-1所示。

表5-1 市场营销控制的内容

控制类型	职责部门	控制目的	研究方法
年度计划控制	最高管理部门、中层管理部门	计划目标达成情况	销售分析；占有率分析；收入与费用比率；财务分析；顾客态度跟踪
盈利控制	财务控制部门	公司盈亏情况	分项盈利分析；产品地区顾客群分析；渠道分析；物流分析
效率控制	咨询管理部门、营销管理控制部门	经费开支效率 营销业务效率	分项效率分析；销售、广告、SP、PR等分析
战略控制	最高管理部门、营销审计部门	营销机会利用 战略思路实施	专家分析；高层分析

知识点：市场营销控制的类型

1. 年度计划控制

年度计划控制指营销人员随时检查营业绩效与年度计划的差异，同时在必要时采取修正行动。年度计划控制是为了确保计划中所确定的销售、利润和其他目标的实现，其核心是目标管理。

（1）年度计划控制的过程。年度计划控制的过程如图5-14所示。

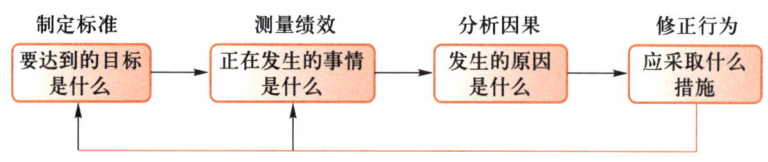

图5-14 年度计划控制过程

① 制定标准。分解计划目标，确定本年度各个阶段的目标和任务。

② 测量绩效。将实际实施效果与计划预期目标相对比。

③ 因果分析。剖析、研究发生偏离的原因。

④ 修正行为。及时采取补救和调整措施，缩小差距，努力使实施效果与计划目标相一致。

（2）年度计划控制的内容。年度计划控制主要包括销售分析、市场份额分析和费用率分析等。

① 销售分析。销售分析是将销售目标和实际销售情况进行衡量和评价，通常使用销售差异分析和微观销售分析两种方法。

A. 销售差异分析。这种方法用来衡量不同因素对造成销售差距的影响程度。

例如，某公司年度计划规定，在第一季度以1元1件的单价销售4 000件产品，共计4 000元。到了第一季度末，实际只按每件0.8元的单价销售了3 000件产品，共计2 400元，销售业绩差额为4 000-2 400=1 600（元），是销售预期的40%。于是产生了这样的问题：这一业绩差额中有多少是由于降价造成的，有多少是因为销售量未完成造成的？

由于降价造成的差额占比：

$$\frac{(1-0.8) \times 3\,000}{1\,600} \times 100\% = 37.5\%$$

由于未完成销售量造成的差额占比：

$$\frac{1 \times (4\,000-3\,000)}{1\,600} \times 100\% = 62.5\%$$

由此可见，将近2/3的业绩差额是因为没有完成规定的销售量指标。所以，应进一步分析未完成规定销售量的原因。

B. 微观销售分析。这种方法常用来衡量导致销售差距的具体地区。

假如上例中，该公司在甲、乙、丙三个地区有销售业务，预计销售量分别是1 500件、500件和2 000件，共计4 000件；而实际销量分别是1 400件、525件和1 075件，与计划差距分别为-6.67%、+5%和-46.25%。可以看出，丙地区是未达到预计总销量的主要障碍。因此，应进一步查明丙地区销量减少的原因，并加强该地区营销工作的管理。

② 市场份额分析。市场份额分析能揭示出企业同其他竞争者在市场竞争中的相互关系。如果企业市场份额提高了，那么企业在与竞争对手的较量中就取得了胜利；反之，则说明企业在与竞争对手的较量中处于不利地位。

市场份额分析有四个指标：

A. 总市场份额。指其自身的销量在全行业总销量中占有的百分比。

B. 可占领市场份额。指其自身的销量占其可占领市场总销量的比例。

C. 相对市场份额Ⅰ。指企业的销量与三个最大竞争者的总销量之比。如一个企业占有市场销量的30%，而它的三个最大竞争对手分别占有20%、10%和10%，那么这家企业的相对市场份额就是75%。实力比较雄厚企业的相对市场份额一般都在33%以上。

D. 相对市场份额Ⅱ。指企业与领先竞争者的销量之比。企业的相对市场份额上升，表明它正在缩小与市场领先竞争者的差距。

③ 费用率分析。费用率分析的目的是在企业年度计划控制中，确保企业在达到销售计划指标的同时，营销费用无超支。例如，某企业的销售费用率为30%。其中包括：销售人员费用比率（15%）；广告费用比率（5%）；促销费用比率（6%）；营销调研费用比率（4%）。

管理者应当对各项费用率加以分析，并将其控制在一定的限度内。如果费用率变化不大，处于安全范围内，则不需要采取措施。如果变化过大，或是上升过快，以至于接近或超出控制上限，则必须采取有效措施。费用率控制图如图5-15所示。

2. 盈利控制

除了年度计划控制外，企业还要衡量和评估不同产品、地区、市场、分销

知识点：
市场营销控制的类型

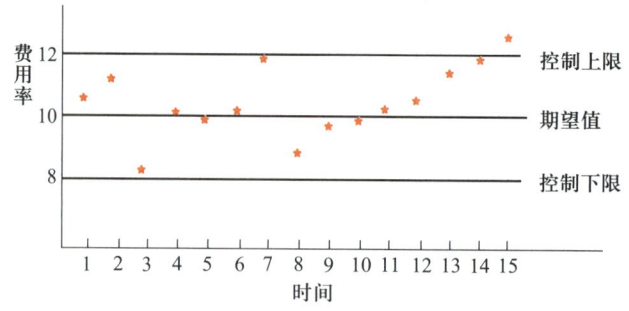

图 5-15 费用率控制图

渠道和订货批量等方面的盈利水平，使企业管理者在产品、市场或营销活动的扩大、收缩或改进决策方面得以借鉴。

盈利控制是通过对财务报表的有关数据进行一系列分析、处理，把所获利润分摊到不同产品、不同地区、不同渠道或不同市场上，从而衡量每种产品、地区、市场、分销渠道的盈亏情况。其具体步骤是：① 确定功能性费用，即销售、推广、包装、储存、运输等活动引起的各项费用。② 将功能性费用按产品、地区、市场、分销渠道进行分配。③ 根据收入及费用编制利润表，如产品利润表、地区利润表、渠道利润表和市场利润表等。

盈利分析的目的在于找出妨碍获利的因素，并采取相应措施排除或减弱这些不利因素的影响。由于可采取的措施很多，企业应在全面考虑之后做出最佳选择。

知识点：
市场营销控制的类型

3. 效率控制

效率控制就是企业采用有效的方法对销售队伍、广告促销、营业推广、分销等活动的效率进行控制，从而实现综合效率最大化。

（1）销售队伍效率控制。反映销售队伍效率的关键指标有：

① 每个销售人员每天推销访问的平均次数；

② 平均每次推销访问所花费的时间；

③ 每次推销访问的平均收入；

④ 每次推销访问的平均成本；

⑤ 每百次推销访问获得的订单百分比；

⑥ 每阶段新增顾客数；

⑦ 每阶段失去顾客数；

⑧ 总成本中推销成本的百分比。

（2）广告促销效率控制。主要应掌握的统计资料有：

① 一种媒体类型、每种广告工具触及 1 000 人的广告成本；

② 每种媒介工具能够注意、看到、联想该广告的人与该媒体观众的百分比；

③ 消费者对广告内容和广告吸引力的意见；

④ 对于产品态度的事前、事后衡量；

⑤ 由广告所激发的询问次数；

⑥ 每次调查的成本。

（3）营业推广效率控制。营业推广包括数十种激发顾客兴趣及试用企业产品的方法。为了提高营业推广效率，营销管理者应记录每次促销活动及其成本对销售的影响，以便寻找最有效的促销措施。特别是注意以下统计数据：

① 优惠销售的百分比；

② 每1元销售额中的展示成本；

③ 赠券的回收比例；

④ 一次实地示范所引发的咨询次数。

（4）分销效率控制。企业管理者还需要研究分销活动的经济性，主要是对企业存货水准、仓库位置及运输方式进行分析和改进，以达到最佳配置并寻找最佳运输方式，提高仓储和运送的效率。

4. 战略控制

战略控制是指对整体营销效果进行评价，以确保企业目标、政策、战略和计划与市场营销环境相适应。战略控制有两种工具可以利用，即营销效益等级评定和营销审计。

知识点：
市场营销控制的类型

（1）营销效益等级评定。营销效益等级评定可从顾客宗旨、整体营销组织、足够的营销信息、营销战略导向和营销效率五个方面进行。上述五个方面是编制营销效益等级评定表的基础，由各营销经理或其他经理填写，最后综合评定。每一方面的分数都指出了有效营销行动的哪些因素最需要注意，这样，各营销部门便可据此制订纠正计划，用以纠正其营销的主要薄弱环节。

（2）营销审计。营销审计是指对一个企业或一个业务单位的营销环境、目标、战略和营销活动所作的全面的、系统的、独立的和定期的检查，其目的在于发现问题和机会，提出行动建议和计划，以提高企业的营销业绩。

知识点：
市场营销审计的含义

营销审计通常由企业主管和营销审计机构共同完成，包括拟订有关审计目标、资料来源、报告形式以及时间安排等方面的详细计划，这样就能使审计所花的时间和成本最小。营销审计不能仅仅依靠内部管理者收集情况和意见，还必须访问顾客、经销商和其他有关外部团体以获取所需信息。

营销审计的内容主要有：

① 营销环境审计。审计要求分析主要宏观环境因素和企业微观环境（市场、顾客、竞争者、分销商、供应商和辅助机构）中关键部分的趋势。

知识点：
市场营销审计的内容

② 营销战略审计。主要检查企业的营销目标及营销战略，评价它们对企业当前的和预测的营销环境的适应程度。

③ 营销组织审计。要求具体评价营销组织在执行企业必要战略方面应具备的能力。

④ 营销制度审计。包括检查企业的分析、计划和控制系统的质量。

⑤ 营销效率审计。主要检查各营销实体的盈利率和不同营销活动的成本效益。

⑥ 营销功能审计。包括对营销组合的构成要素，即产品、价格、分销渠道、销售人员、广告、促销和公共宣传的评价。

营销审计不是只审查有问题的营销活动部分，而是审查整个营销活动的所有方面。营销审计不仅能为陷入困境的企业带来解决问题的办法，也能为富有成效的企业增加效益。

稳扎稳打

（一）单选题

1. （　　）是最常见的市场营销组织形式。
   A. 职能型营销组织　　　　B. 产品型营销组织
   C. 地区型营销组织　　　　D. 市场型营销组织

2. 当企业生产经营多种产品或多个品牌时，应采取（　　）营销组织结构。
   A. 职能型　　　　　　　　B. 区域型
   C. 市场型　　　　　　　　D. 产品或品牌型

3. （　　）是市场营销计划的开端，是对主要营销目标和措施的简短概述，目的是使管理部门迅速了解该计划的主要内容，抓住计划的要点。
   A. 营销目标　　　　　　　B. 当前营销状况
   C. 计划概要　　　　　　　D. 营销战略

4. 年度计划控制的第一个步骤是（　　）。
   A. 制定标准　　　　　　　B. 因果分析
   C. 测量绩效　　　　　　　D. 修正行为

5. 年度计划控制要确保企业在达到（　　）指标时，市场营销费用没有超支。
   A. 分配计划　　　　　　　B. 生产计划
   C. 长期计划　　　　　　　D. 销售计划

（二）多选题

1. 市场营销计划主要由（　　）几部分构成。
   A. 目标市场战略　　　　　B. 营销策略
   C. 市场营销控制　　　　　D. 营销行动方案
   E. 市场营销预算

2. 市场营销部门的组织形式包括（　　）。

A. 职能型　　　　　　　　　B. 产品（品牌）型
   C. 顾客/市场型　　　　　　D. 矩阵型
   E. 地区型
3. 市场营销计划的实施过程中，涉及相互联系的几项内容是（　　　）。
   A. 明确战略目标　　　　　　B. 制定行动方案
   C. 开发人力资源　　　　　　D. 设计决策和报酬制度
   E. 调整组织结构
4. 企业制订市场营销计划，必须进行（　　　）。
   A. 市场营销历史分析　　　　B. 市场营销组织分析
   C. 市场营销状况分析　　　　D. 市场机会与风险分析
   E. 优势与劣势分析
5. 市场营销控制的方法有（　　　）。
   A. 年度计划控制　　　　　　B. 效率控制
   C. 盈利能力控制　　　　　　D. 战略控制

（三）简答题

1. 市场营销组织有哪几种基本形式？它们各自有哪些优缺点？
2. 设计营销组织考虑的因素和原则是什么？
3. 一份完整的企业营销计划应该包括哪些内容？如何编制企业的年度营销计划？
4. 简述市场营销执行过程。
5. 市场营销控制的基本方法和途径有哪些？

融会贯通

西西弗书店：推动大众精品阅读

　　西西弗书店是一家全国性主题体验精致书店，也是国内最大的民营连锁书店。它诞生于贵州省遵义，目前旗下有西西弗书店、矢量咖啡、不二生活、七十二阅听课、推石文化等子品牌。截至目前，已在全国70多个城市拥有300多家实体连锁书店，300多家意式咖啡馆，超过500万活跃会员。

　　西西弗书店的名称源于希腊神话中的西西弗斯：他是科林斯的建立者和国王，因为触犯了众神而被罚将巨石推到山顶。然而，每当他用尽全力将巨石推向山顶时，巨石就会从他的手中滑落，滚到山底。他只能不断重复、永无止境地做这件事。西西弗书店取其坚忍不拔的含义，带点牺牲精神，希望可以成为图书行业或者文化行业的西西弗斯。

　　西西弗书店始终秉承"参与构成本地精神生活"的价值理念，以"引导推动大众精品阅读"的经营理念发展连锁书店。

在从进门到在书架逡巡的过程中，顾客的脚下一直有一条逛店路线指引他找到心中的那本书，每一个区域都会有一句导语来领人入门，区域之间也是通过精心设计的主题过渡，毫不突兀。这是西西弗精心设计的心理动线，正是这样对消费者心理的洞察，以读者需求为导向的书店设计，让西西弗书店的坪效达到了快销时尚品的水平。

这一切都与西西弗书店的定位有关：大众精品图书，其中的"精品"是指在每个板块中找到最适合这个客群读的书。

西西弗书店做的是"转换"的生意——把基本不读书的人转换为读书人。将自己的角色定位于"转换"，将自己的客群定位于"平时不读书的人"。

基于西西弗书店的"转换"逻辑，它只盯着一个外部数字——进店人数，只要日均进店1 000人，就能保证年收入500万元以上。因此，从2009年西西弗开立第一家购物中心书店以来，进驻购物中心开店就一直是西西弗的主流模式。

西西弗既要做优异于网店的购物体验，又要向网店的标签体系、推荐系统学习。心理动线、阅读导引、亲子阅读空间是茫无目的逛京东、当当、亚马逊时无法获得的体验。而打破传统书店的树状分类，为每一本书建立十几个标签，通过标签来建立书与书之间的关联，书与书店的对应，就是西西弗向网上书店学习的"招数"。为此，西西弗专门组建了一个图书分析团队，致力于对图书属性与消费者需求的分析。

为了将整个书店打造成一架高效、可复制的"销售机器"，西西弗在读者看不到的地方下了大功夫，在后台建设了专业系统，包括采控、流控、调控三大数控模型，使得图书销售能贡献一家门店近八成的收入，而且每一家店开业当年基本即盈利，没有养店期。

"砍掉教材、教辅，今天中国人均读书还不到一本，市场才刚刚开始。"西西弗在二三线城市的野火燎原式生长也印证了其判断。

【问题与思考】

1. 西西弗书店的发展模式带给你怎样的启示？
2. 请结合市场营销管理相关理论谈谈西西弗书店成功的驱动因素。

实战演练

实训5.1　构建营销组织

实训目标

通过实训，掌握市场营销组织结构设计的基本方法，并能根据提供的资料开展市场营销组织结构的设计。

环境要求

活动的课桌和座椅；黑（白）板；相关教材；纸、笔。

背景资料

五粮液集团有限公司位于"万里长江第一城"——中国西南腹地的四川省宜宾市北面的岷江之滨。其前身由20世纪50年代初几家古传酿酒作坊联合组建而成的中国专卖公司四川省宜宾酒厂；1959年正式命名为"宜宾五粮液酒厂"；1998年改制为"五粮液集团有限公司"。

五粮液集团有限公司是以五粮液及其系列酒的生产、销售为主，同时生产经营精密塑胶制品，大、中、小高精尖注射和冲压模具，以及生物工程、药业、印刷、电子器件、物流运输和相关服务业，具有深厚企业文化底蕴的现代化企业集团。2019年，五粮液集团实现销售收入1 080亿元。集团公司现有职工5万余人，其从事制造业的厂房错落有致地掩映在花园般的厂区中。

五粮液集团有限公司的成名产品"五粮液酒"是浓香型白酒的杰出代表。自1915年代表中国产品首获巴拿马万国博览会金奖以来，五粮液酒又相继在世界各地的其他博览会上多次获得金奖。同时，"五粮液"品牌连续多年在中国白酒制造业和食品行业"最有价值品牌"中排位第一。

公司系统研制开发了五粮春、五粮醇、两湖春、现代人、金六福、浏阳河、老作坊、京酒等几十种不同档次、不同口味，满足不同区域、不同文化背景、不同层次消费者需求的系列产品。其在神、形、韵、味各方面精巧极致的融合，成为追求卓越的典范。

为了给广大消费者提供更多更好的优质产品，满足社会各阶层的不同需求，公司不断将现代科技与古老的传统工艺相结合，在提高产品质量的同时扩大企业的生产能力，以适应国内外市场发展的需求。

实训要求

请以小组为单位，根据组织结构设计的相关知识，为五粮液集团公司设计组织结构。要求说明设计依据，画出组织结构图并拟出岗位职责。

实训步骤

1. 仔细阅读相关理论和背景资料。
2. 小组讨论背景资料的组织目标，根据组织目标进行任务划分、归类，确定各项任务工作量的大小。
3. 根据任务特点和要求选择合适的组织结构形态，建立不同层次的部门。
4. 根据人物特点和工作量大小确定管理跨度和幅度，确定具体岗位。
5. 根据组织设计的原则规定岗位权责。

注意事项

1. 本次实训以小组为单位，要求所有学生积极参与。

2. 小组成员要分工合作，注意团队合作意识的培养。
3. 组织结构设计依据要科学，任务定位要准确，岗位职责要明确。
4. 组织结构图的设计要规范、科学。
5. 岗位职责与组织结构设计图相吻合。

实训成果

每个同学在本次实训后应独立撰写实训报告。主要内容如下：
1. 实训名称、实训日期、班级、姓名、实训组别、同组其他同学姓名。
2. 实训目的。学生应简明概述本实训通过何种方法，训练了哪些技能，达到了什么目的。
3. 实训心得。总结、分析实训中的收获及存在的问题，提出改进和完善建议。

实训5.2 "营销绩效管理"业务能力训练

实训目标

通过实践训练，学生应能对营销绩效管理的意义及营销人员评价的步骤、内容、关键指标等有更深入的了解，能够制定营销绩效管理方案，并对方案的实施效果进行分析、评估，提出改进建议。

环境要求

活动的课桌和座椅；黑（白）板；相关教材；纸、笔。

背景资料

凯特公司是一家开发、生产、销售健身器材的中型企业，产品在G市市场上处于市场开发阶段。该公司在G市设立了销售办事处、负责G市的市场开发与产品销售工作。该公司希望把G市市场作为战略市场进行开发，经过3年的努力使公司成为G市同行业的领先者。为完成公司在G市的战略目标，G市销售办事处经理需要制定该办事处的营销绩效管理方案，对所属营销人员进行营销绩效管理。

实训要求

1. 收集资料，进行归纳分析，为编制营销绩效管理方案做好充分准备。
2. 设置控制目标，建立衡量尺度，确定控制标准。
3. 撰写营销绩效考核方案并交流讨论。

实训步骤

1. 将班级学生分成若干学习小组，教师布置实训任务，请全体同学明确实训目的和实训要求。
2. 收集资料，了解企业及经营产品的基本情况，进行归纳分析，为编制营销绩效管理方案做好充分准备。
3. 根据营销绩效管理的步骤要求，首先确定绩效考核指标体系、确定绩效考核方法。

4. 确定评价责任体系，编制绩效考核表。考核表的内容主要结合部门和岗位绩效指标体系及工作岗位要求进行提炼。

5. 撰写营销绩效考核初步方案。搞好绩效反馈与沟通，做好绩效改进与评估结果的应用。

6. 教师对各小组的营销绩效考核初步方案进行指导。

7. 各小组对初步方案进行分析、评价，提出修改建议，提交最终方案。

8. 各小组在班级进行互评、交流、讨论。

注意事项

1. 本次实训以小组为单位，要求所有学生积极参与。

2. 小组成员要分工合作，注意团队合作意识的培养。

3. 市场营销计划书设计要格式规范、内容完整。

4. 结构合理、层次分明。

5. 分析正确，选择策略要得当。

实训成果

每个同学在本次实训后应独立撰写实训报告。主要内容如下：

1. 实训名称、实训日期、班级、姓名、实训组别、同组其他同学姓名。

2. 实训目的。学生应简明概述本实训通过何种方法，训练了哪些技能，达到了什么目的。

3. 实训心得。总结、分析实训中的收获及存在的问题，提出改进和完善建议。

学以致用

某茶叶公司主营当地品牌茶叶，主要销售地为皖南、皖东、皖西。随着业务的不断发展，2020年，公司计划向省外开拓市场。该公司营销部现有5个营销人员（含负责人），应对日益繁重的工作任务有点吃不消。

【动脑筋，想问题】

1. 如果你是该公司营销部的负责人，将如何解决这一问题？

2. 请帮助该公司设计营销部的组织结构图。

参考文献

［1］菲利普·科特勒，加里·阿姆斯特朗.市场营销原理[M].15版.郭国庆，译.北京：清华大学出版社，2019.

［2］菲利普·科特勒，等.市场营销原理［M］.3版.李季，赵占渡，译.北京：机械工业出版社，2014.

［3］菲利普·科特勒.营销管理［M］.15版.上海：格致出版社，2019.

［4］菲利普·科特勒，凯文·莱恩·凯勒.营销管理［M］.14版.王永贵，等，译.北京：中国人民大学出版社，2012.

［5］郭国庆.市场营销学通论［M］.8版.北京：中国人民大学出版社，2020.

［6］吴晓云.市场营销学［M］.北京：高等教育出版社，2017.

［7］苏亚民.现代营销学［M］.6版.北京：中国商务出版社，首都经济贸易大学出版社，2008.

［8］董大海.营销管理［M］.北京：清华大学出版社，2010.

［9］甘碧群，曾伏娥.国际市场营销学［M］.3版.北京：高等教育出版社，2014.

［10］万晓.市场营销［M］.2版.北京：北京交通大学出版社，2019.

［11］吴健安.市场营销学［M］.6版.北京：高等教育出版社，2017.

［12］晁钢令.市场营销学［M］.5版.上海：上海财经大学出版社，2019.

［13］吕一林，陶晓波.市场营销学［M］.6版.北京：中国人民大学出版社，2019.

［14］佘伯明.市场营销实务［M］.3版.大连：东北财经大学出版社，2016.

［15］李永平.市场营销：理论、案例与实训［M］.2版.北京：中国人民大学出版社，2018.

［16］汪彤彤.市场营销实训［M］.武汉：武汉理工大学出版社，2013.

［17］彭石普.市场营销原理与实训［M］.4版.北京：高等教育出版社，2018.

［18］王蕾.新编市场营销实务［M］.北京：中国人民大学出版社，2018.

［19］钱旭潮，王龙.市场营销管理：需求的创造与传递［M］.4版.北京：机械工业出版社，2016.

［20］熊国钺.市场营销学［M］.5版.北京：清华大学出版社，2018.

［21］肖院生.市场营销实务［M］.2版.大连：东北财经大学出版社，2019.

［22］葛晓明.市场营销学实训［M］.2版.武汉：华中科技大学出版社，2013.

主编简介

孙晓燕,山东大学管理学硕士,山东商业职业技术学院教授,美国迈阿密大学国际访问学者。先后任市场营销国家示范专业建设负责人,国家职业教育市场营销专业教学资源库课程负责人,市场营销山东省特色专业建设负责人。历任山东商业职业技术学院首批专业带头人、市场营销系主任、工商学院副院长等职。多年来,从事"市场营销""分销渠道管理""消费者行为学"等专业课程的教学与研发工作,致力于商贸流通领域的理论与实践研究。在《商业研究》《商业时代》等期刊上发表论文十余篇,主(参)编《市场营销》《现代零售管理》《旅游营销》《医药营销》等教材七本。

郑重声明

高等教育出版社依法对本书享有专有出版权。任何未经许可的复制、销售行为均违反《中华人民共和国著作权法》，其行为人将承担相应的民事责任和行政责任；构成犯罪的，将被依法追究刑事责任。为了维护市场秩序，保护读者的合法权益，避免读者误用盗版书造成不良后果，我社将配合行政执法部门和司法机关对违法犯罪的单位和个人进行严厉打击。社会各界人士如发现上述侵权行为，希望及时举报，我社将奖励举报有功人员。

反盗版举报电话　　（010）58581999　58582371
反盗版举报邮箱　　dd@hep.com.cn
通信地址　　北京市西城区德外大街4号　高等教育出版社法律事务部
邮政编码　　100120

读者意见反馈

为收集对教材的意见建议，进一步完善教材编写并做好服务工作，读者可将对本教材的意见建议通过如下渠道反馈至我社。

咨询电话　　400-810-0598
反馈邮箱　　gjdzfwb@pub.hep.cn
通信地址　　北京市朝阳区惠新东街4号富盛大厦1座
　　　　　　高等教育出版社总编辑办公室
邮政编码　　100029

防伪查询说明

用户购书后刮开封底防伪涂层，使用手机微信等软件扫描二维码，会跳转至防伪查询网页，获得所购图书详细信息。

防伪客服电话　　（010）58582300

资源服务提示

授课教师如需获取本书配套教辅资源，请登录"高等教育出版社产品信息检索系统"（http://xuanshu.hep.com.cn/）搜索下载，首次使用本系统的用户，请先注册并完成教师资格认证。

高教社市场营销专业教学研讨交流QQ群：20643826